BACHELORSTUDIENGANG

Modul: Rechnungswesen II
Teilmodule: Kosten- und Leistungsrechnung
Wirtschaftlichkeitsrechnung

Kosten- und Leistungsrechnung
Wirtschaftlichkeitsrechnung

Studienbuch für den kommunalen
und staatlichen Bachelorstudiengang
mit praktischen Übungen und Lösungen

2. vollständig überarbeitete und erweiterte Auflage

von
Thomas Folz
Sascha Grabowski
Birte Mankel
Franz Willy Odenthal

Verlag Bernhardt-Witten · 58456 Witten

Bibliografische Information der Deutschen Bibliothek

Die Deutsche Bibliothek verzeichnet diese Publikation in der Deutschen Nationalbibliografie; detaillierte bibliografische Daten sind im Internet über http://dnb.ddb.de abrufbar.

Verlag: Bernhardt-Witten, Bruchstr. 33, 58456 Witten
☎ 02302-71713, Telefax 02302-77126
E-Mail: mail@bernhardt-witten.de
Internet: www.bernhardt-witten.de

Satz: Schreibservice Bernhardt, Witten

Druck: inprint druck und service, Erlangen

© 2013 by Verlag Bernhardt-Witten

Alle Rechte vorbehalten. Dieses Buch ist urheberrechtlich geschützt.

Kein Teil dieses Werkes darf ohne schriftliche Einwilligung des Verlages in irgendeiner Form reproduziert (Nachdruck, Fotokopie oder ein anderes Verfahren) oder unter Verwendung elektronischer Systeme verarbeitet, vervielfältigt oder verbreitet werden.

Im Falle der Zuwiderhandlung wird Strafantrag gestellt und Schadensersatz geltend gemacht.

Vorwort zur 2. Auflage

Bei der hier vorliegenden 2. Auflage dieses Lehrbuches handelt es sich um eine grundlegende Überarbeitung. Hierfür fließen zum einen die guten Anregungen aus der Studentenschaft ein.

Zum anderen beinhaltet die neue Auflage eine umfassende thematische Erweiterung. Im Bereich der grundlegenden Investitionsrechnungen wurden Ergänzungen vorgenommen, und es werden nunmehr auch die Inhalte des Wahlpflichtmoduls „Investition und Finanzierung" des Studiengangs „Kommunaler Verwaltungsdienst - Verwaltungsbetriebswirtschaftslehre (B.A.)" an der Fachhochschule für öffentliche Verwaltung in NRW abgedeckt.

Oer-Erkenschwick, Duisburg, Ennepetal und Wuppertal, im August 2013

Die Verfasser

Vorwort zur 1. Auflage

Das vorliegende Buch behandelt die Inhalte des Curriculums für das Modul „Rechnungswesen II" im Bachelorstudiengang an der Fachhochschule für öffentliche Verwaltung NRW. Ausgehend von diesem Curriculum werden die Teilmodule „Kosten- und Leistungsrechnung" sowie „Wirtschaftlichkeitsrechnung" umfassend erklärt.

Die Kostenrechnung spielt seit jeher eine wichtige Rolle bei der rechtssicheren Ermittlung von Gebühren. In weiten Teilen der Kommunalverwaltungen wurde sie in der Vergangenheit mangels rechtlicher Vorgabe jedoch nicht eingesetzt. Der Gesetzgeber hat diesem Umstand vor einigen Jahren Rechnung getragen und nunmehr auch im kommunalen Haushaltsrecht Regelungen für die Führung einer Kosten- und Leistungsrechnung getroffen. Insofern hat die Kostenrechnung in den letzten Jahren an Bedeutung gewonnen. Der Wert der Kostenrechnung wird vor dem Hintergrund knapper werdender Ressourcen zunehmend erkannt.

Die Kosten- und Leistungsrechnung dient u.a. der Beurteilung der Wirtschaftlichkeit. Insofern besteht ein Zusammenhang zwischen „Kosten- und Leistungsrechnung" einerseits sowie „Wirtschaftlichkeitsrechnung" andererseits.

Dieses Buch erläutert Schritt für Schritt anhand vieler Beispiele die Materie und ermöglicht durch diverse Übungsaufgaben das notwendige Rüstzeug für die Klausuren und die spätere Praxis zu erwerben.

Oer-Erkenschwick, Duisburg und Ennepetal, im August 2012

Die Verfasser

Zu den Verfassern

Thomas Folz trat 2000 in den Dienst der Stadtverwaltung Datteln ein. Nach der Ausbildung zum gehobenen Dienst wirkte er dort als Mitarbeiter der Kämmerei an der Einführung des Neuen Kommunalen Finanzmanagements mit. In den Jahren 2003 bis 2007 absolvierte er an der Fachhochschule Dortmund sowie der Universität Kassel Studiengänge der Betriebswirtschaftslehre und des öffentlichen Managements. Im Jahr 2007 übernahm er die Leitung der Kämmerei, der organisatorisch die Steuerverwaltung sowie die Stadtkasse zugeordnet waren. Im Jahr 2009 erfolgte der Wechsel als hauptamtlicher Dozent zur Fachhochschule für öffentliche Verwaltung NRW, Abteilung Duisburg. Er unterrichtet nunmehr an der Verbundabteilung Gelsenkirchen in den Fächern „Kommunales Finanzmanagement", "externes Rechnungswesen" und „Kosten- und Leistungsrechnung".

Sascha Grabowski trat 2007 in den Dienst der Stadtverwaltung Wuppertal ein. Er absolvierte von 2007 bis 2010 den Studiengang Diplom-Verwaltungsbetriebswirtschaftslehre an der Fachhochschule für öffentliche Verwaltung. Seit Beendigung seiner Ausbildung ist er in der Kämmerei der Stadt Wuppertal tätig und ist dort für die Erstellung des Jahres- und Gesamtabschlusses mitverantwortlich. Von 2011 bis 2014 absolviert er einen berufsbegleitenden Masterstudiengang an der Fachhochschule Dortmund (MBA - Betriebswirtschaft für New Public Management). Seit 2012 unterrichtet er als nebenamtlicher Dozent an der Verbundabteilung Gelsenkirchen sowohl die Grundlagen als auch die Wahlpflichtinhalte des Faches Investition und Finanzierung.

Prof. Dr. Birte Mankel studierte an der Ruhr-Universität Bochum Wirtschaftswissenschaft. Anschließend promovierte sie zum Thema „Die Berücksichtigung von Umweltschutzverpflichtungen im Jahresabschluss einer Kapitalgesellschaft". Sie war tätig als wissenschaftliche Mitarbeiterin und akademische Rätin im Dekanat der Wirtschaftswissenschaftlichen Fakultät der Heinrich-Heine-Universität Düsseldorf. Im Rahmen einer Abordnung war sie bei der Bezirksregierung Düsseldorf tätig im Dezernat für Behördensteuerung. Seit September 2000 ist sie als Professorin an der Fachhochschule für öffentliche Verwaltung, Verbundabteilung Gelsenkirchen tätig. Sie lehrt die Fächer Betriebswirtschaftslehre, insbesondere Rechnungswesen, Kosten- und Leistungsrechnung, Wirtschaftlichkeitsrechnung und Controlling. Einer ihrer Forschungsschwerpunkte ist die Hochschuldidaktik. Seit mehreren Jahren ist sie Vorsitzende einer Staatsprüfungskommission für den gehobenen nichttechnischen Dienst.

Prof. Dr. Franz Willy Odenthal studierte Volkswirtschaftslehre an der Johannes-Gutenberg-Universität Mainz. Während der sich anschließenden Assistentenzeit promovierte er (1982). Anschließend war er 10 Jahre in verschiedenen Positionen in einem international tätigen Chemiefaserunternehmen angestellt. Seit 1993 ist er Professor an der Fachhochschule für öffentliche Verwaltung NRW und lehrt sowie forscht vor allem im Bereich des internen und externen Rechnungswesens. Sein Lehrengagement erstreckt sich auch auf den weiterbildenden Masterstudiengang "Betriebswirtschaft für New Public Management" (MBA) und dessen Vorgängerstudiengang an der FH Dortmund, bei dem er seit 1997 tätig ist. Seit mehreren Jahren ist er Vorsitzender einer Staatsprüfungskommission für den gehobenen nichttechnischen Dienst und seit 2011 Vorsitzender des Prüfungsamts für den Masterstudiengang MBA. Prof. Dr. Odenthal hat in verschiedenen einschlägigen Fachzeitschriften Aufsätze zu Themen des internen und externen Rechnungswesens veröffentlicht.

Inhaltsverzeichnis

Vorwort ... III
Zu den Verfassern ... IV
Abbildungsverzeichnis ... VIII
Tabellenverzeichnis ... IX
Literaturverzeichnis ... X

1.	**Ziele, Aufgaben und Grundbegriffe der Kosten- und Leistungsrechnung**	1
1.1	Ziele und Aufgaben	1
1.2	Grundbegriffe	2
1.3	Übungsaufgaben	9
2.	**Abgrenzung zum Externen Rechnungswesen**	11
3.	**Prinzipien und Gestaltungsformen der Kosten- und Leistungsrechnung**	13
3.1	**Vollkostenrechnung**	15
3.1.1	Kostenartenrechnung	15
3.1.2	Personalkosten	16
3.1.3	Materialkosten	16
3.1.4	Kalkulatorische Abschreibungen	22
3.1.5	Kalkulatorische Zinsen	28
3.1.6	Kalkulatorische Wagnisse	33
3.1.7	Übungsaufgaben	34
3.2	**Kostenstellenrechnung**	39
3.2.1	Aufgaben der Kostenstellenrechnung	39
3.2.1.1	Einteilung der Kostenstellen	41
3.2.1.2	Kostenstellenplan	44
3.2.2	Der Betriebsabrechnungsbogen (BAB)	46
3.2.3	Die Primärkostenverrechnung	48
3.2.4	Die Sekundärkostenverrechnung	50
3.2.4.1	Das Anbauverfahren	51
3.2.4.2	Das Stufenleiterverfahren	52
3.2.4.3	Das mathematische Verfahren	55
3.2.5	Übungsbeispiel	58
3.3	**Kostenträgerrechnung**	62
3.3.1	Aufgaben der Kostenträgerrechnung (Kalkulation)	62
3.3.2	Verfahren der Kostenträgerstückrechnung	65
3.3.2.1	Divisionskalkulation	65
3.3.2.2	Äquivalenzziffernkalkulation	67
3.3.2.3	Zuschlagskalkulation	68
3.3.3	Übungsaufgaben	75
3.4	**Auswertung der Vollkostenrechnung**	82

4.	**Teilkosten- und Deckungsbeitragsrechnung**	82
4.1	Ziele der Teilkosten- und Deckungsbeitragsrechnung	82
4.2	Arten der Teilkosten- und Deckungsbeitragsrechnungen	85
4.2.1	Einstufige Deckungsbeitragsrechnung - Direct Costing	86
4.2.1.1	Einstufige Deckungsbeitragsrechnung zwecks Break-Even-Analyse	89
4.2.1.2	Einstufige Deckungsbeitragsrechnung zwecks Berechnung von kurzfristigen Preisuntergrenzen	91
4.2.1.3	Einstufige Deckungsbeitragsrechnung zwecks Make-or-buy-Entscheidung sowie zwecks Entscheidung über die Annahme von Zusatzaufträgen bei freien Kapazitäten	93
4.2.2	Mehrstufige Deckungsbeitragsrechnung	94
4.2.3	Deckungsbeitragsrechnung auf Basis relativer Einzelkosten	98
4.3	**Auswertung der Teilkosten- und Deckungsbeitragsrechnungen**	100
4.4	**Übungsaufgaben**	102
5.	**Investition und Finanzierung**	109
5.1	Grundlagen	109
5.2	Finanzierungsarten	112
6.	**Investition und Investitionsrechnung**	116
6.1	**Investitionen, Investitionsarten und Notwendigkeit von Investitionsrechnungen**	116
6.1.1	Investitionen und Investitionsarten	116
6.1.2	Notwendigkeit von Investitionsrechnungen	117
6.2	**Merkmale und notwendige Informationen von Investitionen**	119
6.3	**Überblick übe die Investitionsrechnungsmethoden**	120
6.4	**Statische Verfahren**	121
6.4.1	Die Kostenvergleichsrechnung	121
6.4.1.1	Grundlagen	121
6.4.1.2	Auswahlproblem	122
6.4.1.3	Kritische Menge	129
6.4.1.4	Ersatzproblem	132
6.4.1.5	Unterschiedlich lange Nutzungsdauern	134
6.4.1.6	Beurteilung des Verfahrens	135
6.4.2	Die Gewinnvergleichsrechnung	136
6.4.3	Übungsaufgaben	137
6.4.4	Das Rentabilitätsverfahren	144
6.4.4.1	Beschreibung des Verfahrens	144
6.4.4.2	Beurteilung des Rentabilitätsverfahrens	147
6.4.4.3	Übungsaufgaben	148
6.4.5	Die Amortisationsrechnung	152
6.4.5.1	Darstellung des Verfahrens	152
6.4.5.2	Modifikation um einen Veräußerungserlös	156
6.4.5.3	Beurteilung des Amortisationsverfahrens	158
6.4.5.4	Übungsaufgaben	159

6.5	**Die dynamischen Verfahren**	162
6.5.1	Grundlagen	162
6.5.2	Kapitalwertmethode	165
6.5.3	Die Methode des internen Zinsfußes	174
6.5.4	Die Annuitätenmethode	180
6.5.5	Dynamische Amortisationsrechnung	182
6.5.6	Optimale Nutzungsdauer	184
6.5.7	Optimaler Ersatzzeitpunkt	187
6.5.8	Dynamische Endwertverfahren	190
6.5.9	Übungsaufgaben	193
6.6	**Unterschied statische zu dynamischen Verfahren**	207
6.7	**Beurteilung einzelner Investitionen bei Unsicherheit**	207
6.7.1	Korrekturverfahren	208
6.7.2	Sensitivitätsanalayse	210
6.7.3	Entscheidungsbaumverfahren	211
6.7.4	Übungsaufgaben	213
6.8	**Beurteilung von Investitionsprogrammen**	218
6.8.1	Programmbestimmung nach der Kapitalwertrate	218
6.8.2	Programmbestimmung nach der Methode des internen Zinsfußes	219
6.8.3	Übungsaufgaben	221
6.9	Unternehmensbewertung	223
6.9.1	Überblick über die Verfahren	223
6.9.2	Objektive Verfahren der Unternehmensbewertung	225
6.9.3	Subjektive Verfahren der Unternehmensbewertung	227
6.9.4	Übungsaufgaben	229
6.10	**Die Nutzen-Kosten-Methoden**	231
6.10.1	Grundlagen	231
6.10.2	Kosten-Nutzen-Analyse	232
6.10.3	Die Nutzwertanalyse	234
6.10.4	Die Kosten-Wirksamkeits-Analyse	235
6.10.5	Übungsaufgaben	235
7.	**Formelsammlung**	237
Anhang		245
Stichwortverzeichnis		248

Abbildungsverzeichnis

Abbildung	1:	Zusammenhang zwischen der Kostenartenrechnung und Kostenstellenrechnung	40
Abbildung	2:	Kostenstellenbildung nach Funktionsbereichen	42
Abbildung	3:	Einteilung der Kostenstellen	43
Abbildung	4:	Exemplarische Darstellung eines Kostenstellenplans	44
Abbildung	5:	Organisationsstruktur der Westfalenhallen Dortmund GmbH	45
Abbildung	6:	Muster eines Betriebsabrechnungsbogens	47
Abbildung	7:	Beispiele für Kostenverteilungsschlüssel	48
Abbildung	8:	Zusammensetzung der Kosten der Vorkostenstellen	55
Abbildung	9:	Darstellung des mathematischen Verfahrens im BAB	57
Abbildung	10:	Divisionskalkulation	65
Abbildung	11:	Arten der Zuschlagskalkulation	69
Abbildung	12:	Zusammenhang sämtlicher Kosten	73
Abbildung	13:	Methodenüberblick zur Verteilung der Fixkosten	84
Abbildung	14:	Kostenrechnungssysteme auf Teilkostenbasis	86
Abbildung	15:	Grafische Darstellung der Break-Even-Menge	90
Abbildung	16:	Schematische Darstellung einer mehrstufigen Deckungsbeitragsrechnung	96
Abbildung	17:	Bilanz 1 in Geldeinheiten (GE)	109
Abbildung	18:	Bilanz 2 in Geldeinheiten (GE)	109
Abbildung	19:	Bilanz 3 in Geldeinheiten (GE)	110
Abbildung	20:	Finanz- und Investitionsbereich in der Bilanz	110
Abbildung	21:	Finanzplan bzw. Finanzrechnung nach GemHVO NRW (schematisiert)	111
Abbildung	22:	Finanzierung nach der Kapitalherkunft	113
Abbildung	23:	Investitionsarten nach dem Investitionsobjekt	116
Abbildung	24:	Funktionen der Investitionsrechnung	119
Abbildung	25:	Überblick über die Methoden der Investitionsrechnung	120
Abbildung	26:	Kostenvergleich	121
Abbildung	27:	Verlauf der Kapitalbindung	124
Abbildung	28:	Werteverzehr mit und ohne Liquidationserlös	127
Abbildung	29:	Kritische Menge	130
Abbildung	30:	Kritische Menge unter Verwendung der Stückkosten	132
Abbildung	31:	Vergleich unterschiedlich langer Nutzungsdauern	135
Abbildung	32:	Amortisationszeit	154
Abbildung	33:	Amortisationszeit bei steigenden Einnahmeüberschüssen	156
Abbildung	34:	1.000 € heute vergleichbar mit 1.000 € in 2 Jahren?	162
Abbildung	35:	1.000 € heute sind nicht vergleichbar mit 1.000 € in 2 Jahren	163
Abbildung	36:	Differenz beim eingesetzten kapital	170
Abbildung	37:	Gleicher Kapitaleinsatz aber unterschiedliche Laufzeit	172
Abbildung	38:	Differenzen beim eingesetzten Kapital und bei der Laufzeit	174
Abbildung	39:	Interne Zinsberechnung bei einer einmaligen Auszahlung und mehreren konstanten Einzahlungsüberschüssen	176
Abbildung	40:	Erweiterte Einzahlungsüberschüsse	177
Abbildung	41:	Grafische Lösung bei zwei Kapitalwerten	178
Abbildung	42:	Einzahlungsüberschüsse für die Kapitalwertfunktion	179
Abbildung	43:	Kapitalwerte bei unterschiedlichen Zinssätzen	179
Abbildung	44:	Verlauf der Kapitalwertfunktion	180
Abbildung	45:	Externe und interne Effekte	231
Abbildung	46:	Kosten-Wirksamkeits-Analyse	235

Tabellenverzeichnis

Tabelle 1:	Entscheidungsrelevante Daten für die Fahrzeugentscheidung	123
Tabelle 2:	Zusammenstellung von sonstigen fixen Kosten in €	124
Tabelle 3:	Kostenvergleich zwischen zwei Kfz	125
Tabelle 4:	Entscheidungsrelevante Daten bei Berücksichtigung eines Liquidationserlöses	126
Tabelle 5:	Kostenvergleich zwischen zwei Kfz, jeweils unter Berücksichtigung eines LE	128
Tabelle 6:	Vergleich der Fixkosten zwischen zwei Kfz, jeweils unter Berücksichtigung eines LE	129
Tabelle 7:	variable Kosten je km für 2 Kfz	129
Tabelle 8:	Entscheidungsrelevante Daten beim Ersatzvergleich	133
Tabelle 9:	Kostenvergleich beim Ersatzproblem	134
Tabelle 10:	Daten von zwei Maschinen für die Gewinnvergleichsrechnung	136
Tabelle 11:	Gewinnvergleich für zwei Maschinen	137
Tabelle 12:	Daten der beiden Kehrfahrzeuge	137
Tabelle 13:	Ergebnis des Kostenvergleichs aus Aufgabe 1	140
Tabelle 14:	Fixkosten aus Aufgabe 2	140
Tabelle 15:	Kostenvergleich zweier Müllfahrzeuge	142
Tabelle 16:	Daten der Aufgabe 3	143
Tabelle 17:	Gewinn vor Zinsen für die Beflockungsmaschine	149
Tabelle 18:	Daten der Aufgabe 3 aus Kap. 6.4.3	150
Tabelle 19:	aufbereitete Daten der Aufgabe 3 aus Kap. 6.4.3	150
Tabelle 20:	Ermittlung des durchschnittlichen Gewinns vor Abschreibung	153
Tabelle 21:	Einnahmeüberschüsse bei ständig steigender Absatzmenge	155
Tabelle 22:	Daten der Strohalmmaschine	156
Tabelle 23:	Ermittlung des durchschnittlichen Gewinns vor Abschreibung mit Liquidationserlös	157
Tabelle 24:	Bereinigte Rückflüsse bei der Kläranlage	160
Tabelle 25:	kumulierte Rückflüsse für Kumulationsverfahren	161
Tabelle 26:	Daten der Aufgabe 3 aus Kap. 6.4.3	161
Tabelle 27:	Daten für die Amortisationszeit der Riesenrutsche	162
Tabelle 28:	Kapitalwert von Investition 1	170
Tabelle 29:	Kapitalwert von Investition 2	171
Tabelle 30:	Kapitalwert der Differenzinvestition in Höhe von 25.000 € bei 6,5 % Verzinsung	171
Tabelle 31:	Kapitalwert für Investition 1 mit 2 Jahren Laufzeit	172
Tabelle 32:	Kapitalwert für Investition 1 mit 3 Jahren Laufzeit	173
Tabelle 33:	Kapitalwert für Investition 1 plus Anlage von 25.000 € zu 6,5 % für ein Jahr	173
Tabelle 34:	Interner Zins mit einer Auszahlung und einer Einzahlung	175
Tabelle 20:	Erster Kapitalwert mit 8 %	177
Tabelle 36:	Zweiter Kapitalwert mit 10 %	178
Tabelle 37:	Kapitalwertermittlung für Alternative Kauf	197
Tabelle 38:	Kapitalwertermittlung für Alternative Leasing	197
Tabelle 39:	Kapitalwert Grundstück A	197
Tabelle 40:	Kapitalwert Grundstück B	198
Tabelle 41:	Lösung zu Aufgabe 3	200
Tabelle 42:	Unterschiede zwischen statischen und dynamischen Verfahren	207
Tabelle 43:	Wichtige Daten des Spaßbades nach Investition Riesenrutsche	216
Tabelle 44:	Beispiel einer Nutzwertanalyse	234

Literaturverzeichnis

Blohm, Hans/ Lüder, Gerhard	Investition, 7. Auflage, München 1991
Däumler, Klaus-Dieter/ Grabe, Jürgen	Kostenrechnung 1: Grundlagen, 10. Auflage, Herne 2008
Däumler, Klaus-Dieter/ Grabe, Jürgen	Kostenrechnung 2: Deckungsbeitragsrechnung, 9. Auflage, Herne 2009
Folz, Thomas/ Mutschler, Klaus/ Stockel-Veltmann, Christoph	Externes Rechnungswesen, 2. Auflage Witten 2013
Haberstock, Lothar	Kostenrechnung I: Einführung, 13. Auflage, Berlin 2008
Klümper, Bernd/ Möllers, Heribert/ Zimmermann, Ewald/	Kommunale Kosten- und Wirtschaftlichkeitsrechnung, 17. Auflage, Witten 2010
Kruschwitz, Lutz	Investitionsrechnung, 12. Auflage, München 2009
Isermann, Heinz	Deckungsbeitragsrechnung, in: Busse von Colbe, Walther (Hrsg.): Lexikon des Rechnungswesens, München 1990
Odenthal, Franz Willy	Einführung in die öffentliche Betriebswirtschaftslehre, 7. Auflage, Witten 2013
Odenthal, Franz Willy	Investitionsrechnung mit Hilfe moderner Tabellenkalkulationssoftware, in: DVP 10/00, S. 387 – 389.
Olfert, Klaus	Kostenrechnung, 16. Auflage, Herne 2010
Riebel, Paul	Deckungsbeitragsrechnung, in: Chmielewicz, Klaus und Schweitzer, Marcell (Hrsg.): Handwörterbuch des Rechnungswesens, 3. Aufl., Stuttgart 1993, Spalten 364-379
Schierenbeck, Henner/ Wöhle, Claudia	Grundzüge der BWL, 17. Auflage, München 2008
Schuster, Falko	Kommunale Kosten- und Leistungsrechnung, 3. Auflage, München 2011
Schildbach, Thomas/ Homburg, Carsten	Kosten- und Leistungsrechnung, 10. Auflage, Stuttgart 2009
Wöhe, Günter/ Döring, Ulrich	Einführung in die Allgemeine BWL, 24. Auflage, München 2010

1. Ziele, Aufgaben und Grundbegriffe der Kosten- und Leistungsrechnung

1.1 Ziele und Aufgaben

Die Kosten- und Leistungsrechnung (KLR) ist ein Teilelement des Rechnungswesens. Sofern also vom Rechnungswesen allgemein gesprochen wird, handelt es sich um einen Oberbegriff, dem diverse Rechnungswesenarten nachgeordnet sind. Dabei unterscheiden sich die Rechnungswesenarten hinsichtlich ihrer zu erfüllenden Aufgaben und Zielsetzungen.

Zunächst ist festzuhalten, dass für die Kommunen rechtliche Vorgaben für die KLR vorliegen. Gemäß § 18 Abs. 1 GemHVO NRW „soll nach den örtlichen Bedürfnissen der Gemeinde eine Kosten- und Leistungsrechnung zur Unterstützung der Verwaltungssteuerung und für die Beurteilung der Wirtschaftlichkeit und Leistungsfähigkeit bei der Aufgabenerfüllung geführt werden". Die Kommunen haben also eine KLR zu führen, es sei denn, es sprechen wichtige Gründe dagegen. Die Formulierung des Gesetzes „nach den örtlichen Bedürfnissen" lässt allerdings weite Spielräume für die Ausgestaltung der KLR zu.

Aus der Norm wird die Zielsetzung deutlich, mit der die Kommunen die KLR führen sollen. Zum einen soll die KLR die Verwaltungssteuerung unterstützen. Die Verwaltungssteuerung erfolgt durch den Verwaltungsvorstand, aber auch durch die nachgeordneten Managementebenen wie z.b. Fachbereichsleiter, Amts- oder Abteilungsleiter. Zur Verwaltungssteuerung gehört z.B. auch die Kostenkontrolle und die Überprüfung, ob und inwieweit Verwaltungsbereiche wirtschaftlich arbeiten. Mithilfe der KLR lässt sich das dafür notwendige Zahlenmaterial generieren.

Von wichtiger Bedeutung sind die Regelungen des § 6 KAG NRW für die rechtssichere Ermittlung der Benutzungsgebühren. Die Berechnung dieser Gebühren erfolgt demnach auf Basis der nach betriebswirtschaftlich ansatzfähigen Kosten. Gemäß § 6 Abs. 1 S.3 KAG „soll das Gebührenaufkommen die voraussichtlichen Kosten...nicht übersteigen und in den Fällen des Satzes 1 in der Regel decken". Aus der Vorschrift ergibt sich die zwingende Führung einer KLR, sofern die Voraussetzungen des § 6 KAG NRW vorliegen. Im Folgenden wird in diesem Zusammenhang von der Gebührenkalkulation gesprochen.

§ 19 EigVO NRW, § 114 GO NRW
Die wirtschaftlichen Unternehmen der Gemeinde ohne Rechtspersönlichkeit werden als Eigenbetrieb geführt. Aus den Regelungen des § 19 Abs. 3 EigVO NRW ergibt sich die Notwendigkeit für die Führung einer Kostenrechnung. Die Norm ähnelt in Teilen stark dem Regelungsinhalt des § 18 Abs. 1 GemHVO NRW.

Damit sind die wichtigsten rechtlichen Rahmenbedingungen für die Führung einer KLR bei den Kommunen genannt. Zusammenfassend dient die KLR bei den Kommunen folgenden Zwecken:

- der Steuerungsunterstützung,
- der Wirtschaftlichkeitsbeurteilung,
- der Gebührenkalkulation

Die Notwendigkeit für die Führung der KLR bei den Kommunen ergibt sich also bereits aus gesetzlichen Vorschriften. Für die Privatwirtschaft gelten die genannten Normen nicht. Hier ergibt sich die Notwendigkeit zur Führung einer KLR aus dem wirtschaftlichen Umfeld und nicht aufgrund gesetzlicher Vorschriften. Die privaten Unternehmen agieren am Markt und stehen untereinander im Wettbewerb. Damit die Unternehmen bestehen können, ist es wichtig die Kosten im Blick zu haben. Dabei dient die KLR den gleichen Zwecken wie bei der Kommunalverwaltung. Allerdings kann im Kontext mit den privaten Unternehmen nicht von einer Gebührenkalkulation gesprochen werden, da die Gebühren im o.g. Sinne nur von Kommunen erhoben werden können. Hier spricht man von der Preiskalkulation für ein Produkt oder eine Dienstleistung.

1.2 Grundbegriffe

Kosten und Leistungen

Wie der Begriff „Kosten- und Leistungsrechnung" schon beinhaltet, geht es in der KLR um die Rechnung mit den Rechnungsgrößen „Kosten" sowie „Leistungen". Bei einer Leistung handelt es sich um „die in Geld bewertete periodisierte Entstehung von Gütern oder Dienstleistungen aus der betrieblichen Tätigkeit".[1] Bei den Kosten handelt es sich um „den in Geld bewerteten periodisierten Verbrauch von Gütern oder Dienstleistungen, der der betrieblichen Leistungserstellung oder der Sicherung dafür notwendiger betrieblicher Kapazitäten dient"[2].

Im Folgenden wird eine Differenzierung des Kostenbegriffs nach

- fixen und variablen Kosten,
- Einzel- und Gemeinkosten,
- Grund-, Anders- und Zusatzkosten sowie
- Ist-Kosten, Plankosten, Normalkosten

vorgenommen.

Fixe und variable Kosten

Für die Kostenrechnung ist die Unterteilung der Kosten in fixe Kosten und variable Kosten von Bedeutung. Die Unterscheidung dieser beiden Begriffe soll anhand eines einfachen Beispiels erläutert werden. Folgende Situation liegt vor:

---

[1] Vgl. z.B. Folz/Mutschler/Stockel-Veltmann, Externes Rechnungswesen, 2. Auflage Witten 2013, S. 18
[2] Vgl. z.B. Olfert/Rahn, Lexikon der Betriebswirtschaftslehre, 7. Auflage, Herne 2011, Eintrag 513

Die Stadtverwaltung D nutzt einen Dienst-PKW für Botenfahrten zwischen mehreren Verwaltungsgebäuden, die in unterschiedlichen Stadtbezirken liegen. Zudem können die Mitarbeiter der Stadtverwaltung das Fahrzeug für die Anreise zu Fortbildungen etc. nutzen. Das Fahrzeug kostete in der Anschaffung 36.000 €. Es handelt sich um ein sparsames Dieselfahrzeug, das im Schnitt 5 Liter Diesel auf 100 km verbraucht. Bei einer geplanten Nutzung zwischen 35.000 km und 40.000 km je Jahr rechnet man bei der Stadtverwaltung mit einer Nutzungsdauer von sechs Jahren. Nach 40.000 gefahrenen Kilometern steht eine Inspektion an, deren Kosten mit 800 € beziffert werden. Weitere jährliche Kosten entstehen für Kraftfahrzeugversicherung, Kraftfahrzeugsteuer, Reparaturen, Abschreibungen sowie Zinsen.

Bei den fixen Kosten handelt es sich um die Kosten, die unabhängig von einer ausgebrachten Leistungsmenge anfallen. Hierunter fällt beispielsweise die Kraftfahrzeugsteuer (KfZ-Steuer) für einen Dienstwagen, denn es spielt keine Rolle wie viele Kilometer mit dem Dienstfahrzeug gefahren werden. Die Kosten für die Kfz-Steuer bleiben stets gleich.

Fixe Kosten (Kf) = der Teil der Gesamtkosten (K), der unabhängig von der erstellten Leistungsmenge (x) entsteht.

Im Gegensatz dazu handelt es sich um variable Kosten, wenn die Kosten in Abhängigkeit zu der erbrachten Leistungsmenge anfallen. Bezogen auf das Beispiel eines Dienstwagens handelt es sich bei Kraftstoffkosten um variable Kosten, da sie sich in Abhängigkeit zu den gefahrenen Kilometern verändern. Folgende Tabelle zeigt als Beispiel die Entwicklung der Kraftstoffkosten im I. Quartal eines Jahres in Abhängigkeit von der Kilometerleistung. Aus Vereinfachungsgründen wird ein Preis von durchgängig 2 € je Liter Diesel unterstellt und von einem Verbrauch von 5 Litern je gefahrenen 100 km ausgegangen:

Monat	Laufleistung in km je Monat	Verbrauch in Liter je Monat	Preis je Liter Diesel in €	Variable Kosten in €
Januar	2.000	100	2,00	200
Februar	4.000	200	2,00	400
März	3.000	150	2,00	300
April	1.000	50	2,00	100
Summe I. Quartal	**10.000**	**600**	./.	**1.000**

Anhand des Beispiels wird deutlich, dass sich die Kraftstoffkosten in Abhängigkeit der Laufleistung von Monat zu Monat verändern. Die Tatsache, dass die Spritpreise in der Realität zudem Preisschwankungen unterworfen sind, spielt für die Zuordnung zu den variablen Kosten allerdings keine Rolle, denn auch bei den fixen Kosten können Preisschwankungen entstehen, z.B. durch die Anhebung der Kfz-Steuer.

Variable Kosten (Kv) = der Teil der Gesamtkosten (K), der in Abhängigkeit zur erbrachten Leistungsmenge (x) entsteht.

Um das Beispiel fortzuführen, gehen wir von Inspektionskosten in Höhe von 800 €, die nach jeweils 40.000 gefahrenen Kilometern anfallen, aus. Insofern handelt es sich hier bei den Inspektionskosten ebenfalls um variable Kosten, da die Laufleistung direkte Auswirkung auf die Häufigkeit und die durchzuführenden Inspektionsarbeiten hat.

Einige der angesprochenen Kosten lassen sich nicht immer eindeutig zuordnen. So gibt es beispielsweise KfZ-Versicherungsbeiträge, die sich abhängig von den gefahrenen Kilometern in ihrer Höhe verändern. In der Regel werden die Versicherungsbeiträge jedoch zu den fixen Kosten gezählt. Wichtig ist für den Kostenrechner, anhand des konkreten Sachverhaltes – gegebenenfalls nach Rücksprache mit den Dienststellen – die entscheidende Einteilung in variable oder fixe Kosten vorzunehmen.

Gesamtkosten und Stückkosten

Die Gesamtkosten (K) ergeben sich aus der Addition aller fixen Kosten (Kf) mit allen variablen Kosten (Kv). Dies kann in der Gleichung

$$K = Kf + Kv$$

ausgedrückt werden. Bezogen auf das Beispiel des Dienstwagens könnte der Kostenrechner die Gesamtkosten für das I. Quartal des Jahres aus der Addition folgender Kostenarten ermitteln[1]:

Kostenart	Kosten in €
Steuern	50,00
Versicherungen	300,00
Kraftstoffkosten	1.000,00
Inspektionen	200,00
Abschreibungen[2]	1.500,00
Zinsen[3]	250,00
Gesamtkosten I. Quartal	**3.300,00**

Die Gesamtkosten wurden im vorangehenden Beispiel auf ein Dienstfahrzeug bezogen. Gesamtkosten können natürlich auch in Bezug zu einer Abteilung, einem Fachbereich oder zur Kommune ermittelt werden. Neben der Betrachtung der Gesamtkosten sind für die Betriebe die Stückkosten von Interesse. Es handelt sich hierbei um die in Bezug zu einer Leistungseinheit anfallenden Kosten, also z.B. die Kosten für die Erstellung eines bestimmten Produkts. Insofern lassen sich nach der Berechnung der Stückkosten Vergleiche innerhalb eines Unternehmens, beispielsweise zwischen verschiedenen Standorten aber auch zu konkurrierenden Unternehmen ziehen.

Die Stückkosten (k) ergeben sich aus der Addition der fixen Stückkosten (kf) mit den variablen Stückkosten (kv):

$$k = kv + kf$$

---

[1] Es handelt sich um fiktive Werte, die lediglich der Anschauung dienen.
[2] Näheres dazu im Kapitel „Kostenartenrechnung – kalkulatorische Abschreibungen"
[3] Näheres dazu im Kapitel „Kostenartenrechnung – kalkulatorische Zinsen"

Kapitel 1 - Ziele, Aufgaben und Grundbegriffe der Kosten- und Leistungsrechnung

Dabei handelt es sich bei den variablen Stückkosten (kv) um die variablen Kosten (Kv) geteilt durch die Anzahl der erbrachten Leistungseinheiten (x):

$$kv = Kv / x$$

Zu den variablen Kosten aus dem angeführten Beispiel zählen die Kraftstoffkosten sowie die Inspektionskosten:

Kostenart	Kosten in €
Kraftstoffkosten I. Quartal	1.000,00
Inspektionskosten I. Quartal	200,00
Summe der variablen Kosten (Kv) I. Quartal	**1.200,00**

Die variablen Kosten werden entsprechend der dargestellten Formel durch die Leistungsmenge – hier die im I. Quartal gefahrenen Kilometer – geteilt.

$$1.200,00 \text{ €} / 10.000 \text{ km} = 0,12 \text{ €} / \text{km}$$
$$kv = 0,12 \text{ €}$$

Die fixen Stückkosten (kf) ergeben sich aus der Division der fixen Kosten (Kf) durch die Anzahl der erbrachten Leistungseinheiten (x):

$$kf = Kf / x$$

Zu den fixen Kosten (Kf) gehören in dem angeführten Beispiel alle bei der Berechnung der variablen Kosten bislang nicht aufgeführten Kostenarten:

Kostenart	Kosten in €
Steuern	50,00
Versicherungen	300,00
Abschreibungen	1.500,00
Zinsen	250,00
Summe der fixen Kosten (Kf) I. Quartal	**2.100,00**

Für die Berechnung der fixen Stückkosten werden entsprechend der dargestellten Berechnungsformel die fixen Kosten durch die Leistungsmenge dividiert.

$$2.100,00 / 10.000 \text{ km} = 0,21 \text{ €} / \text{km}$$
$$kf = 0,21 \text{ €}$$

Nunmehr können die Stückkosten für das Beispiel errechnet werden:

$$k = kf + kv$$
$$0,21 \text{ €} + 0,12 \text{ €} = 0,33 \text{ €}$$
$$k = 0,33 \text{ €}$$

Die Berechnung der Stückkosten hätte alternativ auch folgendermaßen erfolgen können:

$$k = K / x$$
$$3.300,00 \text{ €} / 10.000 \text{ km} = 0,33 \text{ €}$$
$$k = 0,33 \text{ €}$$

Einzel- und Gemeinkosten

Ein wichtiges Anliegen der Kostenrechnung ist die Zuordnung entstehender Kosten auf die Produktionsbereiche bzw. Produkte, die diese Kosten verursacht haben. So sollen beispielsweise die Heizkosten, dem Fachbereich zugeordnet werden, der diese Kosten verursacht hat. Sofern sich die entstehenden Kosten direkt zuordnen lassen, handelt es sich um Einzelkosten. Angenommen ein Gebäude wird ausschließlich durch einen Fachbereich einer Kommune genutzt, dann hat dieser Fachbereich die Heizkosten komplett zu verantworten und zu tragen. Die Heizkosten lassen sich leicht anhand des Zählerstands und der Abrechnung ermitteln und dem Fachbereich zuordnen. Es handelt sich dann um Einzelkosten.

Nun ist es üblich, dass Gebäude durch mehrere Organisationseinheiten – beispielsweise Fachbereiche - genutzt werden. Daraus entsteht für den Kostenrechner eine Vielzahl von Problematiken. Die Gebäude besitzen i.d.R. lediglich einen Zähler zur Ermittlung des Verbrauchs. Ferner erstellen die Versorgungsunternehmen Rechnungen für das Gebäude insgesamt und nicht fachbereichsspezifisch. Letztlich nutzen die Fachbereiche in Abhängigkeit ihres Platzbedarfs die Gebäude. Mitarbeiterstarke Fachbereiche werden größere Flächen eines Verwaltungsgebäudes in Anspruch nehmen als kleinere Organisationseinheiten mit wenigen Mitarbeitern. Daraus wird deutlich, dass eine Zuordnung entstehender Heizkosten auf die Fachbereiche nicht direkt erfolgen kann. Der Kostenrechner behilft sich hier durch die Anwendung eines Berechnungsschlüssels um die Kosten den Fachbereichen zuzuordnen, die die Kosten verursachen. Hier könnte überlegt werden, ob mithilfe der durch die Fachbereiche genutzten Bürofläche eine verursachungsgerechte Verteilung möglich wäre. Lassen sich die Kosten also nicht unmittelbar zuordnen, sondern nur mithilfe eines Berechnungsschlüssels, dann handelt es sich um Gemeinkosten.

Grund-, Anders- und Zusatzkosten

Bevor die Differenzierung der Grund,- Anders- und Zusatzkosten erfolgt, wird zwecks besseren Verständnisses die Abgrenzung der im Rechnungswesen genutzten Rechnungsgrößen vorgenommen.

Im alltäglichen Sprachgebrauch werden die Begriffe „Auszahlung", „Ausgabe", „Aufwand" sowie „Kosten" oft synonym verwendet. Im Rechnungswesen werden diese Rechnungsgrößen jedoch unterschieden. So werden in den verschiedenen Rechnungswesenarten auch jeweils spezifische Rechnungsgrößen angewendet. Das folgende Schema macht deutlich, dass es zwischen den einzelnen Rechnungsgrößen eine Schnittmenge – hier grau dargestellt - gibt, sodass bei einer Überprüfung der einzelnen Begriffsdefinitionen alle Rechnungsgrößen gleichzeitig vorliegen. In einigen Fällen trifft diese Übereinstimmung jedoch nicht zu. Daraus folgt, dass in der Kostenrechnung Sachverhalte anders oder sogar gar nicht berücksichtigt werden als im externen Rechnungswesen. Dies gilt auch im umgekehrten Fall.

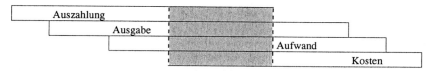

Bei einer Auszahlung handelt es sich um Vorgänge, die den Bestand an liquiden Mitteln vermindern. Dabei umfassen die liquiden Mittel den Barbestand als auch den Bankbestand. Wird also eine Rechnung per Überweisung beglichen, dann handelt es sich um eine Auszahlung.

Eine Ausgabe liegt dagegen vor, wenn eine rechtliche Verpflichtung zur Auszahlung besteht. Besteht beispielsweise eine Lieferantenverbindlichkeit für Vorräte, so handelt es sich um eine Ausgabe. Erst wenn die Lieferantenverbindlichkeit beglichen wird, handelt es sich um eine Auszahlung. An diesem Beispiel wird bereits deutlich, dass zwischen einer Ausgabe sowie einer Auszahlung ein zeitlicher Unterschied bestehen kann.

Bei einem Aufwand steht der wertmäßige periodisierte Verbrauch von Gütern bzw. Dienstleistungen im Vordergrund. Bezogen auf das vorangegangene Beispiel entsteht der Aufwand also erst im Moment des Verbrauchs der Vorräte. Dies kann Monate nach der geleisteten Auszahlung der Fall sein. Außerdem könnte die Höhe des Aufwands vom Auszahlungsbetrag abweichen, z.B. wenn nur ein Teil der Vorräte verbraucht wurde.

Der Aufwand kann noch weiter ausdifferenziert werden. Unterschieden werden „neutraler Aufwand" sowie „Zweckaufwand". An dieser Stelle sei in Erinnerung gerufen, dass der Kostenbegriff nur den betriebstypischen Werteverzehr umfasst. Der Zweckaufwand ist betriebstypisch und stellt in vollem Umfang Kosten dar. Bei dem neutralen Aufwand handelt es sich dagegen um keinen betriebstypischen Wertverzehr. Er entspricht somit nie den Kosten. Zum neutralen Aufwand gehören:

1. betriebsfremder Aufwand   z.B. eine Geld- oder Sachspende

2. außerordentlicher Aufwand   dabei handelt es sich um seltene, nicht planbare Ereignisse, Schadensfälle, Unfälle

3. periodenfremder Aufwand   kein Aufwand der laufenden Periode, z.B. Zahlung für Sachverhalt aus dem Vorjahr

Im Folgenden soll nun auf die Grund-, Anders- und Zusatzkosten eingegangen werden. Bei diesen Kostenbegriffen geht es insbesondere um die Abgrenzung zum Begriff des Aufwands, der in der doppelten Buchführung Anwendung findet. Bei den Grundkosten handelt es sich im vollen Umfang um eine aufwandsgleiche Größe. Sie entsprechen dem Zweckaufwand. Als Beispiel können die Personalkosten dienen, die in der doppelten Buchführung als Personalaufwand berücksichtigt werden.

Für die Anderskosten findet sich in der doppelten Buchführung ebenfalls eine Entsprechung, allerdings erfolgt für sie eine andere Bewertung in der KLR als in der doppelten Buchführung. Als Beispiel seien hier die Abschreibungen angeführt. Während in der doppelten Buchführung die degressive Abschreibungsvariante durchaus Anwendung findet, kalkuliert der Kostenrechner die Abschreibungen üblicherweise mithilfe der linearen Abschreibungsmethode. Zudem kann der Kostenrechner die Berechnung der Abschreibungen auf Basis von sog. Wiederbeschaffungszeitwerten vornehmen, was im Rahmen der doppelten Buchführung nicht zulässig ist. Man spricht in diesem Zusammenhang auch von den kalkulatorischen Abschreibungen[1]. In der Kostenrechnung werden die Abschreibungen somit „anders" berechnet als in der doppelten Buchführung. Daraus wird deutlich, woher der Begriff der Anderskosten rührt.

Zusatzkosten stellen keine Aufwendungen dar. Während sich die Grundkosten in der doppelten Buchführung als Aufwandspositionen finden lassen, die Anderskosten zumindest in anders berechneter Weise ebenfalls in der doppelten Buchführung als Aufwand gebucht werden, dürfen die Zusatzkosten nicht im externen Rechnungswesen Berücksichtigung finden. Der Kostenrechner berücksichtigt diese Kostenkategorie „zusätzlich" für seine Preiskalkulation. Als Beispiel seien hier der Teil der kalkulatorischen Zinsen angeführt, der aufgrund der Verzinsung des Eigenkapitals in die Berechnung der Kosten einfließt.[2]

Istkosten, Normalkosten, Plankosten

Zu guter letzt soll kurz auf die Begriffe Ist-, Plan- und Normalkosten eingegangen werden. Hier geht es darum, in welchem zeitlichen Bezug die Kosten im Rahmen der Kostenrechnung stehen.

Bei den Ist-Kosten handelt es sich um die in der zurückliegenden Abrechnungsperiode tatsächlich entstandenen Kosten. Normalkosten werden auf Basis der Istkosten mehrerer Abrechnungsperioden ermittelt. Es handelt sich um die Durchschnittskosten der vergangenheitsbezogenen Istkosten mehrerer Abrechnungsperioden. Dagegen wird bei den Kosten, die für die kommende Abrechnungsperiode geplant werden, von Plankosten gesprochen[3].

---

[1] Vgl. Kapitel „Kostenartenrechnung – kalkulatorische Abschreibungen"
[2] Vgl. Kapitel „Kostenartenrechnung – kalkulatorische Zinsen"
[3] Zu den Hintergründen beachte Kapitel „Prinzipien und Gestaltungsformen der Kosten- und Leistungsrechnung"

1.3 Übungsaufgaben

Aufgabe 1:

Die Friedhofsverwaltung der Stadt D will einen neuen Minibagger für Erdarbeiten anschaffen. Folgende Kostenarten entstehen im Zusammenhang mit der künftigen Nutzung des Minibaggers:

- Inspektionskosten
- Treibstoff-/ Schmierstoffkosten
- Abschreibungen
- Zinsen
- Personalkosten Baggerfahrer

Überlegen Sie, ob es sich bei den Kostenarten um fixe oder variable Kosten handelt.

Aufgabe 2:

Für den Erwerb des Minibaggers zahlt die Friedhofsverwaltung einen Anschaffungspreis von 60.000 €. Je Betriebsstunde verbraucht der Bagger 18 Liter Treibstoff im Werte von 1,50 € je Liter sowie Schmierstoffe im Werte von 2 €. Die Jahresleistung des Baggers beträgt 500 Betriebsstunden. Auf die kalkulatorischen Abschreibungen entfallen 5.000 €, die kalkulatorischen Zinsen machen einen Betrag von 1.800 € aus.
Berechnen Sie:

- die gesamten variablen Kosten,
- die gesamten fixen Kosten,
- die Gesamtkosten,
- die variablen Stückkosten,
- die fixen Stückkosten,
- die Stückkosten

Lösung Aufgabe 1:

Variable Kosten sind in Abhängigkeit zur erbrachten Leistungsmenge veränderbar. Fixe Kosten entstehen unabhängig von der erbrachten Leistungsmenge.

Die Herstellerangaben für die Inspektionsintervalle können nach den geleisteten Betriebsstunden oder auch nach zeitlichen Vorgaben (z.B. „alle 6 Monate" o.ä.) vorgeschrieben sein. Je nachdem, was dann eher eintritt, müsste demnach eine Inspektion durchgeführt werden. Problematisch ist dann in diesem Zusammenhang, dass die Fälligkeit einer Inspektion variable Kosten oder fixe Kosten verursachen könnte. Sofern eine Inspektion aufgrund der erreichten Betriebsstunden erfolgen muss, handelt es sich um variable Kosten. Muss eine Inspektion aufgrund einer zeitlichen Vorgabe erfolgen (und damit unabhängig von der erbrachten Leistungsmenge) handelt es sich um fixe Kosten.

Die Treibstoff- und Schmierstoffkosten lassen sich eindeutig den variablen Kosten zuordnen, da sie sich in Abhängigkeit zu den geleisteten Betriebsstunden verändern.

Die Kosten für Abschreibungen werden überwiegend durch Division des Anschaffungswertes mit der Nutzungsdauer ermittelt. Daraus folgt, dass die Abschreibungsbeträge gleichbleibend sind und zwar unabhängig von den geleisteten Betriebsstunden des Baggers. Insofern handelt es sich um fixe Kosten. Dies gilt gleichermaßen für die Zinskosten.

Bei den Personalkosten des Baggerfahrers muss unter Umständen differenziert werden. Einerseits ist das Grundgehalt sicherlich fix, da es unabhängig von den geleisteten Betriebsstunden des Baggers anfällt. Denkbar sind jedoch auch Gehaltszahlungen, die aufgrund von Überstunden anfallen und nicht über das Grundgehalt abgedeckt sind. Hierbei handelt es sich um variable Kosten.

Lösung Aufgabe 2:

Variable Kosten
$K_v = (18\ l * 1{,}50\ € * 500\ h) + (2{,}00\ € * 500\ h)$
$K_v = 14.500\ €$

Fixe Kosten
$K_f = 5.000\ € + 1.800\ €$
$K_f = 6.800\ €$

Gesamtkosten
$K = K_f + K_v = 14.500\ € + 6.800\ €$
$K = 21.300\ €$

Variable Stückkosten
$k_v = K_v / x = 14.500{,}00\ € / 500\ h$
$k_v = 29{,}00\ €/h$

Fixe Stückkosten
$k_f = K_f / x = 6.800{,}00\ € / 500\ h$
$k_f = 13{,}60\ €/h$

Stückkosten
$k = k_f + k_v = 29{,}00\ /h + 13{,}60\ €/h$
$k = 42{,}60\ €/h$

2. Abgrenzung zum externen Rechnungswesen

Unter den Begriff „externes Rechnungswesen" fallen die Rechnungswesenarten, die auf die Interessen außerhalb der betrieblichen Organisation stehender Institutionen oder Personenkreise abzielen. Es handelt sich also um externe Interessenten, die nicht zum Betrieb gehören. Fraglich ist vor diesem Hintergrund, welche Institutionen ein Interesse am Rechnungswesen eines Betriebes haben. Dazu gehören z.b. die Kreditinstitute für den Fall, dass sie einem Unternehmen Kapital zur Verfügung gestellt haben oder stellen sollen. Das betreffende Kreditinstitut hat dann ein Interesse am Rechnungswesen des Unternehmens, um sich vor Kreditausfällen frühzeitig schützen zu können. Ein weiteres Beispiel für einen externen Interessenten sind die Finanzbehörden, da die Berechnung der Einkommensteuer über den Gewinn eines Unternehmens erfolgt. Als letztes Beispiel für einen externen Interessenten sei die Öffentlichkeit im Allgemeinen genannt, die anhand des Rechnungswesens den unternehmerischen Erfolg ablesen kann und aufgrund dessen Unternehmensanteile – wie z.b. Aktien einer Aktiengesellschaft - kaufen bzw. verkaufen.

Die KLR fällt dagegen unter den Begriff des „internen Rechnungswesens". Das interne Rechnungswesen richtet sich nur an interne Interessenten, z.b. die Unternehmensführung, Abteilungsleiter oder Controller. Dies wird vor dem Hintergrund deutlich, dass die KLR zur Preiskalkulation genutzt wird. Ein Interesse am Datenmaterial dieser Preiskalkulation hätten sicherlich auch Konkurrenzunternehmen um dann ggfs. ihre eigene Unternehmensstrategie darauf abzustimmen. Insofern beinhaltet die KLR also Betriebsgeheimnisse, die nicht für Externe bestimmt sind.

Zum externen Rechnungswesen gehört die „doppelte Buchführung", die bei den Kommunen in NRW und privaten Unternehmen Anwendung findet. Die Bezeichnung ergibt sich aus dem Umstand, dass jeder Geschäftsvorfall doppelt erfasst wird – auf unterschiedlichen Konten. Mithilfe der doppelten Buchführung, die auch „kaufmännische Buchführung" oder auch nur „Doppik" genannt wird, werden sämtliche Geschäftsvorfälle eines Unternehmens erfasst und dokumentiert. Dazu gehören alle denkbaren Sachverhalte, wie die Überweisung der monatlichen Gehälter an die Mitarbeiter, der Kauf eines neuen Rettungswagens, die Begleichung der Stromrechnung für ein Rathaus etc.

Die doppelte Buchführung ist für die Gemeinden in NRW seit dem Haushaltsjahr 2009 zwingend vorgeschrieben[1]. Dies bedeutet, die Kommunen müssen sich dieser Rechnungswesenart bedienen und damit sämtliche Geschäftsvorfälle erfassen. Im Gegensatz zur Kostenrechnung gibt es für das externe Rechnungswesen eine ganze Reihe gesetzlicher Normen, die mitunter anzuwenden sind. Hier sind für die Kommunen in NRW insbesondere die Gemeindeordnung NRW (GO NRW) und auch die Gemeindehaushaltsverordnung NRW (GemHVO NRW) zu nennen. Sofern Kommunen Geschäftsbereiche beispielsweise als Aktiengesellschaft betreiben sind die Regelungen des Aktiengesetzes (AktG) zum externen Rechnungswesen anzuwenden. Das gilt analog für die Gesellschaften mit beschränkter Haftung - hierfür ist das GmbHG maßgeblich. Große Bedeutung hat das Handelsgesetzbuch (HGB), dessen Regelungen zum externen Rechnungswesen in weiten Teilen in die Gemeindehaushaltsverordnung mit eingeflossen sind. Für

---

[1] Siehe § 1 Abs. 1 NKF Einführungsgesetz NRW – NKFEG NRW

das interne Rechnungswesen gelten – bis auf das Kommunalabgabengesetz – keine gesetzlichen Regelungen.

Organisatorisch zuständig für die Aufgabe des externen Rechnungswesens bei einer Kommune ist deren Finanzbuchhaltung[1]. Für die KLR ergibt sich hier der Vorteil, dass ein Großteil der benötigten Daten bereits vorhanden ist. So liegen beispielsweise die Beträge für die monatlichen Gehaltsaufwendungen in der Finanzbuchhaltung bereits vor. Der Kostenrechner kann nunmehr auf dieses Datenmaterial zurückgreifen. Dies wird i.d.R. über eine Schnittstelle zwischen Finanzsoftware sowie KLR-Software erreicht – die Daten werden also programmmäßig aus der Finanzbuchhaltung in die KLR übernommen. Wichtig ist in diesem Zusammenhang allerdings, dass die Finanzbuchhaltung lediglich die grundlegenden Daten für die Arbeit in der KLR liefern kann. Die KLR verarbeitet die übernommenen Daten dann weiter für ihre Zwecke.

Abschließend sei darauf hingewiesen, dass die beiden Rechnungswesenarten unterschiedliche Rechnungsgrößen nutzen. In der Finanzbuchhaltung werden Erträge und Aufwendungen gebucht. In der Kostenrechnung geht es um Kosten und Leistungen. Schon allein aus diesem Grund gehen die Zahlenwerke in der Finanzbuchhaltung sowie der KLR zwangsläufig auseinander.

Externes Rechnungswesen vs. Internes Rechnungswesen		
	Externes Rechnungswesen	Internes Rechnungswesen
Rechtgrundlage	HGB GemHVO NRW GO NRW AktG GmbHG	KAG NRW
Rechnungsgrößen	Aufwand und Ertrag	Kosten und Leistungen
Ziel	Rechenschaftslegung Entscheidungsgrundlage	Entscheidungsgrundlage Gebührenkalkulation
Adressaten	Externe Adressaten, z.B. Finanzbehörden, Kreditinstitute, Aufsichtsbehörden	Interne Adressaten, insbesondere Managementebenen; in der Kommunalverwaltung im Rahmen der Gebührenermittlung auch externe (z.B. Einwohner)

---

[1] Siehe § 93 Abs. 1 S.1 GO NRW

3. Prinzipien und Gestaltungsformen der Kosten- und Leistungsrechnung

Im Kapitel Grundbegriffe werden die Begriffe „Istkosten", „Normalkosten" sowie „Plankosten" als Kosten mit unterschiedlicher zeitlicher Perspektive dargelegt. Die KLR kann insofern als

- Istkostenrechnung,
- Normalkostenrechnung sowie als
- Plankostenrechnung

geführt werden.

Die Istkostenrechnung basiert auf den tatsächlich entstandenen Kosten, den Istkosten. Da es sich bei den ermittelten Istkosten um vergangenheitsbezogene Daten handelt, erlaubt die Istkostenrechnung eine Rückschau auf die vergangene Abrechnungsperiode. Der Kostenrechner gewinnt damit einen Überblick über den Kostenumfang, der tatsächlich im Betrachtungszeitraum entstanden ist.

Die Schwachstelle der Istkostenrechnung liegt in dem Umstand, dass lediglich eine Abrechnungsperiode kostenmäßig Berücksichtigung findet. Damit fließen in die festgestellten Istkosten auch Kostengrößen ein, die lediglich unregelmäßig auftreten. Wenn also beispielsweise, die Inspektion eines technischen Gerätes alle drei Jahre erfolgt, dann belastet die Inspektionsrechnung nur das Ergebnis der Istkostenrechnung des dritten Jahres. Die beiden ersten Jahre ergeben in der Istkostenrechnung ein kostengünstigeres Bild, obwohl die Inspektion im 3. Jahr auch für die Nutzung in den ersten beiden Jahren erfolgt. Betrachtete der Kostenrechner lediglich das 3. Jahr und würde die Kalkulation darauf abgestellt werden, dann müssten die Preise bzw. Gebühren in der Folge höher ausfallen, um dann in den beiden darauf folgenden Jahren wieder gesenkt zu werden. Die Istkostenrechnung bietet sich daher nicht zur Kalkulation von Preisen bzw. Gebühren an, da es zu ständigen Preis- bzw. Gebührenschwankungen käme. Gleichwohl hat die Istkostenrechnung eine wichtige Bedeutung für die Ermittlung des tatsächlichen Ergebnisses des Betriebes.

Mithilfe der Normalkostenrechnung soll die Schwachstelle der Istkostenrechnung geschlossen werden. Bei den Normalkosten handelt es sich ebenfalls um vergangenheitsorientierte Werte, allerdings werden hier die Durchschnittskosten aus den Istkosten mehrerer Abrechnungsperioden ermittelt. Dadurch werden Zufälligkeiten ausgeglichen bzw. „normalisiert". Bezogen auf das Beispiel des technischen Gerätes, würden die Kosten für die Inspektion auf drei Jahre der Nutzung verteilt werden. Daraus ergibt sich dann ein gleichmäßiger Kostenverlauf bezogen auf die drei Jahre der Nutzung des Gerätes.

Die Plankostenrechnung ist auf die Zukunft ausgerichtet, das bedeutet, der Kostenrechner plant die entstehenden Kosten für die zukünftige Abrechnungsperiode. Diese geplanten Kosten sollen nicht überschritten werden, insofern spricht man bei Plankosten auch von Sollkosten. Die Sollkosten können dann mit den Istkosten der gleichen Abrechnungsperiode verglichen werden, um so Rückschlüsse für Kostenabweichungen ziehen zu können.

Neben dem zeitlichen Aspekt der Kostenrechnung mit Ist-, Normal- und Plankostenrechnung kann die Kostenrechnung als

- Vollkostenrechnung oder als
- Teilkostenrechnung

betrieben werden.

Bei der Vollkostenrechnung fließen alle in der Betrachtungsperiode angefallenen Kosten, also „die vollen", Kosten ein. Gemeint ist hiermit, dass sowohl die fixen als auch die variablen Kosten Berücksichtigung finden. Die Teilkostenrechnung beruht dagegen auf ausgewählten Teilen der Kosten und ist nur für bestimmte Entscheidungssituationen wichtig.

Fraglich ist nunmehr der Aufbau der Kostenrechnung. Grundsätzlich erfolgt die Kostenrechnung in drei Stufen:

1. Durchführung der Kostenartenrechnung
2. Durchführung der Kostenstellenrechnung
3. Durchführung der Kostenträgerrechnung

Bei der Durchführung der Kostenartenrechnung geht es um die Beantwortung folgender Frage:

„**Welche** Kosten sind angefallen?"

Der Kostenrechner differenziert nach Kostenarten also z.B. nach Personalkosten und Materialkosten und Heizkosten etc. Dies macht insofern Sinn, als dass mithilfe der Differenzierung überhaupt Aussagen beispielsweise über die Höhe der Personalkosten getroffen werden können. Erfolgte diese Differenzierung nicht, dann wären sämtliche Kosten in einem „großen Topf", der wenig Aussagekraft besäße.

Bei der Kostenstellenrechnung steht die Frage

„**Wo** sind die Kosten entstanden?"

im Raum. Dabei muss man sich vor Augen führen, dass die öffentlichen Verwaltungen und auch die privaten Unternehmen i.d.R. in mehrere Organisationseinheiten gegliedert sind. Vor diesem Hintergrund ist es interessant, die Kosten den einzelnen Organisationseinheiten verursachungsgerecht zuzuordnen. In der zweiten Stufe, der Kostenstellenrechnung, wird also beispielsweise ermittelt, in welchen einzelnen Organisationseinheiten, die Personalkosten in welcher Höhe entstanden sind. Hieraus wird deutlich, dass die Kostenstellenrechnung nur auf die Kostenartenrechnung folgen kann, denn ohne die Vorermittlung der Personalkosten mithilfe der Kostenartenrechnung könnte nunmehr keine Zuordnung auf die einzelnen Organisationseinheiten erfolgen.

Im Rahmen der Kostenträgerrechnung ist folgendes fraglich:

„**Wofür** sind die Kosten entstanden?"

Bei den Kostenträgern handelt es sich i.d.R. um die Endprodukte – materielle sowie immaterielle –, die die entstandenen Kosten „tragen" müssen. Erstellt beispielsweise die Druckerei einer kommunalen Verwaltung das Produkt „Haushaltsplan", so sollen mithilfe der Kostenträgerrechnung die Kosten für dieses Produkt ermittelt werden. Hierüber ließen sich dann wiederum Vergleiche zu anderen Produkten dieser Druckerei ziehen.

3.1 Vollkostenrechnung

3.1.1 Kostenartenrechnung

Beispielhaft wurden im Kapitel „Prinzipien- und Gestaltungsformen der Kosten- und Leistungsrechnung" drei Kostenarten genannt. Tatsächlich erfolgt in der Praxis eine viel tiefergehende Differenzierung der Kostenarten. Da der Gesetzgeber in NRW den Kommunen den Ausbau der Kosten- und Leistungsrechnung lediglich nach den örtlichen Bedürfnissen vorschreibt, ist es nur folgerichtig, dass auch die Differenzierung der Kostenarten in das Ermessen der einzelnen Kommunen gestellt ist. So schreibt das kommunale Haushaltsrecht mit § 27 Abs. 7 GemHVO NRW zwingend vor, dass der doppelten Buchführung der vom Innenministerium bekannt gegebene Kontenrahmen zu Grunde zu legen ist. Hier erfolgt eine Differenzierung in neun Kontenklassen. Von besonderer Bedeutung für die KLR ist die Kontenklasse 9: Laut Anlage 16 der VV Muster zur GO NRW und GemHVO NRW ist „die Ausgestaltung der KLR von jeder Kommune selbst festzulegen." Wird bei einer Kommune eine KLR geführt, so sind die gebildeten Kostenartenkonten mit der Ordnungsziffer „9" zu führen. Wie die Ausdifferenzierung der Kostenarten erfolgt, liegt aber ganz in der Entscheidungsbefugnis der Kommune.

Im Kapitel „Abgrenzung zum externen Rechnungswesen" wurde bereits dargestellt, dass die KLR Daten aus der Finanzbuchhaltung über eine Schnittstelle zur weiteren Verarbeitung erhält. Insofern bietet es sich an, die Konten der KLR zunächst analog zu den Konten in der Finanzbuchhaltung zu bilden. In einem weiteren Schritt werden dann weitere Konten, insbesondere für die kalkulatorischen Kosten, gebildet. Allerdings kann das Datenmaterial nicht komplett übernommen werden. So dürfen insbesondere die neutralen Aufwendungen nicht in die Kostenartenrechnung einfließen. Ferner sind Anpassungen bzw. Neuberechnungen z.B. für Abschreibungen und Zinsen vorzunehmen. In diesem Lehrbuch wird der Fokus auf folgende Kostenarten gelegt:

- Personalkosten
- Materialkosten
- Kalkulatorische Abschreibungen
- Kalkulatorische Zinsen
- Kalkulatorische Wagnisse

3.1.2 Personalkosten

Der öffentliche Dienst ist als Erbringer verschiedenster Dienstleistungen sehr personalintensiv. Da mit der Beschäftigung eines hohen Personalstamms auch recht hohe Kosten entstehen, rücken die Personalkosten in Zeiten knapper Kassen mehr und mehr in den Fokus der Betrachtung. Insofern interessiert sich der Kostenrechner grundsätzlich für die Höhe der Personalkosten, die über die Kostenartenrechnung festgestellt wird. Die Ermittlung der Personalkosten ist i.d.R. einfach, da das Datenmaterial meist ohne große Veränderungen über die DV-Schnittstelle aus der Finanzbuchhaltung übernommen werden kann. Veränderungen sind jedoch vorzunehmen, sofern in den Personalaufwendungen neutraler Aufwand oder aber aktivierungspflichtiger Aufwand enthalten sein sollte. Betrachtet der Kostenrechner die monatlichen Personalkosten, dann muss er darauf achten, dass Einmalzahlungen, wie Urlaubs- oder Weihnachtsgeld zu einem Zwölftel mitberücksichtigt werden. Zu den Personalkosten zählen beispielsweise:

- Löhne / Gehälter
- Einmalzahlungen (Urlaubsgeld, Weihnachtsgeld, Boni)
- Übertarifliche Zahlungen
- Sonntags-, Feiertags-, Schichtzuschläge
- ca. ½ der Sozialabgaben bestehend aus Rentenversicherung, Arbeitslosenversicherung, Pflegeversicherung; bei Beamten entsprechende Leistungen
- Beiträge zur Berufsgenossenschaft
- Trennungsgeld
- Freiwillige Sozialaufwendungen z.B. Kantine, betriebseigener Kindergarten

3.1.3 Materialkosten

Für die Erstellung öffentlicher Leistungen werden Materialien benötigt und verbraucht. Dabei reicht das Spektrum eingesetzter Materialen vom „Aktenordner für die Sozialverwaltung" bis zum „Zement für den städtischen Betriebshof". Üblich ist es, dass diese Materialien zunächst bestellt und nach der Lieferung gelagert werden. Je nach Materialart können diese Bestellungen jährlich, halb- und vierteljährlich aber auch monatlich erfolgen. Dies hängt u.a. vom Bedarf der Verwaltung oder der Art der Materialien ab. Wichtig ist in diesem Zusammenhang, dass erst durch den Verbrauch der Materialien die Materialkosten entstehen. Für die Berechnung der Materialkosten ist es daher zunächst maßgeblich, den Materialverbrauch festzustellen. In einem weiteren Schritt muss geklärt werden, zu welchem Wert in Euro der Materialverbrauch erfolgte.

Zunächst geht es um die Ermittlung des Materialverbrauchs. Hierfür kommen zum einen die Skontrationsmethode (auch „Entnahmescheinrechnung" genannt) oder zum anderen die Inventurmethode (auch „Befundrechnung" genannt) zum Einsatz.

Beide Verfahren werden im Folgenden anhand eines Beispiels dargelegt: Der Betriebshof der Stadt D verfügt über eine Salzlagerhalle mit 2.000 Tonnen Fassungsvermögen. Am 01.01. des Jahres befinden sich noch 1.000 Tonnen Auftausalz im Wert von 80 € je Tonne im Bestand, die bis zum 31.03. des Jahres verbraucht werden. Im Juni wird das Lager für den Kaufpreis von 70 € / t aufgefüllt. Im November werden 200 Tonnen zum

Einkaufspreis von 80 € / t sowie im Dezember nochmals 500 Tonnen zum Einkaufspreis von 83 € / t Auftausalz geliefert.

Bei der Skontrationsmethode werden durch die Verwaltungsmitarbeiter Materialscheine bzw. Entnahmescheine ausgefüllt, sobald Material aus dem Lager entnommen wird. Es wird somit dokumentiert, wie viel Material aus dem Lager entnommen wird. Üblicherweise werden noch die empfangende Organisationseinheit eingetragen sowie die Person, die die Materialien erhalten hat. Dies ermöglicht dem Lageristen zum einen den Überblick über die Materialbestände zu behalten. Zum anderen dienen die Materialscheine als Nachweis für die Ausgabe der Materialien aus dem Lager. Anhand der Auswertung der Materialscheine wird nun der mengenmäßige Verbrauch festgestellt. Er ergibt sich aus der Summe der entnommenen Materialmengen laut Materialscheinen. Insofern wird der mengenmäßige Verbrauch rein rechnerisch ermittelt.

Für die Berechnung des Lagerbestands am 31.12. eines Jahres kommt folgende Formel zur Anwendung:

Endbestand = Anfangsbestand + Liefermengen − mengenmäßiger Verbrauch

In unserem Beispiel liegen folgende Nachweise für die Entnahme von Auftausalz vor:

Monat	Materialverbrauch in Tonnen
Januar	600
Februar	300
März	100
November	300
Dezember	600
Summe Materialverbrauch	**1.900**

Der mengenmäßige Verbrauch beläuft sich auf 1.900 Tonnen in der betrachteten Periode. Der Anfangsbestand belief sich auf 1.000 Tonnen, die Lieferungen im Juni, November sowie Dezember umfassen insgesamt 2.700 Tonnen. Nunmehr kann der Endbestand ermittelt werden:

Endbestand = 1.000 t + 2.700 t − 1.900 t
Endbestand = 1.800 t

Zur Vollständigkeit sei darauf hingewiesen, dass der so ermittelte Endbestand auch als Sollbestand bezeichnet wird. Ursächlich ist hierfür, dass der mengenmäßige Verbrauch nurmehr rechnerisch ermittelt wird. Tatsächlich könnte der Endbestand abweichen, wenn Materialentnahmen nicht richtig dokumentiert wurden.

Bei der Inventurmethode wird der Endbestand durch die tatsächliche Inaugenscheinnahme festgestellt. Dies geschieht - je nach Art des zu erfassenden Materials – entweder durch zählen oder messen oder wiegen. Dies bedeutet also, dass nun keine rein rechnerischen Ergebnisse wie bei der vorgenannten Methode ermittelt werden, sondern tatsächliche Bestände. Insofern handelt es sich bei dem Endbestand auch nicht um einen Sollbestand, sondern um einen Istbestand.

Zur Ermittlung des mengenmäßigen Verbrauchs kommt folgende Formel zur Anwendung:

Mengenmäßiger Verbrauch = Anfangsbestand + Liefermengen − Endbestand

Bezogen auf das Beispiel und unter der Annahme, dass eine Inventur zum Endbestand von 1.800 t führt, ergibt sich demnach folgender mengenmäßiger Verbrauch:

Mengenmäßiger Verbrauch = 1.000 t + 2.700 t − 1.800 t
Mengenmäßiger Verbrauch = 1.900 t

Nachdem nun geklärt ist, wie der mengenmäßige Verbrauch ermittelt wird, geht es um die Frage zu welchem monetären Wert der Materialverbrauch erfolgt. Letztlich interessieren in der Kostenrechnung die entstandenen Materialkosten. Der mengenmäßige Verbrauch ist daher lediglich ein Vehikel zur Bestimmung der Materialkosten.

Zu deren Ermittlung muss eine Bewertung des mengenmäßigen Verbrauchs erfolgen. In der Betriebswirtschaft können hierfür unterschiedliche Verfahren Anwendung finden, wie die First-In-First-Out-Methode, kurz FiFo-Methode, oder auch die Last-In-First-Out-Methode, kurz LiFo-Methode sowie die „Durchschnittsbewertung". Es gibt weitere Verfahren, die aber nicht Gegenstand der weiteren Betrachtungen sein werden.

Ein einfaches Verfahren stellt die **Durchschnittsbewertung** dar. Hierzu wird ein Durchschnittspreis aus den Werten des Anfangsbestand sowie der einzelnen Lieferungen errechnet. Der Durchschnittspreis wird dann für die Bewertung des Verbrauchs herangezogen.

Die Berechnung erfolgt über die Bildung des jeweiligen Produkts aus der Anzahl der Tonnen und dem hierfür maßgeblichen Preis je Tonne. Anschließend wird eine Summe aus den errechneten Produkten ermittelt. In dem angegebenen Beispiel liegen folgende Angaben vor:

	Anzahl Tonnen Auftausalz	**Preis je Tonne in €**	Anzahl Tonnen x Preis je Tonne = **Wert in €**
Anfangsbestand	1.000	80	80.000
Lieferung Juni	2.000	70	140.000
Lieferung November	200	80	16.000
Lieferung Dezember	500	83	41.500
Summe	**3.700**	**Summe**	**277.500**

Die Tabelle veranschaulicht, dass die Summe der 3.700 Tonnen Auftausalz einem Gegenwert von 277.500 € entsprechen. Zur Ermittlung des Durchschnittspreises wird nunmehr der Gegenwert durch die Summe der Tonnen Auftausalz dividiert:

Durchschnittspreis = 277.500 € / 3.700 t = 75 €
Durchschnittspreis = 75 €

Die Materialkosten werden nun aus dem Produkt von Durchschnittspreis und dem mengenmäßigen Verbrauch ermittelt:

Materialkosten = 75 € x 1.900 t
Materialkosten = 142.500 €

Bezogen auf das Beispiel sind durch den Verbrauch von Auftausalz durch den Betriebshof der Stadt D Materialkosten in Höhe von 142.500 € entstanden.

Bei der hier gezeigten Ermittlung des Durchschnittspreises wurden die Entnahmezeitpunkte außer Acht gelassen. Es handelt sich daher um den einfach gewogenen Durchschnittspreis.

Alternativ können die jeweiligen Entnahmezeitpunkte berücksichtigt werden. In diesem Zusammenhang ergibt sich dann der gleitende gewogene Durchschnittspreis. Das obige Beispiel wird für diese Alternative genutzt:

	Anzahl Tonnen Auftausalz	Preis je Tonne in €	Anzahl Tonnen x Preis je Tonne = Wert in €	
Anfangsbestand	1.000	80,00 €	80.000,00 €	
Entnahme Januar	600	80,00 €	48.000,00 €	
neuer Bestand	400	80,00 €	32.000,00 €	
Entnahme Februar	300	80,00 €	24.000,00 €	
neuer Bestand	100	80,00 €	8.000,00 €	
Entnahme März	100	80,00 €	8.000,00 €	
neuer Bestand	0	0	0	
Lieferung Juni	2.000	70,00 €	140.000,00 €	
neuer Bestand	2.000	70,00 €	140.000,00 €	
Lieferung November	200	80,00 €	16.000,00 €	
neuer Bestand	2.200	70,91 €	156.000,00 €	Nebenrechnung 1: 156.000 € : 2.200 Tonnen = 70,91 ....€ je Tonne
Entnahme November	300	70,91 €	21.272,73 €	
neuer Bestand	1.900	70,91 €	134.727,27 €	
Lieferung Dezember	500	83,00 €	42.500,00 €	
neuer Bestand	2.400	73,84 €	177.227,27 €	Nebenrechnung 2: 177.227,27€ : 2.400 Tonnen = 73,84.... € je Tonne
Entnahme Dezember	600	73,84 €	44.306,82 €	
neuer Bestand	1.800	73,84 €	132.920,45 €	[1]

Das alternative Berechnungsbeispiel zeigt zum einen, dass bis einschließlich März Streusalz im Wert von 80.000 € verbraucht wurde. In Ansatz gebracht wurden hier die entsprechenden Entnahmen mit dem Preis je Tonne des Anfangsbestandes.

Aus der Lieferung der Monate Juni und November wird ein Durchschnittspreis von 70,91 € je Tonne ermittelt (s. Nebenrechnung 1). Dieser Wert ist mit der entnommenen

---

[1] Es wird hier mit allen Nachkommastellen gerechnet.

Menge im November zu multiplizieren. So ergibt sich ein Verbrauch von Streusalz im Wert von 21.272,73 €.

Aus der Lieferung des Monats Dezember und dem Bestand des Monats November lässt sich ein Preis je Tonne von 73,84 € feststellen (s. Nebenrechnung 2). Dieser Wert wird nun mit der entnommenen Menge Streusalz aus Monat Dezember multipliziert. Der wertmäßige Verbrauch beläuft sich auf 44.306,82 €.

Bei den wertmäßigen Verbräuchen handelt es sich um die entstandenen Kosten aus den Entnahmen des Streusalzes. Für das gesamte Jahr können nunmehr durch Addition der einzelnen Werte die gesamten Materialkosten errechnet werden:

Materialkosten = 80.000,00 € + 21.272,73 € + 44.306,82 €
Materialkosten = 145.579,55 €

Im Rahmen der **FiFo-Methode** wird die Annahme getroffen, dass das Material, welches zuerst beschafft wird, auch zuerst verbraucht wird.

Bei der **LiFo-Methode** wird davon ausgegangen, dass das zuletzt beschaffte Material zuerst verbraucht wird.

Beide Verfahren werden anhand des obigen Beispiels dargelegt. Hierzu nochmals die vorliegenden Angaben in einer Übersicht und die alternativen Berechnungen des wertmäßigen Verbrauchs:

	Anzahl Tonnen Auftausalz	**Gesamtwert in €**
Anfangsbestand	1.000 Tonnen zu je 80 €	80.000
Entnahme Januar	600 Tonnen	
Entnahme Februar	300 Tonnen	
Entnahme März	100 Tonnen	
Lieferung Juni	2.000 Tonnen zu je 70 €	140.000
Lieferung November	200 Tonnen zu je 80 €	16.000
Entnahme November	300 Tonnen	
Lieferung Dezember	500 Tonnen zu je 83 €	41.500
Entnahme Dezember	600 Tonnen	
FiFo-Methode: Verbrauch	Insgesamt 1.900 Tonnen, davon: 1.000 Tonnen zu je 80 € 300 Tonnen zu je 70 € 600 Tonnen zu je 70 €	80.000 21.000 42.000
	Wertmäßiger Verbrauch bei FiFo	**143.000**
LiFo-Methode: Verbrauch	Insgesamt 1.900 Tonnen, davon: 500 Tonnen zu je 83 € 200 Tonnen zu je 80 € 1.200 Tonnen zu je 70 €	41.500 16.000 84.000
	Wertmäßiger Verbrauch bei LiFo	**141.500**

Insgesamt kann festgehalten werden, dass die drei betrachteten Verfahren zu unterschiedlichen Materialkosten führen. In der Kostenrechnung wird üblicherweise das Verfahren der Durchschnittsbewertung eingesetzt.

3.1.4 Kalkulatorische Abschreibungen

In einem klassischen Dienstleistungsbetrieb wie einer Rathausverwaltung werden Maschinen sowie Büro- und Geschäftsausstattung für die Leistungserbringung benötigt. Man denke hier an die Druckmaschinen einer städtischen Druckerei oder den Personalcomputer in der Kämmerei. Diese Gegenstände unterliegen durch den Gebrauch einer Abnutzung und die Reparaturanfälligkeit der Gegenstände nimmt mit der Zeit i.d.R. zu.

Außerdem schreitet der technische Fortschritt weiter, sodass überdies eine technische Veralterung stattfindet. Letzteres wird besonders am Beispiel der Personalcomputer deutlich, die bereits nach kurzer Zeit als veraltet gelten. Das kommunale Haushaltsrecht des Landes NRW bestimmt insofern auch, dass Computer über maximal 5 Jahre abgeschrieben werden dürfen. Dagegen dürfen Druckereimaschinen über maximal 15 Jahre abgeschrieben werden.

Über die Berücksichtigung von Abschreibungen wird der Werteverzehr eines langlebigen Wirtschaftsgutes in der betrieblichen Abrechnung festgehalten. Es wird also dokumentiert, dass über die Jahre der Nutzung der Wert eines Vermögensgegenstandes abnimmt. Dieser Werteverzehr wird als Abschreibung bezeichnet und belastet das Ergebnis eines Betriebes. Dies gilt zunächst im kommunalen Haushaltsrecht, das enge Vorschriften für die Buchung von Abschreibungen in der Finanzbuchhaltung vorsieht. Aber auch der Kostenrechner berücksichtigt in seiner Kalkulation der Preise bzw. der Gebühren die Abschreibungen. Allerdings handelt es sich hier um die sog. kalkulatorischen Abschreibungen. Diese können nicht aus der Finanzbuchhaltung mittels Schnittstelle in die Kostenrechnung übernommen werden, sondern müssen vom Kostenrechner ermittelt werden.

Für die Ermittlung der Abschreibungen in der Abrechnungsperiode benötigt der Kostenrechner folgende Angaben:

- Abschreibungssumme
- Abschreibungszeitraum
- Abschreibungsmethode

Bei der Abschreibungssumme handelt es sich um den Wert, der insgesamt abgeschrieben werden soll. Hierzu folgendes Beispiel: Die Stadt D erwirbt für 196.000 € ein Rettungstransportwagen (RTW). Hinzu kommen noch Überführungskosten, Zulassungskosten und ein nach erfolgter Anlieferung fest eingebautes medizinisches Gerät im Werte von 4.000 €. Insgesamt belaufen sich die notwendigen Auszahlungen für die Inbetriebnahme auf 200.000 €. Man spricht in diesem Zusammenhang von den Anschaffungskosten[1]. Die

---

[1] Vgl. dazu auch § 35 GemHVO NRW. Hier werden noch die Herstellungskosten genannt, für die das gezeigte Procedere ebenfalls Anwendung findet. § 255 Abs. 2 S. 1 HGB definiert: „Herstellungskosten sind die Aufwendungen, die durch den Verbrauch von Gütern und die Inanspruchnahme von Diensten

Anschaffungskosten werden über die Nutzungsdauer des RTW abgeschrieben. Insofern entsprechen die Anschaffungskosten der Abschreibungssumme über den Abschreibungszeitraum. Auf den nachfolgenden Seiten werden noch alternative Werte dargestellt, die der Abschreibungssumme gelten. Für den Moment soll gelten:

Anschaffungskosten = Abschreibungssumme

Der Abschreibungszeitraum stellt den Zeitraum der Nutzung der abzuschreibenden Vermögensgegenstände dar. Die Nutzungsdauer hängt von der Art des Vermögensgegenstandes aber auch von der gewöhnlichen Nutzungsdauer im Betrieb ab. Es wird unterstellt, dass der Vermögensgegenstand nach Ablauf der Nutzungsdauer nicht mehr im betrieblichen Prozess eingesetzt werden kann. Dies kann man sich anschaulich an dem Beispiel des Rettungswagens vorstellen, denn diese Fahrzeuge werden bei den Noteinsätzen stark beansprucht, sodass das Material einem besonderen Verschleiß unterliegt. Die „NKF-Rahmentabelle der Gesamtnutzungsdauer für Kommunale Vermögensgegenstände" gibt daher eine Nutzungsdauer von sechs bis acht Jahren an. In der Kostenrechnung können die in der Finanzbuchhaltung gewählten Nutzungsdauern übernommen werden, allerdings könnte der Kostenrechner davon auch abweichen. In unserem Beispiel wollen wir von einer Nutzungsdauer von acht Jahren für den RTW ausgehen. Praktisch bedeutet dies, dass die Anschaffungskosten auf die acht Jahre der Nutzung verteilt werden.

Für die Verteilung der Abschreibungssumme auf die einzelnen Jahre der Nutzung stehen mehrere alternative Abschreibungsmethoden zur Verfügung. Praxisrelevant sind hier jedoch nur die lineare Abschreibungsmethode sowie die degressive Abschreibungsmethode. Daher sollen auch nur diese beiden Methoden erläutert werden.

Bei der linearen Abschreibungsmethode wird die Abschreibungssumme durch die Nutzungsdauer dividiert:

Abschreibungssumme / Nutzungsdauer = Abschreibungsbetrag je Periode

Bezogen auf das Beispiel des RTW ergibt sich demnach:

200.000 € / 8 Jahre = 25.000 €

Der Abschreibungsbetrag je Periode beläuft sich somit auf 25.000 €. Bei der linearen Abschreibungsmethode handelt es sich sicherlich um eine einfach anzuwendende Möglichkeit, den Abschreibungsbetrag je Periode zu ermitteln. Dies ist auch der Grund, warum diese Methode in der Praxis am häufigsten genutzt wird. Kritisch sei jedoch angemerkt, dass die ermittelten Abschreibungsbeträge nur wenig mit dem –gemessen am Marktgeschehen - tatsächlichen Wertverlust der Vermögensgegenstände zu tun hat, denn sie geht von einem jährlich gleichbleibenden Wertverzehr aus. Man denke in diesem Zusammenhang an einen Neuwagen, der in den ersten Jahren der Nutzung einen deutlich höheren Wertverlust hat als in den letzten Jahren der Nutzung.

---

für die Herstellung eines Vermögensgegenstands, seine Erweiterung oder für eine über seinen ursprünglichen Zustand hinausgehende wesentliche Verbesserung entstehen."

Andererseits birgt die lineare Abschreibungsmethode mit den gleichbleibenden Abschreibungsbeträgen für den Kostenrechner neben der einfachen Anwendung einen noch weiteren Vorteil: Da der Kostenrechner die Kosten ermittelt, um die Preise bzw. Gebühren zu kalkulieren, hätten stark schwankende Kosten unmittelbar Auswirkung auf die Preis-/Gebührengestaltung. Der Kostenrechner hat also ein Interesse daran, seine Abschreibungen möglichst gleichmäßig auf die Nutzungsdauer zu verteilen, um Preis-/Gebührenschwankungen möglichst zu verhindern.

Die folgende Tabelle zeigt den Abschreibungsplan für den RTW auf Grundlage der linearen Abschreibungsmethode:

Abschreibungsplan für RTW: 200.000 € Anschaffungskosten, 8 Jahre Nutzungsdauer, lineare Abschreibungsmethode auf AW-Basis			
Nutzungs-jahr	Abschreibungsbetrag je Nutzungsjahr	kumulierter Abschreibungsbetrag je Nutzungsjahr	Restbuch-wert
1	25.000 €	25.000 €	175.000 €
2	25.000 €	50.000 €	150.000 €
3	25.000 €	75.000 €	125.000 €
4	25.000 €	100.000 €	100.000 €
5	25.000 €	125.000 €	75.000 €
6	25.000 €	150.000 €	50.000 €
7	25.000 €	175.000 €	25.000 €
8	25.000 €	200.000 €	0 €

Der „kumulierte Abschreibungsbetrag je Nutzungsjahr" stellt die zum Ende des jeweiligen Nutzungsjahres bislang gebuchten Abschreibungsbeträge dar. Im 8. Jahr beläuft er sich auf 200.000 € und hat damit den Wert der Anschaffungskosten erreicht. In der Spalte „Restbuchwert" wird jeweils dargestellt, welcher Wert für den RTW am Ende des jeweiligen Nutzungsjahres noch vorhanden ist. Insofern wird von dem Restbuchwert gesprochen, der noch weiter abgeschrieben wird. Er lässt sich wie folgt ermitteln:

Restbuchwert = Anschaffungswert – kumulierter Abschreibungsbetrag je Nutzungsjahr

Der Restbuchwert ist am Ende der Nutzungsdauer Null, d.h. der Rettungswagen ist komplett abgeschrieben.

Ferner lässt sich noch der Abschreibungssatz ermitteln:

Abschreibungssatz = 100 % / Nutzungsdauer
Abschreibungssatz = 12,5 %

Der Abschreibungssatz bei der linearen Abschreibungsmethode beträgt für das Beispiel durchgängig 12,5 %.

Bei der degressiven Abschreibungsmethode wird zur Berechnung der Abschreibungen mit einem vorher festgelegten Prozentsatz abgeschrieben. Es sei darauf hingewiesen, dass es sich dabei nicht um den Abschreibungssatz handelt. Dieser wird für das Beispiel noch dargestellt. Der festgelegte Prozentsatz für die Abschreibung des RTW soll 20 %

Prozent betragen. Im ersten Jahr der Nutzung werden vom Anschaffungswert 20 % abgezogen. Nach Abzug ergibt sich der Restbuchwert des 1. Jahres. Ab dem 2. Jahr wird vom jeweiligen Restbuchwert des Vorjahres der festgelegte Prozentsatz abgezogen. Die folgende Tabelle veranschaulicht die Vorgehensweise, nun ergänzt um den Abschreibungssatz:

Nutzungs-jahr	Abschreibungsplan für RTW: 200.000 € Anschaffungskosten, 8 Jahre Nutzungsdauer, degressive Abschreibungsmethode auf AW-Basis		
	Abschreibungs-betrag je Nutzungsjahr	kumulierter Abschreibungs-betrag	Restbuchwert
1	40.000 €	40.000 €	160.000 €
2	32.000 €	72.000 €	128.000 €
3	25.600 €	97.600 €	102.400 €
4	20.480 €	118.080 €	81.920 €
5	16.384 €	134.464 €	65.536 €
6	13.107 €	147.571 €	52.429 €
7	10.486 €	158.057 €	41.943 €
8	8.389 €	166.446 €	33.554 €

Es ist erkennbar, dass sich die Abschreibungsbeträge mit jedem Jahr der Nutzung verringern. Dies gilt natürlich analog für den Abschreibungssatz. Im Vergleich zu den gleichbleibenden Abschreibungsbeträgen der linearen Abschreibungsmethode fällt zudem auf, dass die Abschreibungsbeträge zu Anfang deutlich höher ausfallen. Gegen Ende der Nutzungsdauer kehrt sich dieses Bild um. Hier wird ein Vorteil gesehen, da dieser Abschreibungsverlauf dem tatsächlichen Werteverlust - gemessen an einem am Markt zu erzielenden Verkaufswert - eher entspricht, als dies bei der linearen Abschreibungsmethode der Fall ist.

Nachteilig sind bei der degressiven Abschreibungsmethode jedoch zwei Dinge: Zum einen kann ein Vermögensgegenstand nie völlig abgeschrieben werden. Um einen Restbuchwert von „Null" zu erreichen, muss während des Abschreibungszeitraums auf die lineare Abschreibungsmethode gewechselt werden. Zum anderen hat der Kostenrechner wie bereits dargestellt ein Interesse an möglichst gleichbleibenden Kostenverläufen. Die sinkenden Abschreibungsbeträge müssten zumindest in der Gebührenkalkulation dazu führen, dass die Gebühren sinken. Dies mag auf den ersten Blick für die Gebührenpflichtigen positiv erscheinen. Problematisch ist jedoch, dass bei der Neuanschaffung eines künftigen RTW die Abschreibungsbeträge sprunghaft ansteigen und in der Folge auch die Gebühren angehoben werden müssten.

Der Gesetzgeber des Landes NRW schreibt gemäß § 6 Abs. 2 KAG NRW daher auch vor, dass für die Berechnung der Abschreibungen nur die lineare Abschreibungsmethode oder die Leistungsabschreibung in Frage kommen. Letztere Abschreibungsmethode spielt in der Praxis kaum eine Rolle und soll hier auch nicht erläutert werden.

Wiederbeschaffungswerte

Bislang sind wir davon ausgegangen, dass für die Berechnung der Abschreibungen der Anschaffungswert maßgeblich ist. Im kommunalen Haushaltsrecht ist dies mit § 35 Abs. 1 GemHVO NRW für die Buchführung so auch zwingend vorgeschrieben.

Vor dem Hintergrund der Preis-/Gebührenkalkulation ist die Berechnung der Abschreibungen auf Basis der Anschaffungskosten jedoch fraglich. Denn tatsächlich ergeben sich im Laufe der Zeit Preissteigerungen für die Neuanschaffung eines RTW, die bei der bisher dargestellten Verfahrensweise unberücksichtigt bleiben. Bei der Anwendung des Anschaffungswertes als Ausgangswert fließen über die Abschreibungen an den Betrieb auch lediglich die Beträge für den historischen Anschaffungswert zurück. Der Kostenrechner muss aber berücksichtigen, dass er in der Zukunft eine Ersatzbeschaffung für den RTW vornehmen muss, zu einem dann höheren Anschaffungswert.

In der Kostenrechnung geht man daher – und das ist ein großer Unterschied zur Doppik – bei der Ermittlung der Abschreibungsbeträge nicht vom Anschaffungswert, sondern vom Wiederbeschaffungszeitwert aus. Bei letzterem handelt es sich um den Wert, der für die Ersatzbeschaffung des jeweiligen Vermögensgegenstandes am jeweiligen Bezugszeitpunkt benötigt wird. Über die Berechnung von Wiederbeschaffungszeitwerten trägt man der Preisentwicklung Rechnung. Die folgende Tabelle zeigt die Entwicklung bei einer durchgängig angenommenen Preissteigerung von 2 % p.a.:

Abschreibungsplan für RTW: 200.000 € Anschaffungskosten, 8 Jahre Nutzungsdauer, lineare Abschreibungsmethode auf WBZW-Basis am Jahresende			
Nutzungs-jahr	Wiederbeschaffungs-zeitwert am Jahresende	Abschreibungs-betrag je Nutzungsjahr	kumulierter Abschreibungs-betrag
1	204.000 €	25.500 €	25.500 €
2	208.080 €	26.010 €	51.510 €
3	212.242 €	26.530 €	78.040 €
4	216.486 €	27.061 €	105.101 €
5	220.816 €	27.602 €	132.703 €
6	225.232 €	28.154 €	160.857 €
7	229.737 €	28.717 €	189.574 €
8	234.332 €	29.291 €	218.865 €

Mit einer zu Grunde gelegten Preissteigerung von 2% je Nutzungsjahr ergibt sich im 8. Nutzungsjahr ein Wiederbeschaffungszeitwert zum Jahresende von 234.332 €. Es liegt somit zu den historischen Anschaffungskosten eine Differenz von 34.332 € vor, die für eine Ersatzbeschaffung zusätzlich benötigt werden. Ferner ist zu erkennen, dass die jährlichen Abschreibungsbeträge je Nutzungsjahr steigen. Dies liegt daran, dass die jeweiligen Wiederbeschaffungszeitwerte durch die Anzahl der Nutzungsjahre dividiert werden. Der kumulierte Abschreibungsbetrag im 8. Nutzungsjahr beläuft sich auf 218.866 €. Vor dem Hintergrund, dass die Abschreibungen über die Preise/Gebühren wieder verdient werden sollen, wird deutlich, dass auch bei der Berechnung der Abschreibungen auf WBZW-Basis ein Fehlbetrag für die Ersatzbeschaffung entsteht:

WBZW Ende 8.Jahr	234.332 €
./. kumulierter Abschreibungsbetrag 8.Jahr	218.865 €
= Fehlbetrag	15.465 €

Insofern erscheint die Berechnung der Abschreibung auf WBZW-Basis als ebenfalls nicht ausreichend, um die zukünftige Ersatzbeschaffung zu decken. Allerdings ist festzuhalten, dass diese Verfahrensweise dazu führt, dass die Kosten für Abschreibungen in Bezug zur Preisentwicklung realistischer in die Preis-/Gebührenkalkulation einfließen, als bei der Berechnung auf Anschaffungswert-Basis. Für die Verfahrensweise spricht zudem, dass die verdienten Abschreibungen zinsbringend angelegt werden könnten. Daher ist die Berechnung der Abschreibungen auf WBZW-Basis auch als völlig hinreichend zu betrachten.

Während im kommunalen Haushaltsrecht in NRW die Berechnung von Abschreibungen auf Basis von WBZW unzulässig ist, sieht das Kommunalabgabengesetz NRW in § 6 KAG NRW ein Wahlrecht zwischen der Berechnung mit Anschaffungswerten und der Berechnung mit WBZW vor. Da die zuletzt genannte Verfahrensweise zu „stabileren" Gebührenentwicklungen durch die Vermeidung von sprunghaft ansteigenden Abschreibungen im Rahmen einer Ersatzbeschaffung beiträgt, ist in der Praxis die Berechnung der Abschreibungen auf WBZW-Basis am Jahresende geboten. So auch die ständige Rechtsprechung des OVG Münster (z.B. 9 A 1248/92 in: der Gemeindehaushalt 10/1994, S. 233 ff.).

Deutlich wird nun auch, warum es sich um kalkulatorische Abschreibungen handelt und diese nicht deckungsgleich mit den zu ermittelnden Abschreibungen im kommunalen Haushaltsrecht NRW sind. Die folgende Tabelle zeigt die unterschiedlichen Abschreibungsverläufe für den RTW im kommunalen Haushaltsrecht auf Anschaffungswertbasis und in der Kostenrechnung auf WBZW-Basis zum Jahresende:

Nutzungs-jahr	Abschreibungsbetrag je Nutzungsjahr im Haushaltsrecht	Abschreibungsbetrag je Nutzungsjahr in der Kostenrechnung
1	25.000 €	25.500 €
2	25.000 €	26.010 €
3	25.000 €	26.530 €
4	25.000 €	27.061 €
5	25.000 €	27.602 €
6	25.000 €	28.154 €
7	25.000 €	28.717 €
8	25.000 €	29.291 €

Preisindizes

Die Betriebe verfügen über eine Vielzahl von Anlagegenständen unterschiedlichster Art. Selbst bei kleinen Gemeinden kann diese Anzahl mehrere Tausend Stück umfassen. Es wäre daher praktisch nicht durchführbar für jeden Gegenstand die individuelle Preissteigerung zu ermitteln. Daher bedient sich der Kostenrechner sog. Preisindizes. Sie dienen dazu, die Preisentwicklung auf ein Basisjahr zum Preisindex 100 abzubilden. Das Statistische Bundesamt bietet eine ganze Reihe von Preisindizes an, z.b. den Erzeugerpreisindex, den Baupreisindex oder den Verbraucherpreisindex. Aus dem Angebot kann der Kostenrechner den für seine Vermögensgegenstände passenden Preisindex auswählen und zur Berechnung der Wiederbeschaffungszweitwerte nutzen.

Die Anwendung von Preisindizes wird an folgendem Beispiel dargestellt: Die Stadt D kauft Anfang 2013 einen neuen Vermögensgegenstand für Anschaffungskosten in Höhe von 100.000 €. Der maßgebliche Preisindex soll sich für das Jahr 2012 auf 110, für das Jahr 2013 auf 111,5 sowie für das Jahr 2014 auf 113 Punkte belaufen.

Zur Berechnung des Wiederbeschaffungszeitwertes am Jahresende im Anschaffungsjahr wird folgende Formel genutzt:

WBZW = Anschaffungskosten * Indexzahl lfd. Jahr / Indexzahl Vorjahr

Für die Berechnung des WBZW am Jahresende 2013 benötigt man demnach die Indexzahlen aus den Jahren 2013 und 2012

WBZW 2013 = 100.000 € * 111,5 / 110 = 101.363,64 €

Der WBZW am Jahresende 2013 beläuft sich auf 101.363,64 €.

Für die Berechnung der WBZW der Folgejahre wird nun der WBZW des jeweiligen Vorjahres benötigt. Die Formel sieht für das Jahr 2014 wie folgt aus:

WBZW 2014 = WBZW 2013 * Indexzahl 2014 / Indexzahl 2013

Die Berechnung ergibt sich demnach wie folgt:

WBZW 2014 = 101.363,64 €* 113 / 111,5 =102.727,28 €

Kritisch sei angemerkt, dass das Verfahren Preisentwicklungen bestimmter Anlagegegenstände nicht berücksichtigt. Vorteilhaft ist jedoch, dass es die praktische Arbeit des Kostenrechners erleichtert und zu brauchbaren Ergebnissen führt.

3.1.5 Kalkulatorische Zinsen

Bei der Kostenart „Kalkulatorische Zinsen" geht es um die Berechnung der Zinskosten. Leiht sich ein Unternehmen oder eine Kommune bei den Kreditinstituten Geld für eine Investition, so müssen dafür im Gegenzug Zinsen entrichtet werden. Es ist gut nachvollziehbar, dass es sich hierbei um Zinskosten für die Bereitstellung von Fremdkapital handelt, die der Kostenrechner in seiner Kalkulation berücksichtigen muss.

Dies macht allerdings nur einen Teil der kalkulatorischen Zinsen aus. Für den anderen Teil benötigt man zunächst ein wenig Vorstellungsvermögen. Es ist natürlich auch üblich, dass Investitionen aus Eigenmitteln erfolgen. Insofern werden dann keine Kredite aufgenommen, sondern mit den eigenen liquiden Mitteln beglichen. Allerdings hätte ein

Unternehmen bzw. eine Kommune diese liquiden Mittel zinsbringend bei einem Kreditinstitut anlegen können. Da in diesem Fall mit den liquiden Mitteln jedoch Vermögen angeschafft wird – also Liquidität abfließt –, entfallen die Guthabenzinsen aus einer theoretisch möglichen Geldanlage. Dieser Zinsentgang wird ebenfalls bei der Ermittlung der kalkulatorischen Zinsen berücksichtigt.

Es kann somit festgehalten werden, dass ein kalkulatorischer Zinssatz für die Finanzierung aus Eigenkapital und Fremdkapital ermittelt werden muss. Benötigt werden hierfür der Eigenkapitalzinssatz sowie der Fremdkapitalzinssatz. Der Fremdkapitalzinssatz dürfte sich anhand der Unterlagen über die bestehenden Kreditverträge ermitteln lassen. Schwieriger gestaltet es sich, einen zutreffenden Eigenkapitalzinssatz festzulegen. Der Kostenrechner könnte sich hier anhand der Marktdaten für Geldanlagen eine Zinsmeinung bilden.

Sind sowohl Eigenkapitalzinssatz als auch Fremdkapitalzinssatz bestimmt, so werden die beiden Zinssätze nach Maßgabe des Anteils des Eigenkapitals bzw. des Fremdkapitals an der Finanzierung der Vermögensgegenstände gewichtet. Die Formel lautet:

Mischzinssatz = Zinssatz EK * Anteil EK + Zinssatz FK * Anteil FK

Folgendes Beispiel verdeutlicht die Berechnung: Angenommen bei einer Kommune liege der Anteil an der Finanzierung der Vermögensgegenstände durch das Eigenkapital bei 30 % und durch das Fremdkapital bei 70 %. Ferner sollen der Eigenkapitalzinssatz bei 2 % und der Fremdkapitalzinssatz bei 4 % liegen.

Mischzinssatz = 2% * 0,3 + 4% * 0,7
Mischzinssatz = 3,4 %

In der Praxis der Kommunen findet die Ermittlung eines Mischzinssatzes kaum Anwendung. Hier spielt eine Rolle, dass die Bestimmung eines – gerichtsfesten – Zinssatzes, insbesondere aufgrund der Festlegung eines Eigenkapitalzinssatzes, recht schwierig ist. Zudem gibt es eine praktikable Erleichterung, die auch vor den Verwaltungsgerichten Bestand hat. Der Kostenrechner kann sich eines Pauschalzinssatzes bedienen. Das OVG Münster hat in seinem Urteil vom 05. August 1994 (9 A 1248/94) bestimmt, dass bei der Kalkulation von Benutzungsgebühren ein Zinssatz von maximal 8 % angewandt werden darf. Dies versetzt die Kommunen in die Lage, einen kalkulatorischen Zinssatz bis zu 8 % in die Kalkulation einfließen zu lassen und zwar unabhängig welche tatsächlichen Fremdkapitalzinsen entrichtet werden. Hieran wird deutlich, warum es sich um einen <u>kalkulatorischen</u> Zins handelt. Zum einen enthält er den (hypothetischen) Zinsentgang aus der Finanzierung durch Eigenkapital. Zum anderen werden nicht die tatsächlichen Fremdkapitalzinsen berücksichtigt. Letztere werden als Aufwand in der Doppik erfasst.

Für die Bestimmung der kalkulatorischen Zinsen sind neben dem Festlegen des Zinssatzes der Umfang und die Bewertung des zu verzinsenden Vermögens entscheidend.

Das kommunale Vermögen besteht aus Anlagevermögen sowie Umlaufvermögen. Dabei nimmt das Umlaufvermögen anteilsmäßig eine untergeordnete Rolle ein. Dies liegt darin begründet, dass es sich bei Kommunen um Dienstleistungsbetriebe handelt, die im Vergleich zu privaten Unternehmen nur wenige Roh-, Hilfs- und Betriebsstoffe oder gar

Waren im Bestand haben. Insofern wird bei den Kommunen im Folgenden auf das Anlagevermögen abgestellt.

Zur Bewertung des zu verzinsenden Vermögens **muss bei der Kalkulation von Benutzungsgebühren von den Anschaffungskosten** ausgegangen werden. Das OVG Münster hat dies mit o.g. Urteil bestimmt. **Für die Zwecke des Controllings** kann der Kostenrechner aber auch auf die Verzinsung von Wiederbeschaffungszeitwerten zurückgreifen. Zunächst wird die Verzinsung auf der Basis von Anschaffungskosten dargestellt. Im Anschluss wird auf die Verzinsung auf der Basis von Wiederbeschaffungszeitwerten eingegangen.

Bei der Berechnung des zu verzinsenden Vermögens muss der Kostenrechner unterscheiden, ob es sich um abnutzbares Anlagevermögen handelt oder nicht. Bei abnutzbaren Anlagevermögen, führen die Abschreibungen zu einer Abnahme des Vermögenswertes. Das eingesetzte Kapital nimmt mit steigender Nutzungsdauer ab. Insofern ist es nur folgerichtig, dass auch nur das noch vorhandene Kapital verzinst wird. Nicht abnutzbares Anlagevermögen, wie Grundstücke, wird dagegen mit den ursprünglichen Anschaffungskosten verzinst.

Unabhängig von der Bewertung des zu verzinsenden Vermögens nach Anschaffungskosten oder Wiederbeschaffungszeitwerten gibt es zwei Verfahren, um den zu verzinsenden Betrag zu ermitteln.

Das erste Verfahren wird als „Verzinsung von Durchschnittswerten" bezeichnet. Hierbei werden durchgängig 50 % der Anschaffungskosten verzinst, weil davon ausgegangen wird, dass über den gesamten Abschreibungszeitraum der Investitionsbetrag über die Abschreibungen wieder verdient wird. Die Berechnung erfolgt bei diesem Verfahren nach folgender Formel:

Zinsbetrag = Anschaffungskosten / 2 * Zinssatz

Es handelt sich um eine sehr einfache Variante zur Ermittlung des Zinsbetrages, die gebührenrechtlich umstritten und in einigen Bundesländern auch nicht zulässig ist.

Das zweite Verfahren wird „Verzinsung von Restbuchwerten" genannt. Anders als bei dem ersten Verfahren, wird für jedes Nutzungsjahr der Restbuchwert ermittelt, auf dessen Grundlage der Zinsbetrag errechnet wird. Auf die Berechnung der Restbuchwerte wurde bereits im Kapitel „Kalkulatorische Abschreibungen" eingegangen. Anhand des Beispiels des beschafften Rettungswagens wird die Zinsberechnung dargelegt:

Zinsberechnung für RTW: 200.000 € Anschaffungskosten, 8 Jahre Nutzungsdauer, lineare Abschreibungsmethode, Zinssatz 8 %			
Nutzungs-jahr	Anschaffungs-kosten	kumulierter Abschreibungs-betrag	Restbuch-wert	Zins-betrag
1	200.000 €	25.000 €	175.000 €	14.000 €
2	200.000 €	50.000 €	150.000 €	12.000 €
3	200.000 €	75.000 €	125.000 €	10.000 €
4	200.000 €	100.000 €	100.000 €	8.000 €
5	200.000 €	125.000 €	75.000 €	6.000 €
6	200.000 €	150.000 €	50.000 €	4.000 €
7	200.000 €	175.000 €	25.000 €	2.000 €
8	200.000 €	200.000 €	0 €	0 €

Bei der Erläuterung der kalkulatorischen Abschreibungen wurde festgehalten, dass der Kostenrechner eine konstante Kostenentwicklung präferiert. Bei diesem Verfahren sinken die Zinsbeträge jedoch mit der fortschreitenden Nutzung. Dies spräche aus Sicht des Kostenrechners zunächst gegen dieses Verfahren. Andererseits ist dieses Verfahren aber generationengerechter als die Ermittlung der Zinskosten anhand von Durchschnittswerten. Die Generation, die den Anlagegegenstand verbraucht, wird an den Zinskosten beteiligt, die aufgrund des jeweils festgestellten Restbuchwertes entstehen.

Die Zinsberechnung wurde bis hierher für die Berechnungen im Rahmen der rechtlichen Vorgaben für die Gebührenermittlung dargestellt, weshalb eine Verzinsung auf Basis von Wiederbeschaffungszeitwerten unterbleiben musste.

Für die Verwaltungssteuerung kann es jedoch durchaus sinnvoll sein, die Zinsberechnung alternativ auf **Basis von Wiederbeschaffungszeitwerten** mit dem Verfahren „Verzinsung von Restbuchwerten" zu berechnen. Da der Restbuchwert bei der Bewertung nach WBZW nicht Null ergeben kann, bietet sich für die Berechnung der Zinsbeträge folgende Formel an:

Zinsbetrag = WBZW * Restnutzungsdauer / Gesamtnutzungsdauer * Zinssatz

Die Wiederbeschaffungszeitwerte für den RTW wurden bereits ermittelt und sind in die folgende Tabelle übernommen worden:

Zinsberechnung für RTW auf WBZW-Basis nach Restbuchwertverfahren:			
Nutzungs-jahr	Wiederbeschaffungs-zeitwert am Jahresende	Restbuchwert	Zinsbetrag
1	204.000 €	178.500 €	14.280 €
2	208.080 €	156.060 €	12.485 €
3	212.242 €	132.651 €	10.612 €
4	216.486 €	108.243 €	8.659 €
5	220.816 €	82.806 €	6.624 €
6	225.232 €	56.308 €	4.505 €
7	229.737 €	28.717 €	2.297 €
8	234.332 €	0 €	0 €

Es sei an dieser Stelle nochmals darauf hingewiesen, dass diese Berechnung der Zinsen für die Gebührenkalkulation nicht zulässig ist.

Abzugskapital

Gemäß § 6 Abs. 2 KAG NRW „bleibt bei der Verzinsung der aus Beiträgen und Zuschüssen Dritter aufgebrachte Eigenkapitalanteil außer Betracht". Damit trägt der Gesetzgeber in NRW dem sehr üblichen Umstand Rechnung, dass kommunale Investitionen von privater oder öffentlicher Seite mitfinanziert werden. Es wäre daher ungerecht, wenn die Verzinsung allein auf Basis der Anschaffungskosten erfolgte, obwohl die Kommune nicht die Gesamtlast der Investition tragen muss. Daher wird das durch Dritte zur Verfügung gestellte Kapital in Abzug gebracht. Der Kostenrechner kann hierbei auf zwei Varianten zurückgreifen.

Das folgende Beispiel zeigt die unterschiedlichen Auswirkungen auf die Verzinsung: Angenommen ein Bundesland fördert den Kauf des Rettungswagens mit 20 % der Anschaffungskosten. Die Verzinsung soll auf Basis der Restbuchwertmethode erfolgen.

Für die Berechnungsvariante 1 gilt folgende Formel:

kalkulatorische Zinsen = (AW * RND / GND − Zuschuss) * i
wobei gilt:
AW = Anschaffungswert   RND = Restnutzungsdauer
GND = Gesamtnutzungsdauer   i = Zinssatz

Daraus ergibt sich folgendes Bild:

Variante 1

Zinsberechnung für RTW: 200.000 € Anschaffungskosten, 8 Jahre Nutzungsdauer, lineare Abschreibungsmethode, Zinssatz 8 %				
Nutzungs-jahr	bisheriger Restbuch-wert	Abzugskapital "Zuweisung des Landes"	neuer Restbuchwert	Zinsbetrag
1	175.000 €	40.000 €	135.000 €	10.800 €
2	150.000 €	40.000 €	110.000 €	8.800 €
3	125.000 €	40.000 €	85.000 €	6.800 €
4	100.000 €	40.000 €	60.000 €	4.800 €
5	75.000 €	40.000 €	35.000 €	2.800 €
6	50.000 €	40.000 €	10.000 €	800 €
7	25.000 €	40.000 €	0 €	0 €
8	0 €	40.000 €	0 €	0 €

Bei Berechnungsvariante 2 gilt folgende Formel:

kalkulatorische Zinsen = (AW − Zuschuss) * RND / GND * i

Die Anwendung dieser Formel führt zu folgenden Ergebnissen:

Variante 2

Zinsberechnung für RTW: 200.000 € Anschaffungskosten, 8 Jahre Nutzungsdauer, lineare Abschreibungsmethode, Zinssatz 8 %				
Nutzungs-jahr	Restbuchwert	Abzugskapital "Zuweisung des Landes"	neuer RBW	Zinsbetrag
1	175.000 €	40.000 €	140.000 €	11.200 €
2	150.000 €	40.000 €	120.000 €	9.600 €
3	125.000 €	40.000 €	100.000 €	8.000 €
4	100.000 €	40.000 €	80.000 €	6.400 €
5	75.000 €	40.000 €	60.000 €	4.800 €
6	50.000 €	40.000 €	40.000 €	3.200 €
7	25.000 €	40.000 €	20.000 €	1.600 €
8	- €	40.000 €	- €	- €

Vergleicht man die beiden Berechnungsvarianten, so fällt auf, dass sich bei Variante 2 im Vergleich zu Variante 1 höhere Zinsbeträge ergeben. Führt man sich vor Augen, dass die Kosten über die Gebühren gedeckt werden sollen, kann der kommunale Kostenrechner bei Einsatz dieser Berechnungsvariante ein höheres Gebührenaufkommen erreichen. Zudem handelt es sich bei Variante 2 um die vom OVG Münster bevorzugte Form der Berechnung, s. Urteile 9 A 1921/95 und 9 A 5709/97. Die andere Form ist jedoch unschädlich, da sie zu niedrigeren Zinsansätzen führt.

3.1.6 Kalkulatorische Wagnisse

Bislang haben wir Kostenarten kennengelernt, die sich für den Kostenrechner gut kalkulieren lassen. Eine Sonderstellung in der Kalkulation kommt den kalkulatorischen Wagnissen zu. Auch bei sorgfältigstem Umgang mit dem zur Verfügung stehenden Anlagevermögen kann es z.B. aufgrund von Unfällen zu Totalverlusten kommen. Sofern für derartige Fälle keine Versicherungen abgeschlossen sind, versucht der Kostenrechner über kalkulatorische Wagnisse die Kosten in seiner Kalkulation zu berücksichtigen. Dies ist vor dem Hintergrund schwierig, dass der Kostenrechner eben nicht wissen kann, welche Unfälle entstehen werden. Daher greift man auf Vergangenheitswerte zurück.

Angenommen an der Feuerwache der Stadt D ist eine Werkstatt für die Einsatzfahrzeuge der Feuerwehr und des Rettungsdienstes vorhanden. Im Rahmen der Inspektion geschehen über die Jahre Missgeschicke, die die Werkstattmitarbeiter nicht zu vertreten haben, sodass medizinisches Gerät unbrauchbar und nicht reparabel wurde. Die folgende Tabelle zeigt die Restbuchwerte des Anlagevermögens zum Zeitpunkt des Abgangs und die daraus resultierenden außerordentlichen Abschreibungen, die in der Buchhaltung gebucht werden müssen:

Jahr	Restbuchwerte	außerordentliche Abschreibung
1	20.000 €	20.000 €
2	0 €	0 €
3	10.000 €	10.000 €
4	12.000 €	12.000 €
5	0 €	0 €
6	0 €	0 €
7	18.000 €	18.000 €
8	0 €	0 €
Summe	**60.000 €**	**60.000 €**

Die Beträge fallen von Jahr zu Jahr sehr unterschiedlich aus. Es gibt auch Jahre, in denen keine Abgänge zu verzeichnen sind. In der Kostenrechnung dürfen die Beträge in dem jeweiligen Jahr nicht unmittelbar berücksichtigt werden, da es sich um neutralen Aufwand handelt. Allerdings kann festgehalten werden, dass vom ersten bis zum achten Jahr die Kosten de facto um 60.000 € zu niedrig angesetzt wurden. Diesem Problem begegnet der Kostenrechner über die Bildung eines Durchschnittswertes für die vergangenen acht Jahre:

Kalkulatorisches Wagnis = 60.000 € / 8 Jahre
Kalkulatorisches Wagnis = 7.500 € je Jahr

Damit hat der Kostenrechner auch für solche Unwägbarkeiten im unternehmerischen bzw. gemeindlichen Handeln Vorsorge in seiner Kostenrechnung getroffen.

Alternativ bliebe die Möglichkeit eine entsprechende Versicherung abzuschließen. Dann müssten hierfür keine kalkulatorischen Wagnisse ermittelt werden. In die Kostenrechnung würden dann aber die Versicherungsbeiträge als separate Kostenart einfließen.

3.1.7 Übungsaufgaben

Aufgabe 1:

Der Betriebshof der Stadt D führt ein eigenes Diesel-Treibstofflager für die Betankung von städtischen LKW und Sonderfahrzeugen wie Bagger etc. Sobald eine Betankung erfolgt, wird ein Materialschein mit der entnommenen Menge ausgefüllt. Demnach sind im betrachteten Jahr 7.000 Liter Diesel entnommen worden. Der Anfangsbestand belief sich auf 1.000 Liter bei einem Preis von 1,50 € je Liter. Im Laufe des Jahres erfolgten drei Lieferungen:

1. Lieferung über 3.000 Liter zu einem Preis von 1,35€/l
2. Lieferung über 2.000 Liter zu einem Preis von 1,40€/l
3. Lieferung über 3.500 Liter zu einem Preis von 1,45€/l

a) Ermitteln Sie den mengenmäßigen Inventurbestand zum 31.12. des Jahres unter der Annahme, dass keine Differenz zwischen Soll- und Istbestand vorliegt.
b) Ermitteln Sie den wertmäßigen Verbrauch des betrachteten Jahres und den wertmäßigen Endbestand zum 31.12. des Jahres unter Verwendung der Durchschnittswertmethode.

Aufgabe 2:

Für den Friedhof der Stadt D wird Anfang des Jahres ein LKW mittlerer Größe für 100.000 € angeschafft. Es wird mit einer Nutzungsdauer von 10 Jahren gerechnet.

a) Ihr neuer Abteilungsleiter fragt Sie welche Abschreibungsmethode aus Sicht der Kostenrechnung die bessere Variante ist. Welche Abschreibungsvariante schlagen Sie ihm vor? Begründen Sie Ihre Antwort.
b) Sie können bei der Berechnung der Abschreibungen vom Anschaffungswert oder von den Wiederbeschaffungszeitwerten ausgehen. Welcher Betrag muss für eine Ersatzbeschaffung zusätzlich aufgebracht werden, wenn Sie die Abschreibungen auf Basis des Anschaffungswertes ermitteln? Gehen Sie über den Zeitraum der Nutzung von einer jährlichen Preissteigerungsrate von 4 % aus.
c) Ermitteln Sie die Abschreibungsbeträge auf Basis von Wiederbeschaffungszeitwerten am Jahresende. Welcher Betrag muss hier für eine Ersatzbeschaffung zusätzlich aufgebracht werden?

Aufgabe 3:

Nachdem Sie die kalkulatorischen Abschreibungen für den LKW (s. Aufgabe 2) ermittelt haben, sollen die kalkulatorischen Zinsen errechnet werden. Gehen Sie von einem Zinssatz von 8 % aus.

a) Errechnen Sie die kalkulatorischen Zinsen unter Einsatz des Verfahrens „Verzinsung von Durchschnittswerten".

b) Errechnen Sie für die Gebührenkalkulation des Friedhofes die kalkulatorischen Zinsen unter Einsatz der Verfahrens „Verzinsung von Restbuchwerten".

Lösung Aufgabe 1:

Zu a)

Endbestand = Anfangsbestand + Lieferungen − mengenmäßiger Verbrauch
Endbestand = 1.000 l + 8.500 l − 7.000 l
Endbestand = 2.500 l

Zu b)

Anfangsbestand & Lieferungen	Liter	Preis / Liter	Einkaufswert
Anfangsbestand	1.000	1,50 €	1.500,00 €
1. Lieferung	3.000	1,35 €	4.050,00 €
2. Lieferung	2.000	1,40 €	2.800,00 €
3. Lieferung	3.500	1,45 €	5.075,00 €
Summe	**9.500**		**13.425,00 €**

Durchschnittswert je Liter = 13.425 € / 9.500 l = 1,41 €

Wertmäßiger Verbrauch = 7.000l x 1,41 € = 9.870 €.

Lösung Aufgabe 2:

Zu a)

Die lineare Abschreibung ist für die Kostenrechnung die bessere Variante, da sie zu gleichbleibenden Abschreibungen über die Nutzungsdauer führt. Bei der degressiven Abschreibung würden in die Kostenrechnung zu Anfang der Nutzungsdauer höhere und zum Ende der Nutzungsdauer niedrigere Abschreibungen eingehen. Insofern können die Gebühren bei der linearen Abschreibungsmethode besser auf einem konstanten Niveau gehalten werden. Darüber hinaus schließt der Gesetzgeber in Nordrhein-Westfalen gemäß § 6 Abs. 2 KAG NRW die degressive Abschreibung aus.

Zu b)

Nutzungsjahr	Wiederbeschaffungszeitwert am Jahresende
1	104.000 €
2	108.160 €
3	112.486 €
4	116.986 €
5	121.665 €
6	126.532 €
7	131.593 €
8	136.857 €
9	142.331 €
10	148.024 €

Die Tabelle zeigt die Wiederbeschaffungszeitwerte zum Jahresende für jedes Jahr der Nutzung. Demnach müssten am Nutzungsende 148.024 € für eine Ersatzbeschaffung aufgebracht werden. Dem stehen lediglich 100.000 € an verdienten Abschreibungen gegenüber, wenn vom Anschaffungswert abgeschrieben wird. Zusätzlich müssten für die Ersatzbeschaffung somit 48.024 € aufgebracht werden.

Zu c)

Nutzungs-jahr	Wiederbeschaffungs-zeitwert am Jahres-ende	Abschreibungs-betrag je Nutzungsjahr	kumulierte Abschreibungs-beträge
1	104.000 €	10.400 €	10.400 €
2	108.160 €	10.816 €	21.216 €
3	112.486 €	11.249 €	32.465 €
4	116.986 €	11.699 €	44.164 €
5	121.665 €	12.167 €	56.331 €
6	126.532 €	12.653 €	68.984 €
7	131.593 €	13.159 €	82.143 €
8	136.857 €	13.686 €	95.829 €
9	142.331 €	14.233 €	110.062 €
10	148.024 €	14.802 €	124.864 €

Am Ende der Nutzungsdauer ergibt sich ein gesamter Abschreibungsbetrag in Höhe von 124.864 €. Es müssten demnach noch 23.160 € für eine Ersatzbeschaffung zusätzlich aufgebracht werden.

Lösung zu Aufgabe 3:

Zu a)

Die Formel lautet:
Zinsbetrag = Anschaffungswert / 2 * Zinssatz
Zinsbetrag = 100.000 € / 2 * 8%
Zinsbetrag = 4.000 €

Da die Berechnung auf Basis des Anschaffungswertes erfolgte, sind 4.000 € für kalkulatorische Zinsen zu berücksichtigen.

Zu b)

Nutzungs-jahr	Anschaf-fungs-wert	jährlicher Abschreibungs-betrag	kumulierter Abschreibungs-betrag	Restbuch-wert	Zinsen
1	100.000 €	10.000 €	10.000 €	90.000 €	7.200 €
2	100.000 €	10.000 €	20.000 €	80.000 €	6.400 €
3	100.000 €	10.000 €	30.000 €	70.000 €	5.600 €
4	100.000 €	10.000 €	40.000 €	60.000 €	4.800 €
5	100.000 €	10.000 €	50.000 €	50.000 €	4.000 €
6	100.000 €	10.000 €	60.000 €	40.000 €	3.200 €
7	100.000 €	10.000 €	70.000 €	30.000 €	2.400 €
8	100.000 €	10.000 €	80.000 €	20.000 €	1.600 €
9	100.000 €	10.000 €	90.000 €	10.000 €	800 €
10	100.000 €	10.000 €	100.000 €	- €	- €

Auch hier wird zunächst vom Anschaffungswert ausgegangen. Er wird jährlich um die kumulierten Abschreibungen auf den jeweiligen Restbuchwert gekürzt. Der jeweilige Restbuchwert ist dann die Berechnungsgrundlage für die Ermittlung der kalkulatorischen Zinsen.

Kapitel 3 - Prinzipien und Gestaltungsformen der Kosten- und Leistungsrechnung

3.2 Kostenstellenrechnung[1]

3.2.1 Aufgaben der Kostenstellenrechnung

Die Kostenstellenrechnung bildet die zweite Stufe der Kostenrechnung. Sie schließt sich unmittelbar an die Kostenartenrechnung an. In der Kostenartenrechnung konnten ja bereits bestimmte Kosten dem Kostenträger direkt zugeordnet werden, weil sie unmittelbar durch den Prozess der betrieblichen Leistungserstellung hervorgerufen wurden. Hierbei handelt es sich um die zurechenbaren Einzelkosten, wie z.B. bestimmte Teile der Material- und Personalkosten. Daneben bleibt aber ein weiterer großer Kostenblock bestehen (Gemeinkosten), der dem Kostenträger nicht direkt zugerechnet werden konnte. Beispielhaft seien Abschreibungen für Maschinen, Versicherungen oder auch die Personalkosten des Abteilungsleiters genannt.

Die Hauptaufgabe der Kostenstellenrechnung besteht nun darin, alle Kosten, die nicht unmittelbar der betrieblichen Leistung (in der Regel der Kostenträger) zugerechnet werden konnten, anteilig und verursachungsgerecht den Stellen im Unternehmen zuzurechnen, an denen sie bei der Leistungserstellung entstanden sind (Kostenstellen). Durch diese Verrechnung kann die Kostenstellenrechnung anschließend weitere Aufgaben erfüllen:

Sie ermöglicht eine permanente Kostenkontrolle an den Stellen, an denen die Kosten zu verantworten und zu beeinflussen sind.

Sie bereitet eine verursachungsgerechte Kalkulation der Kostenträger vor.

---

[1] Vgl. zur Kostenstellenrechnung und Kostenträgerrechnung beispielhaft die Literatur: Däumler, Klaus-Dieter und Grabe, Jürgen: Kostenrechnung I: Grundlagen, 10. Aufl., Herne 2008; Haberstock, Lothar: Kostenrechnung I: Einführung, 13. Aufl., Berlin 2008; Olfert, Klaus: Kostenrechnung, 16. Aufl., Herne 2010; Schildbach, Thomas und Homburg, Carsten: Kosten- und Leistungsrechnung, 10. Aufl., Stuttgart 2010;

Abbildung 1:
Zusammenhang zwischen der Kostenartenrechnung und Kostenstellenrechnung

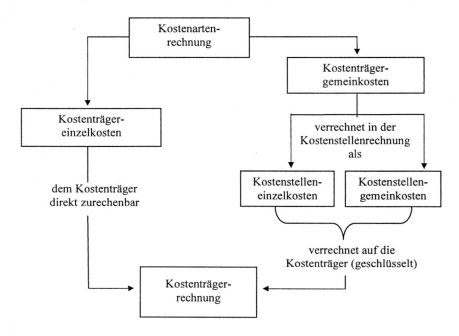

Aus der Kostenartenrechnung werden die Kostenträgereinzelkosten direkt auf die Kostenträger verrechnet. Die übrig gebliebenen Kostenträgergemeinkosten werden in der Kostenstellenrechnung weiter verarbeitet. Dabei kann es sich wiederum um Kosten handeln, die der Kostenstelle direkt zugerechnet werden können (Kostenstelleneinzelkosten, wie z.B. Personalkosten der Kostenstelle) oder um Kosten, die auf die Kostenstelle geschlüsselt werden müssen (Kostenstellengemeinkosten, wie z.B. anteilige Kosten des Personalrates). Die gesamten Kosten der Kostenstellen werden dann auf die Kostenträger mittels geeigneter Verfahren weiter verrechnet.

Die Kosten des Kostenträgers setzen sich dann zusammen aus den Kostenträgereinzelkosten zuzüglich der Kostenträgergemeinkosten.

> In der Kostenstellenrechnung spielt die Gliederung nach Einzel- und Gemeinkosten eine wichtige Rolle. Einzelkosten können dem Kostenträger direkt aufgrund von Belegen zugerechnet werden, Gemeinkosten können nur geschlüsselt über die Kostenstellenrechnung zugerechnet werden.

3.2.1.1 Einteilung der Kostenstellen

Eine Kostenstelle ist ein genau definierter und abgegrenzter (betrieblicher) Teilbereich, der kostenrechnerisch selbständig abgerechnet wird. Die Bandbreite reicht von einem Arbeitsplatz bis zu einer ganzen Abteilung. Kostenstellen aus Sicht der Kommune können z.B. einzelne Stadtämter, aber auch Funktionsstellen sein. Die Bildung von Kostenstellen ist nicht verbindlich vorgeschrieben, sondern sollte an den Belangen der Institution ausgerichtet sein. Je nach Aufgabe oder Steuerungsaspekten ist die Einrichtung vieler oder eher weniger Kostenstellen sinnvoll. Es sollten lediglich folgende Punkte bei ihrer Bildung berücksichtigt werden:

- Die Kostenstelle sollte überschneidungsfrei zu anderen Kostenstellen abgegrenzt werden.
- Es sollte genau einen Kostenstellenverantwortlichen geben, der die Kosten seiner Kostenstelle verantwortet.
- Die Größe sollte so gewählt werden, dass der Kostenstellenverantwortliche seine Kostenstelle auch steuern kann.

Die Kostenstellen können nach folgenden Gesichtspunkten eingeteilt werden:

- Selbständiger Tätigkeits- und Verantwortungsbereich (organisationsorientierte Kostenstellen)
- Funktionsbereich
- Räumliche Einheit
- Leistungseinheit bzw. Rechnungseinheit.

Wie differenziert die Einteilung ist, hängt u.a. von der Betriebsgröße, Produktionsprogramm, organisatorischer Gliederung und der angestrebten Kalkulationsgenauigkeit ab.

Nach **Funktionsbereichen** werden in der Regel folgende Hauptgruppen von Kostenstellen unterschieden (Beispielgliederung):

Abbildung 2: Kostenstellenbildung nach Funktionsbereichen

Kostenbereich	Kostenstelle	Gemeinkostenart
Material	Beschaffung Materialannahme Lager Materialausgabe	Materialgemeinkosten
Fertigung	Lohnbüro Technische Leitung Dreherei Montage	Fertigungsgemeinkosten
Verwaltung	Personalwesen Rechnungswesen	Verwaltungsgemeinkosten
Vertrieb	Versand Marketing Lager für Fertigerzeugnisse	Vertriebsgemeinkosten

Die funktionsorientierte Gliederung ist häufig in Industrieunternehmen anzutreffen.

Eine Gliederung nach **räumlicher Einheit** bietet sich z. B. an, wenn entweder mehrere betriebliche Funktionen in einer Kostenstelle zusammengefasst werden oder aber eine Funktion auf mehrere Kostenstellen aufgeteilt wird. Denkbar wäre hier das Bürgerbüro, das in mehreren Stadtteilen eine Dependance besitzt.

Eine Einteilung nach **rechnungsorientierten Kostenstellen** kann sinnvoll sein, wenn zunächst eine Gliederung nach Funktionen vorgenommen wurde und diese dann konkretisiert wird. Ziel ist eine verursachungsgerechte Kostenverteilung. So könnte zunächst die Funktionsstelle „Technischer Betrieb" gebildet werden und darunter eine Kostenstelle „Rasenmäher".

Wurden die Kostenstellen nach einer der oben genannten Möglichkeiten gebildet, muss anschließend eine sinnvolle Gruppierung der Kostenstellen gefunden werden. Typischerweise wird eine Gruppe von Kostenstellen zusammengefasst, die ausschließlich innerbetrieblich Leistungen erbringt und eine zweite Gruppe, die ausschließlich ihre Leistungen für Externe erbringt. Die erste Gruppe rechnet ihre angefallenen Kosten also lediglich betriebsintern ab, indem sie innerbetriebliche Verrechnungssätze ermittelt. Die zweite Gruppe verrechnet ihre Kosten auf die Kostenträger mittels Kalkulationssätzen.

Nach der Art dieser Kostenabrechnung werden[1]

---

[1] Die nachfolgende Untergliederung der Kostenstellen wird nicht einheitlich in der Literatur gewählt. Teilweise wird nur von Vor- und Endkostenstellen gesprochen, teilweise nur von Hilfs- und Hauptkostenstellen. Auch die aufgestellten Beziehungen Hilfskostenstelle = Vorkostenstelle = sekundäre Kostenstelle bzw. Hauptkostenstelle = Endkostenstelle = primäre Kostenstelle muss nicht zwangsweise richtig sein. Vgl. hierzu insbesondere die angegebene Literatur.

- Hauptkostenstellen = Endkostenstellen = primäre Kostenstellen (alle Kostenstellen, deren Kosten direkt auf den Kostenträger verrechnet werden) und
- Hilfskostenstellen = Vorkostenstellen = sekundäre Kostenstellen (Sie erstellen innerbetriebliche Leistungen für andere Kostenstellen. Ihre Kosten gehen auf die Hauptkostenstellen über.)

unterschieden.

Teilweise findet sich in der Literatur eine weiter gehende Untergliederung der Kostenstellen:[1]

Abbildung 3: Einteilung der Kostenstellen

Während die allgemeinen Kostenstellen für (fast) alle anderen Kostenstellen Leistungen (z.B. die Hausdruckerei) erbringen, arbeiten die Hilfskostenstellen nur für einige andere Kostenstellen (z.B. Fahrbereitschaft).

Die Hauptkostenstellen erbringen die „betriebstypischen" Leistungen für Externe (z.B. Erstellung von Personalausweisen), die Nebenkostenstellen hingegen Leistungen, die nicht zum eigentlichen Kerngeschäft gehören (z. B. der Saunabereich innerhalb eines städtischen Schwimmbades).

Obwohl diese Unterteilung im Sinne einer Kostenkontrolle und Aufgabenkritik sinnvoll ist bzw. sein kann, wird im Weiteren nur noch die Unterscheidung in Vor- und Endkostenstellen getroffen, da letztlich die Art der Kostenverrechnung entscheidend ist.

In der Praxis existieren häufig Kostenstellen, die sowohl Leistungen für andere Kostenstellen als auch für externe erbringen (gemischte Kostenstellen). Hier wird dann eine Trennung der Kosten vorgenommen: Die Kosten, die nur betriebsintern verrechnet werden wie die Kosten der anderen Vorkostenstellen behandelt, diejenigen, die externen in Rechnung gestellt werden, werden wie die Kosten der Endkostenstellen behandelt. Im Ergebnis erhält man wiederum nur Vorkostenstellen und Endkostenstellen.

Zusammenfassend lässt sich festhalten:

---

[1] So z.B. Schuster, Falko: Kommunale Kosten- und Leistungsrechnung, 2. Aufl. München 2002, S. 178.

> 1. Kostenstellen sind betriebliche Teilbereiche, für die der Kostenanfall separat erfasst wird, um eine Kontrolle und Steuerung zu ermöglichen. In den Kostenstellen werden Güter und Dienstleistungen verbraucht, um die betrieblichen Leistungen zu erstellen.
> 2. Nach der Art der Kostenverrechnung unterscheidet man Vorkostenstellen, die nur innerbetrieblich Leistungen erbringen und Endkostenstellen, die Leistungen für Außenstehende erbringen.

3.2.1.2 Kostenstellenplan

Da sowohl im privatwirtschaftlichen Unternehmen als auch im kommunalen Betrieb sehr viele unterschiedliche Kostenstellen gebildet werden (können), wird – ähnlich wie der Kontenplan im externen Rechnungswesen – ein Kostenstellenplan für die Kostenrechnung erstellt. Hierbei handelt es sich um eine systematische Darstellung aller gebildeten Kostenstellen. In einem Industrieunternehmen könnte der Kostenstellenplan nach folgendem Aufbau vorgenommen werden (exemplarische Darstellung):

Abbildung 4: Exemplarische Darstellung eines Kostenstellenplans

1.	Materialwirtschaft		3.	Vertrieb	
1.1		Einkaufsleitung	3.1		Vertriebsleitung
1.1.1		Einkauf Inland	3.1.1		Vertrieb Inland
1.1.2		Einkauf Ausland	3.1.2		Vertrieb Ausland
1.2		Lager	3.2		Kundenakquise
1.2.1		Allgemeines Lager	3.2.1		Marktforschung
1.2.2		Gefahrengutlager	3.2.2		Werbung
1.3		Warenkontrolle	3.3		Versand
......		.....	.....		.....
2.	Fertigungsbereich		4.	Verwaltung	
2.1		Fertigungshilfsstellen	4.1		Unternehmensleitung
2.1.1		Arbeitsvorbereitung	4.1.1		Geschäftsführer
2.1.2		Lehrwerkstatt	4.1.2		Controller
2.1.3		Meisterbüro	4.1.3		Pressestelle
2.2		Fertigungsstellen	4.2		Rechnungswesen
2.2.1		Dreherei	4.2.1		Finanzbuchhaltung
2.2.2		Fräserei	4.2.2		Kostenrechnung
2.2.3		Lackiererei			
....		......	.....		.....

Die Möglichkeit der Kostenstellenbildung im kommunalen Bereich soll an der Westfalenhallen Dortmund GmbH, dessen einzige Gesellschafterin die Stadt Dortmund ist, verdeutlicht werden.

Kapitel 3 - Prinzipien und Gestaltungsformen der Kosten- und Leistungsrechnung

Abbildung 5: Organisationsstruktur der Westfalenhallen Dortmund GmbH

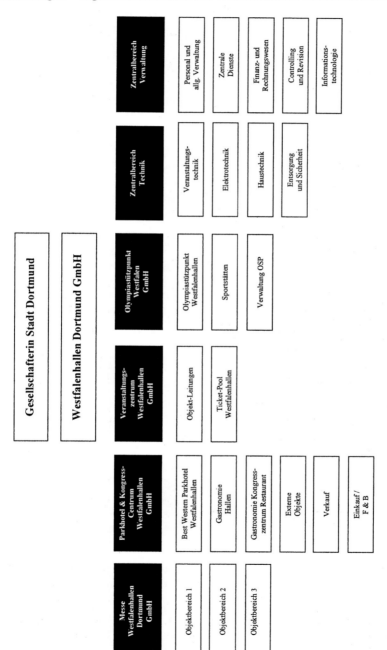

Aus der Organisationsstruktur wird die Einteilung in einen „inneren" Bereich und einen „außengerichteten" Bereich unmittelbar ersichtlich:

- Zentralbereich Technik
- Zentralbereich Verwaltung und
- Zentralbereich Kommunikation

mit ihren jeweiligen Untergliederungen erbringen Dienste für andere interne Bereiche, ohne dass eine nach außen gerichtete Leistungserbringung erfolgt. Demzufolge ist es sinnvoll, diese drei Bereiche als Vorkostenstellen einzurichten, wobei jeweils eine weitere Untergliederung in die aufgezeigten Untergruppierungen erfolgen sollte. Die Vorkostenstelle Technik würde dementsprechend aus vier Unter-Vorkostenstellen zusammengesetzt.

Die Organisationsbereiche:

- Messe Westfalenhallen Dortmund GmbH
- Parkhotel & Kongresszentrum Westfalenhallen GmbH
- Veranstaltungszentrum Westfalenhallen GmbH und
- Olympiastützpunkt Westfalen GmbH

mit ihren jeweiligen Untergruppierungen erbringen Leistungen für Externe und sollten somit als Endkostenstellen eingerichtet werden.

Ein entsprechender Kostenstellenplan hätte 7 Kostenstellengruppen und 27 Untergupen. Inwieweit es sinnvoll erscheint, unterhalb der Untergruppen weitere Untergliederungen vorzunehmen, muss betriebsintern entschieden werden.

3.2.2 Der Betriebsabrechnungsbogen (BAB)

Nachdem in der Kostenartenrechnung sämtliche in der Betrachtungsperiode angefallenen Kosten aufgelistet und nach Art und Höhe dargestellt wurden, müssen diese Kosten in der Kostenstellenrechnung weiter verarbeitet werden. Die Verrechnung wird mittels eines „Formulars" durchgeführt, dem so genannten BAB (Betriebsabrechnungsbogen). Grundsätzlich sind bei der Kostenverrechnung im BAB zwei Fälle denkbar:

1. Im BAB werden nur die Kostenträgergemeinkosten verrechnet, weil die Kostenträgereinzelkosten im Vorfeld direkt auf den Kostenträger gebucht, d.h. ihm direkt zugerechnet wurden. Diese Vorgehensweise entspricht dem üblichen Verfahren in der Privatwirtschaft, weil die Berechnung der Kostenträgereinzelkosten in der Regel einfach vorzunehmen ist und die Einzelkosten verhältnismäßig hoch sind.[1]

2. Im BAB werden alle Kosten, also die Kostenträgereinzel- und Kostenträgergemeinkosten verrechnet. Ein separater Ausweis von Einzelkosten direkt beim Kostenträger wird nicht vorgenommen. Dieses Verfahren wird in der Regel im kommunalen Bereich angewendet. Der Vorteil dieser Methode liegt darin begründet, dass im öffentlichen Bereich die Kostenträgereinzelkosten eher von untergeordneter Bedeu-

---

[1] Vgl.: Haberstock, Lothar: Kostenrechnung I, 13. Aufl. Berlin 2008, S. 114 f.

tung sind und eine Steuerung oftmals auf Kostenstellenbasis vorgenommen wird.[1] In diesem Falle ist es zweckmäßig dann auch alle Kosten im BAB zu erfassen.

Der Aufbau des BAB erfolgt grundsätzlich nach folgendem Schema:

Abbildung 6: Muster eines Betriebsabrechnungsbogens

Kostenart	Betrag	Verteilungs-schlüssel	Vorkosten-stellen	Endkosten-stellen
Materialkosten Personalkosten				
Summe primäre Gemeinkosten				
Umlage der Kosten der Vorkostenstellen				
Summe primäre und sekundäre Gemeinkosten				

Die erste Spalte beinhaltet eine Auflistung aller Kostenarten, wie sie in der Kostenartenrechnung vorgenommen wurde. In der zweiten Spalte werden die jeweiligen Beträge vermerkt. Teilweise wird als dritte Spalte noch der jeweilige Kostenverteilungsschlüssel aufgeführt. Anschließend werden alle Kostenstellen, die gebildet wurden, aufgelistet: Zunächst die Vorkostenstellen, dann die Endkostenstellen. Wurden alle Kostenarten auf die Kostenstellen verrechnet, ist der erste Teil der Kostenverrechnung im BAB, die so genannte Primärkostenverrechnung, abgeschlossen.

Anschließend werden im Zuge der innerbetrieblichen Leistungsverrechnung (ibL) die Kosten der Vorkostenstellen auf die Endkostenstellen verrechnet (Sekundärkostenverrechnung). Nach Abschluss der Sekundärkostenverrechnung sind die Vorkostenstellen komplett entlastet (ihre Kosten betragen 0) und nur noch die Endkostenstellen mit Kosten belastet.

Quelle der Kosten ist z.T. das externe Rechnungswesen. Von seinen Aufwandskonten können die Kosten übernommen werden, soweit sie periodengerecht, betriebsgerecht und frei von außerordentlichen Ereignissen sind.

---

[1] So hat beispielsweise die Bezirksregierung Düsseldorf in ihrem Geschäftsbericht 2005 erläutert, dass die Kosten aus der Kostenartenrechnung auf die Kostenstellen verteilt wurden, da eine Verrechnung auf den Kostenträger weitestgehend unterblieb (vgl.: Geschäftsbericht der Bezirksregierung Düsseldorf 2005, S. 60 f.).

3.2.3 Die Primärkostenverrechnung

Die Kosten, die in der Primärkostenverrechnung auf die Kostenstellen übertragen werden, können aus Sicht der Kostenstellen sowohl Einzelkosten als auch Gemeinkosten sein. Die Zurechnung von Kostenstelleneinzelkosten ist meistens unproblematisch, weil die Daten aus unterschiedlichen Aufzeichnungen zusammengetragen werden können: Aus der Personalbuchführung sind die Lohn- und Gehaltskosten ersichtlich, anhand der Materialentnahmescheine oder Bestellformulare können die Materialkosten ermittelt werden, aus der Anlagenbuchhaltung können die Abschreibungen für Anlagegegenstände der Kostenstelle berechnet werden usw.

Darüber hinaus gibt es aber auch Kostenarten, die der Kostenstelle nur als Gemeinkosten indirekt, d.h. geschlüsselt zugerechnet werden können. Die Schlüsselung von Kosten ist allerdings immer ungenau, insofern sollte zumindest ein Schlüssel gewählt werden, der für die jeweilige Kostenart am besten geeignet und plausibel ist. Die Problematik der Schlüsselung von Gemeinkosten besteht darin, dass eine gewisse Willkür nicht ausgeschlossen werden kann. Je nach Wahl des Verteilungsschlüssels werden die Kostenstellen unterschiedlich stark mit anteiligen Gemeinkosten belastet. Die gewählten Schlüssel sollten sich zwar möglichst proportional zu den in der Kostenstelle verbrauchten bzw. eingesetzten Gütern verhalten, in der Realität ist die Proportionalität aber nicht immer gegeben. In der Praxis werden Mengenschlüssel (Liter, Quadratmeter usw.), Zeitschlüssel (Arbeits- oder Maschinenstunden) sowie Wertschlüssel (Lohn, Preise, Umsatzzahlen usw.) verwendet.

Abbildung 7: Beispiele für Kostenverteilungsschlüssel

Kostenart	Kostenverteilungsschlüssel
Lohnnebenkosten	Nach Köpfen, nach Lohnsumme ...
Hilfs- und Betriebsstoffe, Werkzeuge	Mittels Entnahmescheine, nach Verbrauchsschätzungen ...
Abschreibungen	Nach Anlagenkartei auf Kostenstellen, Umlage nach Maschinenstunden ...
Kalkulatorische Zinsen	Das in der Kostenstelle gebundene Vermögen...
Miete, Gebäudekosten	Nach Quadratmetern ...
Energiekosten	Nach Quadratmetern, Anzahl der Heizkörper...
Kosten der sozialen Ansprechpartner	Anzahl der Mitarbeiter
PKW-Kosten	Nach gefahrenen Kilometern...

Die Kostenstelleneinzelkosten werden nach dem Verursachungsprinzip zugeordnet, die Kostenstellengemeinkosten nach Plausibilitätsüberlegungen geschlüsselt. Dadurch ist die Aussagekraft der Kostenstellenrechnung eingeschränkt, weil der Kostenstellenleiter auf die Schlüsselung von Gemeinkosten keinen Einfluss hat und diese Kosten somit weder beeinflussen noch steuern kann.

Kapitel 3 - Prinzipien und Gestaltungsformen der Kosten- und Leistungsrechnung

Beispiel:

Eine Kommune A möchte zum ersten Mal einen vereinfachten BAB aufstellen. Folgende Angaben sind bekannt:

Personalkosten	10.000.000 €
Materialkosten	200.000 €
Abschreibungen	150.000 €
Kalkulatorische Zinsen	9.000 €
Sonstige Kosten	100.000 €

Als Kostenstellen werden eingerichtet:

Kostenstelle	Mitarbeiter der Kostenstelle	Restbuchwert des Anlagevermögens der Kostenstelle	Quadratmeter der genutzten Räumlichkeiten der Kostenstelle
Poststelle	4	10.000	14
Hausdruckerei	4	240.000	86
Bürgerbüro	20	40.000	300
Sozialamt	10	30.000	200
Integrationsbüro	6	19.000	160
Sonstige Hauptkostenstellen	156	911.000	1740

Die Personalkosten sollen nach der Anzahl der Mitarbeiter verteilt werden. Aus Vereinfachungsgründen sollen die Abschreibungen jeweils 12 % auf den Restbuchwert des Anlagevermögens betragen. Die kalkulatorischen Zinsen (Zinssatz 6 %) sollen ebenfalls vereinfacht auf den jeweiligen Abschreibungsbetrag berechnet werden. Verteilungsschlüssel für die sonstigen Kosten sollen die genutzten Quadratmeter sein. Die Materialkosten wurden anhand von Materialentnahmescheinen ermittelt und sind bereits im BAB aufgeführt.

Führen Sie die Primärkostenverrechnung im BAB durch.

Lösung: (Zahlenangaben in €)

Kostenart	Betrag	Kostenstellen					
		Post	Druckerei	Bürgerbüro	Sozialamt	Integrationsbüro	Sonstige
Personalkosten	10.000.000	200.000	200.000	1.000.000	500.000	300.000,00	7.800.000,00
Materialkosten	200.000	5.000	25.000	30.000	60.000	20.000,00	60.000,00
Abschreibungen	150.000	1.200	28.800	4.800	3.600	2.280,00	109.320,00
Kalk. Zinsen	9.000	72	1.728	288	216	136,80	6.559,20
Sonstige Kosten	100.000	560	3.440	12.000	8.000	6.400,00	69.600,00
Summe primäre Gemeinkosten	10.459.000	206.832	258.968	1.047.088	571.816	328.816,80	8.045.479,20

3.2.4 Die Sekundärkostenverrechnung

Nach der vorgenommenen Primärkostenverrechnung sind nun alle Kostenstellen möglichst verursachungsgerecht mit Kosten belastet worden. Würde man nun im Rahmen der Kostenträgerrechnung nur die Kosten der Endkostenstellen auf die Kostenträger verrechnen, brächte das folgende Probleme mit sich:

- es könnten keine kostendeckenden Gebühren / Preise ermittelt werden, da ja auch noch die Vorkostenstellen mit Kosten belastet sind
- die Kalkulation wäre ungenau, da nicht alle relevanten Kosten verrechnet werden könnten
- eine Kostenkontrolle wäre insgesamt ebenfalls nur ungenau durchzuführen.

Da die Vorkostenstellen nur innerbetriebliche Leistungen erbringen, müssen ihre Kosten auf die Endkostenstellen umgelegt werden. Dieses geschieht mit Hilfe der Sekundärkostenverrechnung (auch innerbetriebliche Leistungsverrechnung genannt). Bezogen auf das obige Beispiel sind folglich die Kosten der Kostenstelle Post und Druckerei auf die Endkostenstellen zu verrechnen. Die Verrechnung erfolgt dabei nach Inanspruchnahme der Ressourcen der jeweiligen Vorkostenstellen durch die Endkostenstellen.

Je nach Art der Vorkostenstelle könnte der Ressourcenverbrauch z.B. in gereinigten Quadratmetern Bürofläche, gedruckten Seiten, zugestellten Briefen, geleisteten Reparaturstunden o.Ä. bestehen. Wichtig ist, dass die Vorkostenstelle über ihre jeweilige Inanspruchnahme nachvollziehbare Aufzeichnungen anfertigt.

Die Verrechnung gestaltet sich immer dann einfach, wenn alle Vorkostenstellen nur an die Endkostenstellen Leistungen erbringen, es zwischen den einzelnen Vorkostenstellen jedoch keine innerbetrieblichen Leistungsbeziehungen gibt. Im Regelfall existieren allerdings auch zwischen den Vorkostenstellen Leistungsbeziehungen. Welche Möglichkeiten einer internen Leistungsverrechnung bestehen, soll im Folgenden näher betrachtet werden.

Dazu soll das obige Beispiel der Kommune A herangezogen werden. Ausgehend von der Primärkostenverrechnung werden ergänzende Angaben vorgenommen:

1. Die Poststelle verrechnet ihre Kosten nach dem Schlüssel der zugestellten Briefe. Für die verschiedenen Kostenstellen wurden nachfolgende 200.000 Briefe zugestellt:

Druckerei	Bürgerbüro	Sozialamt	Integrationsbüro	Sonstige
1.000	9.000	60.000	30.000	100.000

Kapitel 3 - Prinzipien und Gestaltungsformen der Kosten- und Leistungsrechnung

2. Die Druckerei verrechnet ihre Kosten nach den gedruckten Seiten. Für die Kostenstellen wurden nachfolgende 800.000 Seiten gedruckt:

Post	Bürgerbüro	Sozialamt	Integrationsbüro	Sonstige
5.000	150.000	250.000	195.000	200.000

Es bestehen die nachfolgenden Verrechnungsverfahren.

3.2.4.1 Das Anbauverfahren

Das Anbauverfahren ist das einfachste Verfahren der Sekundärkostenverrechnung. Es wird unterstellt, dass keinerlei Leistungsbeziehungen zwischen den Vorkostenstellen existieren. Führt man nun die Sekundärkostenverrechnung des obigen Beispiels nach dem Anbauverfahren durch, kann man folgende Verrechnungssätze ermitteln:

1. Poststelle

Die Poststelle hat insgesamt 200.000 Briefe zugestellt, von denen 1.000 auf die Druckerei entfielen. Diese dürfen nach dem Anbauverfahren nicht beachtet werden, so dass die gesamten Kosten der Poststelle nur auf 199.000 Briefe verrechnet werden können. Der Verrechnungssatz lautet:

$$\frac{\text{Summe primäre Gemeinkosten}}{\text{Zugestellte Briefe}} = \frac{206.832 \ €}{199.000 \ \text{Briefe}} = 1{,}039356784 \ €/B$$

2. Druckerei

Die Druckerei hat insgesamt 800.000 Seiten gedruckt, von denen 5.000 auf die Poststelle entfielen. Der Verrechnungssatz der Druckerei lautet deshalb:

$$\frac{\text{Summe primäre Gemeinkosten}}{\text{Gedruckte Seiten}} = \frac{258.968 \ €}{795.000 \ \text{Seiten}} = 0{,}325745912 \ €/S$$

Mit diesen Verrechnungssätzen werden nun die für die Endkostenstellen zugestellten Briefe und Seiten multipliziert, um die anteiligen Kosten zu ermitteln.

Aufgabe:
Führen Sie für die Kommune A die Sekundärkostenverrechnung nach dem Anbauverfahren durch.

Lösung: (Zahlenangaben in €)

Kostenart	Betrag	Kostenstellen					
		Post	Druckerei	Bürgerbüro	Sozialamt	Integrationsbüro	Sonstige
Personalkosten	10.000.000	200.000	200.000	1.000.000,00	500.000	300.000,00	7.800.000,00
Materialkosten	200.000	5.000	25.000	30.000,00	60.000	20.000,00	60.000,00
Abschreibungen	150.000	1.200	28.800	4.800,00	3.600	2.280,00	109.320,00
Kalk. Zinsen	9.000	72	1.728	288,00	216	136,80	6.559,20
Sonstige Kosten	100.000	560	3.440	12.000,00	8.000	6.400,00	69.600,00
Summe primäre Gemeinkosten	10.459.000	206.832	258.968	1.047.088,00	571.816	328.816,80	8.045.479,20
Umlage Post		-206.832		9.354,21	62.361,41	31.180,70	103.935,68
Umlage Druckerei			-258.968	48.861,89	81.436,48	63.520,45	65.149,18
Summe primäre und sekundäre Gemeinkosten	10.459.000	0	0	1.105.304	715.614	423.518	8.214.564

(Die Gesamtsumme wurde auf volle €-Werte gerundet.)

Da die Kosten der Vorkostenstellen auf die Endkostenstellen verrechnet werden, die Vorkostenstellen damit entlastet werden, wird der Umlagebetrag mit „Minuszeichen" im BAB versehen.

Kritik am Anbauverfahren:
Beim Anbauverfahren handelt es sich um eine grobe Näherungslösung, bei der die Leistungsverflechtungen zwischen den Vorkostenstellen unberücksichtigt bleiben. Es treten Kostenverzerrungen auf, weil die Umlage „falsch" erfolgt. Vorkostenstellen, die viele Leistungen von anderen Vorkostenstellen erhalten haben, werden jetzt „günstiger", weil ihre Verrechnungssätze aufgrund der zu wenig verrechneten Kosten zu niedrig sind. Dieser Fehler wirkt sich über die Kalkulationssätze der Endkostenstellen bis in die Ermittlung der Selbstkosten der Produkte aus.
Positiv zu vermerken ist allerdings, dass das Verfahren sehr einfach durchzuführen ist.

4.2.4.2 Das Stufenleiterverfahren

Beim Stufenleiterverfahren (auch Treppenverfahren genannt) versucht man, die Leistungsbeziehungen, die zwischen den Vorkostenstellen bestehen, teilweise zu berücksichtigen. Dies geschieht dergestalt, dass die Kosten der Vorkostenstelle, die ganz links (also an erster Stelle) im BAB steht, komplett auf alle nachfolgenden Vor- und Endkostenstellen verrechnet werden. Am Ende ist diese Vorkostenstelle entlastet; die Summe der Kosten beträgt Null. Die an Stelle 2 im BAB stehende Vorkostenstelle verrechnet ihre Kosten an alle weiteren nachfolgenden Vor- und Endkostenstellen, nicht aber an die 1. Vorkostenstelle, da diese ja bereits vollständig verrechnet worden war. Eine rückwärtsgerichtete Kostenverteilung ist somit nicht möglich. Diese Vorgehensweise wird so lange durchgeführt, bis die letzte Vorkostenstelle nur noch an die nachfolgenden Endkostenstellen verrechnet. Bildlich betrachtet entstehen durch die „von links nach rechts-Verrechnung" Treppenstufen. Im Vergleich zum Anbauverfahren ist diese Verrechnungsmethode genauer, weil zumindest die Kosten der ersten Vorkostenstelle richtig verrechnet werden. Die letzte Vorkostenstelle im BAB ermittelt die ungenauesten Verrechnungssätze, da sie von allen anderen Vorkostenstellen Kosten zugerechnet bekommt, selbst aber nur an die Endkostenstellen Kosten weiterverrechnen kann.

Damit bei diesem Verfahren der Verrechnungsfehler relativ gering ist, setzt man die Vorkostenstelle ganz links in den BAB, die wertmäßig mehr Kosten an andere Vorkostenstellen verrechnet als sie selbst von den anderen Vorkostenstellen empfängt, da eine Rückwärtsverrechnung von Vorkostenstellenkosten (wie bereits erläutert) nicht möglich ist. Das konkrete Vorgehen soll anhand des bereits bekannten Beispiels der Kommune A erläutert werden:

1. Im ersten Schritt werden für alle Vorkostenstellen die Verrechnungssätze ermittelt, die sich bei einer Verrechnung der Kosten auf alle weiteren Kostenstellen ergeben.

$$\text{Verrechnungssatz} = \frac{\text{Summe primäre Gemeinkosten}}{\text{Leistungsabgabe der Vorkostenstelle}}$$

Poststelle: $\dfrac{206.832\ €}{200.000\ \text{Briefe}}$ = 1,03416 € / B

Druckerei: $\dfrac{258.968\ €}{800.000\ \text{Seiten}}$ = 0,32371 € / S

2. Im zweiten Schritt wird berechnet, wie viel Kosten sich die Vorkostenstellen gegenseitig in Rechnung stellen:

Post stellt Druckerei in Rechnung:

1.000 Briefe zu 1,03416 € / B   =   1.034,16 €

Druckerei stellt Post in Rechnung:

5.000 Seiten zu 0,32371 € / S   =   1.618,55 €

Damit ergibt sich, dass die Druckerei an erster Stelle im BAB steht und die Post an zweiter.

3. Für die Kostenstelle, die an zweiter Stelle im BAB steht, muss ein neuer Verrechnungssatz berechnet werden, da sie zusätzlich Kosten von der ersten Vorkostenstelle erhält und sie die gesamten Kosten nur an die nachfolgenden Kostenstellen weiter verrechnen kann.

Neuer Verrechnungssatz der Post:

Summe primäre Gemeinkosten + umgelegte Kosten der ersten Vorkostenstelle
Gesamte Leistungsabgabe der Post – Leistungsabgabe an die Druckerei

$$\frac{206.832 \text{ €} + 1.618,55 \text{ €}}{200.000 \text{ B} - 1.000 \text{ B}} = 1,047490201 \text{ €} / \text{B}$$

4. Umlage der Kosten der Vorkostenstellen im BAB

Die berechneten Werte für die Endkostenstellen erhält man, wenn man den Verrechnungssatz der Vorkostenstelle mit der Inanspruchnahme durch die Endkostenstelle multipliziert.

Beispielsweise stellt die Druckerei dem Bürgerbüro 150.000 Seiten zu je 0,32371 € je Seite in Rechnung = 9.427,41 €. Die übrigen Verrechnungen werden entsprechend vorgenommen.

Kostenstellen (Werte in €)

Kostenart	Betrag	Druckerei	Post	Bürgerbüro	Sozialamt	Integrationsbüro	Sonstige
Personalkosten	10.000.000	200.000	200.000	1.000.000	500.000	300.000,00	7.800.000,00
Materialkosten	200.000	25.000	5.000	30.000	60.000	20.000,00	60.000,00
Abschreibungen	150.000	28.800	1.200	4.800	3.600	2.280,00	109.320,00
Kalk. Zinsen	9.000	1.728	72	288	216	136,80	6.559,20
Sonstige Kosten	100.000	3.440	560	12.000	8.000	6.400,00	69.600,00
Summe primäre Gemeinkosten	10.459.000	258.968	206.832	1.047.088	571.816	328.816,80	8.045.479,20
Umlage Druckerei		-258.968	1.618,55	48.556,50	80.927,50	63.123,45	64.742,00
Umlage Post			-208.450,55	9.427,41	62.849,41	31.424,71	104.749,02
Summe primäre und sekundäre Gemeinkosten	10.459.000	0	0	1.105.072	715.593	423.365	8.214.970

(Die Gesamtsumme wurde auf volle €-Werte gerundet.)

Werden die Verrechnungssätze zu stark gerundet, ergeben sich bei der Verrechnung im BAB Rundungsdifferenzen. Wichtig ist jedoch, dass die gesamte Summe der Kostenarten (hier: 10.459.000 €) auf die Endkostenstellen verrechnet wurden. Die Addition der Summen der primären und sekundären Gemeinkosten der Endkostenstelle muss wiederum den Gesamtbetrag aller Kostenarten ergeben.

Kritik am Stufenleiterverfahren:
Das Stufenleiterverfahren ist immer noch nur eine Näherungslösung. Nur, wenn eine Hilfskostenstelle von nachfolgenden Kostenstellen keine Leistungen empfängt entspricht das Stufenleiterverfahren im Ergebnis dem exakten Gleichungsverfahren. Teile der Kosten werden immer noch falsch überwälzt mit den bereits beim Anbauverfahren genannten Folgen.

3.2.4.3 Das mathematische Verfahren

Das mathematische Verfahren (auch Gleichungsverfahren oder Simultanverfahren genannt) ist das exakte Verfahren der innerbetrieblichen Leistungsverrechnung, weil es sämtliche Leistungsverflechtungen zwischen den Vorkostenstellen berücksichtigt. Die gesamten Kosten einer Vorkostenstelle setzen sich somit zum einen aus den primären Kosten laut BAB sowie den sekundären Kosten, die von anderen Vorkostenstellen verrechnet werden, zusammen.

Abbildung 8: Zusammensetzung der Kosten der Vorkostenstellen

Primäre Gemeinkosten laut BAB (Höhe bekannt)	+	umgelegte Kosten anderer Vorkostenstellen (Höhe unbekannt)	=	Verrechnung auf andere Vorkostenstellen (Höhe unbekannt)	+	Verrechnung auf Endkostenstellen (Höhe unbekannt)

Die primären Gemeinkosten laut BAB sind der Höhe nach bekannt, alle übrigen Größen nicht. Die umgelegten Kosten anderer Vorkostenstellen werden mittels Verrechnungssatz ermittelt gemäß der in Anspruch genommenen Leistung. Die Höhe des Verrechnungssatzes muss allerdings noch berechnet werden. Genauso verhält es sich mit der Verrechnung auf die anderen Vor- und Endkostenstellen. Auch hier muss der Verrechnungssatz noch ermittelt werden. Dieses geschieht mit mathematischen Gleichungen. Es werden so viele Gleichungen wie vorhandene Kostenstellen benötigt.

Da das erste Ziel des Gleichungsverfahrens die Ermittlung der internen Verrechnungssätze ist, kann im Minimalfall die Zahl der Gleichungen auf die Anzahl der Vorkostenstellen mit gegenseitiger Leistungsverflechtung reduziert werden.

Bezogen auf das Beispiel der Kommune A ergibt sich folgende Lösung:

Gleichung 1: Poststelle:

$206.832 € + 5.000 * d = 1.000 * p + 199.000 * p$

d: Verrechnungspreis für eine gedruckte Seite der Druckerei
p: Verrechnungspreis für einen zugestellten Brief der Poststelle

Als kürzere Schreibweise wird im Folgenden verwendet:

$206.832 € + 5.000d = 200.000p$

An dieser Schreibweise ist das Grundmuster aller Gleichungen erkennbar:

Primärkosten + Sekundärkosten = gesamte erzeugte Leistungsmenge * Verrechnungssatz

Zusammengestellt ergeben sich die Gleichungen:

Gleichung 1: Poststelle:	206.832 € + 5.000d = 200.000p
Gleichung 2: Druckerei:	258.968 € + 1.000p = 800.000d
Gleichung 3: Bürgerbüro:	Gesamtkosten = 1.047.088 € + 9.000p + 150.000d
Gleichung 4: Sozialamt:	Gesamtkosten = 571.816 € + 60.000p + 250.000d
Gleichung 5: Integrationsbüro:	Gesamtkosten = 328.816,80 € + 30.000p + 195.000d
Gleichung 6: Sonstige:	Gesamtkosten = 8.045.479,20 € + 100.000p + 200.000d

Um nun die Gesamtkosten der Endkostenstellen berechnen zu können, müssen die Verrechnungssätze d und p der Vorkostenstellen ermittelt werden. Dazu werden die zwei Gleichungen mit den zwei Unbekannten miteinander verrechnet. Dazu gibt es mehrere mathematische Möglichkeiten. An dieser Stelle wird das Additionsverfahren dargestellt.[1]

Gleichung 1:   206.832 € + 5.000d = 200.000p
Poststelle:

Gleichung 2:   258.968 € + 1.000p = 800.000d
Druckerei:

Teilt man die Gleichung 2 durch 160, erhält man als neue

Gleichung 2a: 1.618,55 € + 6,25p = 5.000d

Durch Umstellen der Gleichung erhält man die

Gleichung 2b: 1.618,55 € - 5.000d = -6,25p

Nun wird die Gleichung 2b zu der Gleichung 1 addiert:

```
    206.832 €    + 5.000d    = 200.000p
+   1.618,25 €   - 5.000d    = -6,25p
=   208.450,25 €             = 199.993,75p
```

p = 1,042283821€

---

[1] Im Übungsbeispiel 4.2.5 wird das Einsetzungsverfahren dargestellt.

Kapitel 3 - Prinzipien und Gestaltungsformen der Kosten- und Leistungsrechnung

Der für p ermittelte Wert kann nun in eine der obigen Gleichungen eingesetzt werden, z.B. in Gleichung 2a:

1.618,55 € + 6,25 * 1,042283821 = 5.000d
1.625,064274 = 5.000d

d = 0,325012854

Nun kann man die Werte für p und d in die Gleichungen der Endkostenstellen einsetzen, um die Gesamtkosten (GK) zu ermitteln:

Bürgerbüro:	GK = 1.047.088 € + 9.000 * 1,042283821 + 150.000 * 0,325012854 = 1.105.220,48
Sozialamt:	GK = 571.816 € + 60.000 * 1,042283821 + 250.000 * 0,325012854 = 715.606,24
Integrationsbüro:	GK = 328.816,80 € + 30.000 * 1,042283821 + 195.000 * 0,325012854 = 423.462,82
Sonstige:	GK = 8.045.479,20 € + 100.000 * 1,042283821 + 200.000 * 0,325012854 = 8.214.710,16

Die ermittelten Verrechnungssätze können auch zum Ausfüllen eines herkömmlichen BAB benutzt werden.

Abbildung 9: Darstellung des mathematischen Verfahrens im BAB

Kostenstellen (Werte in €)

Kostenart	Betrag	Druckerei	Post	Bürgerbüro	Sozialamt	Integrationsbüro	Sonstige
Personalkosten	10.000.000	200.000	200.000	1.000.000	500.000	300.000,00	7.800.000,00
Materialkosten	200.000	25.000	5.000	30.000	60.000	20.000,00	60.000,00
Abschreibungen	150.000	28.800	1.200	4.800	3.600	2.280,00	109.320,00
Kalk. Zinsen	9.000	1.728	72	288	216	136,80	6.559,20
Sonstige Kosten	100.000	3.440	560	12.000	8.000	6.400,00	69.600,00
Summe primäre Gemeinkosten	10.459.000	258.968	206.832	1.047.088	571.816	328.816,80	8.045.479,20
Gegenseitige Verrechnung		-1.625,06 1.042,28	1.625,06 -1.042,28				
Umlage Druckerei		-258.385,22		48.751,93	81.253,21	63.377,51	65.002,57
Umlage Post[1]			-207.414,78	9.380,55	62.537,03	31.268,51	104.228,69
Summe primäre und sekundäre Gemeinkosten	10.459.000	0	0	1.105.220,48	715.606,24	423.462,82	8.214.710,46

Beim mathematischen Verfahren kann die Anordnung der Vorkostenstellen im BAB beliebig vorgenommen werden, da alle Leistungsbeziehungen zwischen den Vorkostenstellen berücksichtigt werden.

Die Werte der Zeile „Gegenseitige Verrechnung" ergeben sich unter Verwendung der ermittelten internen Verrechnungssätze. So wird die Kostenstelle Druckerei um den Betrag der für die Kostenstelle Post erbrachten Drucke (5.000 * 0,325012854 = 1.625,06 €) entlastet und die Kostenstelle Post entsprechend belastet. Gleiches gilt sinngemäß für die Kostenstelle Post.

---

[1] Die Rundungsdifferenz in Höhe von 0,31 € wurde über die Sonstige Endkostenstelle verrechnet.

Die Zeile „Gegenseitige Verrechnung" muss nicht zwingend eingerichtet werden. Sie dient lediglich der besseren Übersichtlichkeit. Der Ausweis der Kosten der Vorkostenstellen kann genauso gut komplett in den Zeilen „Umlage" erfolgen.

Kritik am mathematischen Verfahren:
Das mathematische Verfahren ist das genaue Verfahren der innerbetrieblichen Leistungsverrechnung, da sämtliche Leistungsbeziehungen zwischen allen Vorkostenstellen berücksichtigt werden. Es ist sehr rechenintensiv, wenn mehr als drei Vorkostenstellen vorhanden sind und die Verrechnung manuell erfolgt. Durch entsprechende Programme entfällt aber dieser Aufwand.

Im obigen Beispiel gab es zwei Vorkostenstellen. In der Realität dürften es allerdings weit mehr sein. Aus diesem Grund soll der Aufbau der mathematischen Gleichungen allgemein dargestellt werden.

Gleichungsverfahren in allgemeiner Form:[1]

$$v_j * p_j = K_{vj} + \sum_{i=1}^{m} v_{ij} * p_i$$

m = Anzahl der Vorkostenstellen

j = Index der Vorkostenstelle (j 0 1,2,...,m)

K_{vj} = Summe der primären Gemeinkosten laut BAB der Vorkostenstelle j

P_j = Verrechnungssatz der Vorkostenstelle j

v_j = Gesamtmenge der innerbetrieblichen Leistungsmenge der Vorkostenstelle j

v_{ij} = Anzahl der von der Vorkostenstelle I an die Vorkostenstelle j abgegebenen innerbetrieblichen Leistungsmenge

K_j = Primäre und sekundäre Gemeinkosten der Vorkostenstelle j

3.2.5 Übungsbeispiel

In einem städtischen Fun-Bad möchte die Verwaltung zwecks besserer Kalkulation der Eintrittspreise einen BAB erstellen. Die hauptsächlich zu berücksichtigenden Kostenarten bestehen aus Personal- und Sachkosten sowie kalkulatorischen Abschreibungen und Zinsen. Als Kostenstellen sollen Verwaltung, Reparaturdienst, Schwimmbad und Sauna eingerichtet werden (Angaben in €-Werten).

---

[1] Vgl.: Haberstock, Lothar: Kostenrechnung I, 13. neu bearbeitete Aufl. Berlin 2008, S. 127.

Kapitel 3 - Prinzipien und Gestaltungsformen der Kosten- und Leistungsrechnung 59

Kostenstellen

Kostenart	Betrag	Verwaltung	Reparaturdienst	Schwimmbad	Sauna
Personalkosten	500.000	50.000	100.000	200.000	150.000
Sachkosten	200.000	0	0	120.000	80.000
Kalk. Abschreibungen	150.000	5.000	10.000	80.000	55.000
Kalk. Zinsen	200.000	10.000	15.000	95.000	80.000
Summe primäre Gemeinkosten	1.050.000	65.000	125.000	495.000	365.000

Die Vorkostenstellen Verwaltung und Reparaturdienst geben jeweils unterschiedliche Leistungen an die anderen Kostenstellen ab (Angaben in Stunden).

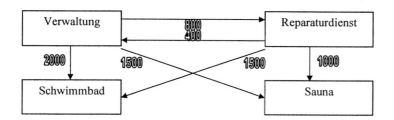

Die Verwaltung erbringt 2000 Stunden für das Schwimmbad, 800 für den Reparaturdienst und 1500 Stunden für die Sauna. Der Reparaturdienst leistet 1000 Stunden für die Sauna, 400 für die Verwaltung und 1500 für das Schwimmbad.

Aufgabe: Führen Sie die Sekundärkostenverrechnung nach dem Anbauverfahren, dem Stufenleiterverfahren sowie nach dem mathematischen Verfahren durch.

Lösung der Aufgabe:

1. Anbauverfahren:

Beim Anbauverfahren bleiben die Leistungsverflechtungen zwischen den Vorkostenstellen unberücksichtigt. Die Umlage der beiden Vorkostenstellen auf die Endkostenstellen erfolgt auf Stundenbasis.

Verrechnungssatz des Reparaturdienstes:

$$\frac{\text{Summe primäre Gemeinkosten}}{\text{geleistete Stunden}} = \frac{125.000\ \text{€}}{2.500\ \text{Stunden}} = 50{,}00\ \text{€/Std.}$$

Verrechnungssatz der Verwaltung:

$$\frac{\text{Summe primäre Gemeinkosten}}{\text{geleistete Stunden}} = \frac{65.000\ \text{€}}{3.500\ \text{Stunden}} = 18{,}57142857\ \text{€/Std.}$$

Kostenstellen (Beträge in €)

Kostenart	Betrag	Reparaturdienst	Verwaltung	Schwimmbad	Sauna
Personalkosten	500.000	100.000	50.000	200.000,00	150.000,00
Sachkosten	200.000	0	0	120.000,00	80.000,00
Kalk. Abschreibungen	150.000	10.000	5.000	80.000,00	55.000,00
Kalk. Zinsen	200.000	15.000	10.000	95.000,00	80.000,00
Summe primäre Gemeinkosten	1.050.000	125.000	65.000	495.000,00	365.000,00
Umlage Reparaturdienst		-125.000		75.000,00	50.000,00
Umlage Verwaltung			-65.000	37.142,86	27.857,14
Summe primäre und sekundäre Gemeinkosten	1.050.000	0	0	607.142,86	442.857,14

2. Stufenleiterverfahren:

Beim Stufenleiterverfahren werden die Leistungsverflechtungen nur teilweise berücksichtigt. Es wird zunächst eine Vorkostenstelle herausgegriffen, die keine oder nur sehr wenige Leistungen von anderen Stellen erhält.

Reparaturdienst: $\dfrac{25.000 \ €}{2.900 \text{ Stunden}}$ = 43,10344828 € / Std.

Verwaltung: $\dfrac{65.000 \ €}{4.300 \text{ Stunden}}$ = 15,11327907 € / Std.

Der Reparaturdienst stellt der Verwaltung in Rechnung:
400 Stunden * 43,10344828 € / Std. = 17.241,38

Die Verwaltung stellt dem Reparaturdienst in Rechnung:
800 Stunden * 15,11327907 € / Std. = 12.093,02

Damit steht der Reparaturdienst an erster Stelle, da er der Verwaltung wertmäßig mehr in Rechnung stellt als er selbst von der Verwaltung erhält.

Der neue Verrechnungssatz der Verwaltung beträgt:

$\dfrac{65.000 \ € + 17.241,38 \ €}{4.300 \text{ Std.} - 800 \text{ Std.}}$ = 23,49753714 € / Std.

Kostenstellen (Beträge in €)

Kostenart	Betrag	Reparaturdienst	Verwaltung	Schwimmbad	Sauna
Personalkosten	500.000	100.000	50.000	200.000,00	150.000,00
Sachkosten	200.000	0	0	120.000,00	80.000,00
Kalk. Abschreibungen	150.000	10.000	5.000	80.000,00	55.000,00
Kalk. Zinsen	200.000	15.000	10.000	95.000,00	80.000,00
Summe primäre Gemeinkosten	1.050.000	125.000	65.000	495.000,00	365.000,00
Umlage Reparaturdienst		-125.000	17.241,38	64.655,17	43.103,45
Umlage Verwaltung			-82.241,38	46.995,07	35.246,31
Summe primäre und sekundäre Gemeinkosten	**1.050.000**	**0**	**0**	**606.650,24**	**443.349,76**

3. Mathematisches Verfahren:

Die Gesamtkosten setzen sich aus den primären und sekundären Kosten der Kostenstellen zusammen. Sie sind gleichzusetzen mit der Summe aller abgegebenen Leistungen.

r = Verrechnungspreis für Reparaturdienst
v = Verrechnungspreis für Verwaltungsstunden

Verwaltung:

65.000 + 400 r = 800 v + 2000 v + 1500 v (1)
65.000 + 400 r = 4300 v (1a)
r = (4300 v − 65.000) / 400 (1b)

Reparaturdienst:

125.000 + 800 v = 400 r + 1500 r + 1000 r (2)
125.000 + 800 v = 2900 r (2a)

Schwimmbad:

Gesamtkosten = 495.000 + 2000 v + 1500 r

Sauna:

Gesamtkosten = 365.000 + 1500 v + 1000 r

Auflösung der Gleichungen 1b und 2a:

125.000 + 800 v = 2900 * ((4300 v - 65.000) / 400)

125.000 + 800 v = 31.175 v - 471.250

$\boxed{v = 19,62962963}$

Einsetzen von v in 1b:

r = (4300 * 19,62962963 - 65.000) / 400

$\boxed{r = 48,51851852}$

Gesamtkosten Schwimmbad:

495.000 + 2000 * 19,62962963 + 1500 *48,51851852 = 607.040

Gesamtkosten Sauna:

365.000 + 1500 *19,62962963 + 1000 * 48,51851852 = 442.965

Kostenstellen (Beträge in €)

Kostenart	Betrag	Verwaltung	Reparaturdienst	Schwimmbad	Sauna
Personalkosten	500.000	50.000	100.000	200.000,00	150.000,00
Sachkosten	200.000	0	0	120.000,00	80.000,00
Kalk. Abschreibungen	150.000	5.000	10.000	80.000,00	55.000,00
Kalk. Zinsen	200.000	10.000	15.000	95.000,00	80.000,00
Summe primäre Gemeinkosten	1.050.000	65.000	125.000	495.000,00	365.000,00
Gegenseitige Verrechnung		- 15.703,70 + 19.407,41	+ 15.703,70 - 19.407,41		
Umlage Verwaltung		- 68.703,71		39.259,26	29.444,44
Umlage Reparaturdienst			- 121.296,29	72.777,78	48.518,51
Summe primäre und sekundäre Gemeinkosten	1.050.000	0	0	607.037,04	442.961,96

3.3 Kostenträgerrechnung

3.3.1 Aufgaben der Kostenträgerrechnung (Kalkulation)

Die Kostenträgerrechnung ist der letzte Schritt in der Kostenrechnung. Nachdem alle Kosten auf die einzelnen Endkostenstellen verrechnet wurden, müssen die Kosten möglichst verursachungsgerecht auf die einzelnen Kostenträger verrechnet werden. Damit wird die Frage beantwortet, wofür die Kosten angefallen sind. Der Begriff des Kostenträgers kann nicht einheitlich definiert werden. Grundsätzlich hat der Kostenträger die Kosten verursacht und muss sie „tragen". In der Regel werden es die Produkte (betriebliche Leistung) sein, es könnten aber auch Kunden, Projekte, regionale Gebiete o.ä. sein. Je nachdem, ob die erbrachte Leistung für den innerbetrieblichen Zweck oder den Absatzmarkt produziert wurde, spricht man von Absatzleistung oder innerbetrieblicher Leistung.

Beispielsweise könnte der städtische Bauhof in Eigenleistung ein Klettergerüst für den städtischen Spielplatz bauen. Wären die gesamten Herstellungskosten höher als 410 €, müsste diese Leistung als aktivierte Eigenleistung erfasst werden. Stellt das Einwohnermeldeamt auf Antrag eines Bürgers einen Personalausweis aus, liegt eine absatzbezogene Leistung vor.

Aufgaben der Kostenträgerrechnung sind:

1. **Gebühren, Selbstkosten, ggf. Herstellkosten und Preise für die Kostenträger zu kalkulieren.**
   Handelt es sich um innerbetriebliche Kostenträger, müssen die zu aktivierenden Herstellkosten ermittelt, bei nicht aktivierbaren Leistungen der innerbetriebliche Leistungsverrechnungssatz ermittelt werden, der typischerweise der Selbstkostenbetrag sein sollte. Bei absatzbezogenen Kostenträgern werden zumeist Benutzungsgebühren ermittelt. Gemäß § 6 des Kommunalabgabengesetzes des Landes Nordrhein-Westfalen soll das Gebührenaufkommen dabei kostendeckend sein. Tritt die Kommune als Konkurrent zur Privatwirtschaft am freien Markt auf, werden Preise kalkuliert. Ob die kalkulierten Preise allerdings auch konkurrenzfähig sind, hängt jeweils vom Angebot des Produktes und dessen Nachfrage ab.

2. **Informationen über preispolitische Entscheidungen zu liefern.**
   Im Zuge von Wirtschaftlichkeitskontrollen stellt sich häufig die Frage, ob es kostengünstiger ist, das Produkt selbst zu erstellen oder fremd zu beziehen (make-or-buy-Entscheidungen). Auch hier können durch die Ermittlung von Selbstkosten der entsprechenden Produkte erste Erkenntnisse gezogen werden, was günstiger ist. Darüber hinaus kann die Kommune berechnen, bis zu welchem Absatzpreis das Produkt verkauft werden kann, um noch gerade die Kostendeckung zu erreichen. Hierbei ist allerdings immer zu beachten, dass bei den öffentlichen Produkten meistens eine Pflichtabnahme besteht und eine Kostendeckung häufig aus sozialen Überlegungen heraus nicht erzielt werden kann und soll.

3. **Informationen für Kostenkontrollen zu geben.**
   Durch eine kontinuierliche Zurverfügungstellung von Kostengrößen ist es möglich, produktbezogene Wirtschaftlichkeitsbetrachtungen durchzuführen. Werden die Kosten von Produkten über einen längeren Zeitraum von mehreren Jahren ermittelt, kann die kostenmäßige Entwicklung des Kostenträgers im Zeitablauf dargestellt werden. Zieht man die Daten anderer Kommunen hinzu, kann ein Betriebsvergleich für die Kostenträger durchgeführt werden. Schließlich kann auch im Rahmen eines Soll-Ist-Vergleichs eine Kostrolle erfolgen, wenn zuvor Planwerte für die Erstellung der Kostenträger vorgegeben wurden.

Die Kostenträgerrechnung kann als Kostenträgerzeitrechnung oder Kostenträgerstückrechnung durchgeführt werden. Die **Kostenträgerzeitrechnung** ermittelt die nach Kostenträgern gegliederten und in der Abrechnungsperiode insgesamt angefallenen Kosten. Diese Kosten werden den Leistungen[1] gegenübergestellt. Hierbei handelt es sich um eine kurzfristige Erfolgsrechnung.

---

[1] In der Privatwirtschaft wird in der Regel von Erlösen gesprochen.

Die **Kostenträgerstückrechnung** ermittelt die Selbst- bzw. Herstellungskosten der einzelnen Produkte. Diese Rechnung wird auch als Kalkulation bezeichnet. Im folgenden wird die Kostenträgerstückrechnung betrachtet, da sie typischerweise im öffentlichen Bereich angewendet wird.

Bei der Kostenträgerstückrechnung wird zeitlich hinsichtlich einer Vor-, Zwischen- und Nachkalkulation unterschieden:

- Vor der Leistungserstellung erfolgt die Vorkalkulation. Es wird mit geplanten Kosten bezogen auf spezielle Einzelaufträge gerechnet. Die Einzelkosten können durch eine Bewertung der erforderlichen Einsatzmengen ziemlich genau festgestellt werden. Die anteiligen Gemeinkosten werden in der Regel aufgrund von Vergangenheitswerten geschätzt. Die Vorkalkulation dient vor allem der Angebotsrechnung und der Preisbildung.

- Bei Kostenträgern mit langer Produktionsdauer wird häufig eine Zwischenkalkulation durchgeführt, die überprüfen soll, ob die geplanten Kosten noch „im Limit" liegen. Ggf. werden erforderliche Anpassungen vorgenommen.

- Im Zuge der Nachkalkulation werden die bereits realisierten Kosten mit denen der Vorkalkulation verglichen und dienen damit der Kontrolle der Vorkalkulation. Sind (größere) Abweichungen vorhanden, muss eine Ursachenanalyse erfolgen.

Die Aufgaben der Kostenträgerrechnung lassen sich wie folgt zusammenfassen:
- Preiskalkulation und Gebührenkalkulation (1. Feststellung des voraussichtlichen Gebührenbedarfs, 2. Umlage der Kosten wirklichkeitsentsprechend oder ersatzweise nach dem Wahrscheinlichkeitsmaßstab, 3. Nachkalkulation, weil die Gebühren die Kosten möglichst genau decken sollen.)
- Kalkulation interner Verrechnungspreise (Vorkalkulation)
- Bereitstellung der Bewertungsansätze für Lagerbestände und selbst erstellte Anlagen für die Bilanz
- Erfolgskontrolle und Wirtschaftlichkeitskontrolle

3.3.2 Verfahren der Kostenträgerstückrechnung

Grundsätzlich lassen sich als Kalkulationsverfahren die Divisions-, Äquivalenzziffern-, Zuschlags-, Maschinenstundensatz- und Kuppelkalkulation unterscheiden. Die beiden letztgenannten Kalkulationsarten finden ihre Anwendung fast ausschließlich im Bereich der industriellen Fertigung und sollen daher hier nicht weiter betrachtet werden. Die drei übrigen Verfahren werden bzw. können auch sehr gut im öffentlichen Bereich angewendet werden. Da die Äquivalenzziffernkalkulation einen engen Zusammenhang zur Divisionskalkulation aufweist, wird sie in der Literatur zumeist als Untergruppe zur Divisionskalkulation betrachtet.[1] Der Zusammenhang sieht folgendermaßen aus:

Abbildung 10: Divisionskalkulation

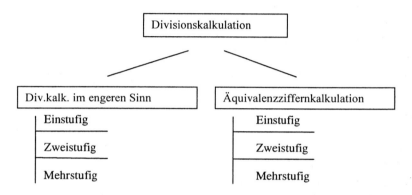

Letztlich ist die Einteilung eher von theoretischer Bedeutung. Im Folgenden soll die Äquivalenzziffernkalkulation als eigenständiges Kalkulationsverfahren betrachtet werden.

3.3.2.1 Divisionskalkulation

Die Divisionskalkulation kann einstufig, zweistufig oder mehrstufig durchgeführt werden. Bei der **einstufigen Divisionskalkulation** werden stets die Gesamtkosten des Betriebes oder einzelner Betriebsbereiche der Periode ohne Unterscheidung in Einzel- und Gemeinkosten durch die hergestellten Stückzahlen (Produkte) dividiert.

Damit dieses Verfahren zu einem sinnvollen Ergebnis führt, müssen folgende Voraussetzungen vorliegen:

- Das Unternehmen produziert nur ein Produkt.
- In der Periode bestehen keine Lagerbestandsveränderungen an Halbfabrikaten.
- In der Periode bestehen keine Lagerbestandsveränderungen an Fertigfabrikaten.

---

[1] Vgl. z.B.: Haberstock: a.a.O., S. 147.

Sofern diese Voraussetzungen vorliegen errechnen sich die Selbstkosten des Produktes (Kostenträgers) als:

$k = \dfrac{K}{x}$
k = Selbstkosten eines Produktes
K = Gesamte Kosten des Unternehmens
x = Produzierte Stückzahl

Diese Voraussetzungen sind recht unrealistisch. Als Anwendungsbeispiel im kommunalen Bereich ist an die Wasserversorgung zu denken. Sofern die Stadtwerke nur das Produkt „Belieferung mit Wasser" erbringen, kann die einstufige Divisionskalkulation angewendet werden, da es grundsätzlich keine unfertigen Erzeugnisse gibt und das Produkt „Wasser" auch ohne Lagerhaltung angeboten wird.

Zur zweistufigen Divisionskalkulation gelangt man, wenn die dritte Voraussetzung aufgehoben wird. Nunmehr ist die Lagerhaltung der Fertigfabrikate zulässig, das bedeutet, Produktionsmenge und Absatzmenge fallen unterschiedlich hoch aus. Die einfache Divisionskalkulation wird nun von zwei Kostenstellen durchgeführt.

Beispiel: Für die Ferienzeit druckt der städtische Bäderbetrieb für Jugendliche zwischen 6 und 18 Jahren „Freizeitpässe" zur Benutzung der städtischen Hallen- und der Freibäder. Es wurden 5.000 Pässe gedruckt. Die Gesamtkosten beliefen sich auf 10.000 €, wovon 40 % Verwaltungskosten waren. Von den 5.000 Pässen wurden allerdings nur 4.500 verkauft.

Würde eine einstufige Divisionskalkulation durchgeführt, ergäben sich Selbstkosten in Höhe von

10.000 € / 5.000 Pässe = 2 € je Pass.

Die 500 Pässe, die nicht abgesetzt werden und folglich eine Lagerproduktion darstellen, dürfen gemäß § 33 Abs. 4 GemHVO NRW allerdings nur zu Herstellungskosten bewertet werden, in denen die anteiligen Verwaltungskosten nicht enthalten sind. Somit wird eine zweistufige Divisionskalkulation erforderlich.

$k = \dfrac{6.000\ €}{5.000\ \text{Pässe}} + \dfrac{4.000\ €}{4.500\ \text{Pässe}} = 2{,}09\ €$ je Pass

Durch einen Lagerbestand erhöhen sich folglich die Selbstkosten je Stück, da nur auf die abgesetzten Produkte alle angefallenen Kosten verrechnet werden dürfen.

Wird zusätzlich zur dritten Prämisse auch noch die zweite aufgehoben, ist die mehrstufige Divisionskalkulation anzuwenden. Wirtschaftlich betrachtet lässt man nun Lagerbestandsveränderungen zwischen den einzelnen Produktionsstufen zu (Zwischenlager). Mit Hilfe der Kostenstellenrechnung werden die Kosten jeder Stufe durch die bearbeitete Menge dividiert. Die Selbstkosten der einzelnen Stufen werden berechnet und nachher aufaddiert.

Die Voraussetzungen für die mehrstufige Divisionskalkulation lauten:
- Es liegt ein mehrstufiger Produktionsprozess vor
- Es wird ein homogenes Produkt erstellt
- Es liegt eine Kostenstellenrechnung für die einzelnen Produktionsstufen vor.

Betrachtet man die Voraussetzungen wird erkennbar, dass es nur einen sehr begrenzten Anwendungsbereich für die Divisionskalkulation insgesamt, aber die mehrstufige im Besonderen gibt. In der Privatwirtschaft wird sie zumeist bei der Massenproduktion angewendet.

3.3.2.2 Äquivalenzziffernkalkulation

Bei der gerade erörterten Divisionskalkulation wurde der Ein-Produkt-Fall unterstellt. Erweitert man diese Annahme, in dem man statt nur eines Produktes mehrere gleichartige Produkte zulässt (Sortenfertigung), kann eine so genannte Äquivalenzziffernkalkulation durchgeführt werden. Hierbei handelt es sich um eine Divisionskalkulation, die allerdings „gewichtet" durchgeführt wird. Aus der Privatwirtschaft kann das Beispiel einer Schuhfabrik herangezogen werden. So führt die Herstellung eines Damenschuhs zu anderen Kosten als die Herstellung eines Kinder- oder Herrenschuhs. Will man nun die Gemeinkosten auf die Produkte umlegen, müssen im ersten Schritt die „Schuhe vergleichbar gemacht" werden. Durch Aufzeichnungen lassen sich die Einzelkosten relativ genau ermitteln und ins Verhältnis zueinander setzen. Daraus lassen sich dann Äquivalenzziffern (Gewichtungsziffer, Umrechnungsfaktor, Wertigkeitsziffer) ableiten, um eine verursachungsgerechtere Verteilung der Gemeinkosten vornehmen zu können. Es wird die Tatsache genutzt, dass bei Sortenfertigung die Kosten der ähnlichen Produkte aufgrund der ähnlichen Fertigung in einem bestimmten Verhältnis zueinander stehen, das die Kostenverursachung widerspiegelt. Die Äquivalenzziffer gibt an, in welchem Verhältnis die Kosten dieses Produktes zu den Kosten eines Einheitsproduktes stehen. Das Einheitsprodukt erhält die Äquivalenzziffer 1.

Ein typischer Anwendungsfall für die Äquivalenzziffernkalkulation in der öffentlichen Verwaltung ist die Müllentsorgung.

Beispiel: Es sollen die Selbstkosten für die Entleerung unterschiedlicher Mülltonnen ermittelt werden. Dabei ist bekannt, dass die Entleerung der grünen Tonne 20 % mehr Kosten verursacht als die der Restmülltonne. Die gelbe Tonne ist wiederum zu 10 % günstiger zu entleeren als die Restmülltonne. In der Abrechnungsperiode wurden insgesamt 5200 grüne, 7000 Restmüll- und 9.500 gelbe Tonnen entleert. Die Gesamtkosten betrugen dabei 280.000 €. Wie hoch sind die Selbstkosten für die Entleerung der einzelnen Tonnen?

Lösung:

Mülltonne	Anzahl	Äqui-valenz-ziffer	Rechen-einheiten	Anteilige Gesamt-kosten (€)		Selbstkosten je Entleerung
Grün	5.200	1,2	6.240	(6.240/21.790)*280.000		15,41
Restmüll	7.000	1	7.000	(7.000/21.790)*280.000		12,84
Gelb	9.500	0,9	8.550	(8.550/21.790)*280.000		11,56
Summe			21.790	280.000		

Selbstkosten = anteilige Gesamtkosten / Anzahl der Produkte

Diese einstufige Äquivalenzziffernkalkulation ist nur anwendbar, wenn ähnliche Produkte vorhanden sind (Sortenfertigung) und keine Lagerbestandsveränderungen in der Periode vorliegen.

Hebt man die Voraussetzung auf, dass keine Lagerbestandsveränderungen vorhanden sein dürfen, kommt die mehrstufige Äquivalenzziffernkalkulation zum Einsatz. Es wird dabei davon ausgegangen, dass in mehreren Produktionsstufen jeweils ähnliche Produkte hergestellt werden. Für verschiedene Kostenstellen können unterschiedliche Äquivalenzziffernreihen verwendet werden. Das ist dann notwendig, wenn sich mit Hilfe einer einzigen Äquivalenzziffernreihe die Kostenunterschiede der Sorten nicht erfassen lassen.

3.3.2.3 Zuschlagskalkulation

Die Zuschlagskalkulation wird angewendet, wenn weder die Voraussetzungen für die Divisionskalkulation noch die für die Äquivalenzziffernkalkulation vorliegen. Das ist dann der Fall, wenn viele verschiedene (heterogene) Produkte hergestellt werden. In der Privatwirtschaft werden diese heterogenen Produkte häufig in mehreren Produktionsstufen gefertigt und unterliegen einer ständigen Veränderung der Läger. Aufgrund der heterogenen Produktpalette ist ebenfalls von einer heterogenen Kostenstruktur auszugehen. Voraussetzung für die Anwendung der Zuschlagskalkulation ist eine Trennung der Kosten in Kostenträgereinzelkosten und Kostenträgergemeinkosten. Die Einzelkosten werden den Produkten direkt verursachungsgerecht zugerechnet und die Gemeinkosten mit Hilfe von Kalkulationssätzen zugeschlagen.

Kapitel 3 - Prinzipien und Gestaltungsformen der Kosten- und Leistungsrechnung

Abbildung 11: Arten der Zuschlagskalkulation

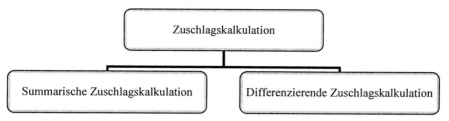

Zuschlagsbasis sind:

- Gesamte Einzelkosten der Periode
  oder
- Gesamte Materialeinzelkosten der Periode
  oder
- Gesamte Lohneinzelkosten (Fertigungseinzelkosten) der Periode

- Materialgemeinkostenzuschlagssatz
  und
- Fertigungsgemeinkostenzuschlagssatz
  und
- Verwaltungsgemeinkostenzuschlagssatz
  und sofern vorhanden
- Vertriebsgemeinkostenzuschlagssatz

Bei der **summarischen Zuschlagskalkulation** werden die gesamten Gemeinkosten des Betriebes mittels eines Schlüssels, also in einer Summe, auf die Kostenträger zugeschlagen. Als Verteilungsschlüssel werden entweder die gesamten Einzelkosten der Periode, die gesamten Materialeinzelkosten der Periode oder die gesamten Lohneinzelkosten (=Fertigungseinzelkosten) der Periode verwendet.

Eine Kostenstellenrechnung ist bei Anwendung dieses Kalkulationsverfahrens nicht unbedingt erforderlich.

Die Berechnung des Zuschlagssatzes erfolgt grundsätzlich immer nach gleich bleibendem Muster:

$$\text{Zuschlagssatz} = \frac{\Sigma \text{ Gemeinkosten}}{\Sigma \text{ Einzelkosten}} * 100$$

Die drei Möglichkeiten der summarischen Zuschlagskalkulation sollen am folgenden Beispiel näher erläutert werden:

In einer Zweigstelle der Stadtverwaltung sind das Einwohnermeldeamt sowie das Ordnungsamt untergebracht. Durch eine gute Kostenrechnung lassen sich auf beide Abteilungen folgende Kosten zurechnen:

Kosten	Einwohnermeldeamt	Ordnungsamt	Summe
Materialeinzelkosten	20.000 €	12.000 €	32.000 €
Lohneinzelkosten	250.000 €	180.000 €	430.000 €
Gemeinkosten			80.000 €
Gesamtkosten			542.000 €

Wie müssen die Gemeinkosten in Höhe von 80.000 € auf das Einwohnermeldeamt und das Ordnungsamt nach der summarischen Zuschlagskalkulation zugeschlagen werden?

1. Möglichkeit: Gesamte Einzelkosten als Zuschlagsbasis

$$\text{Zuschlagssatz} = \frac{\Sigma \text{ Gemeinkosten}}{\Sigma \text{ Einzelkosten}} * 100$$

$$= \frac{80.000 \text{ €}}{32.000 \text{ €} + 430.000 \text{ €}} * 100 = 17,316 \%$$

Die gesamten Einzelkosten setzen sich zusammen aus der Summe der Materialeinzelkosten (32.000 €) zuzüglich der Summe der Lohneinzelkosten (430.000 €). Um die anteiligen Gemeinkosten für das Einwohnermeldeamt und das Ordnungsamt zu ermitteln, wird nun der errechnete Zuschlagssatz in Höhe von 17,316 % jeweils mit der Summe aller Einzelkosten des Einwohnermeldeamtes (270.000 €) sowie der Summe der Einzelkosten des Ordnungsamtes (192.000 €) multipliziert.

Anteilige Gemeinkosten des Einwohnermeldeamtes:
270.000 € * 17,316 % = 46.753,20 €.

Anteilige Gemeinkosten des Ordnungsamtes:
192.000 € * 17,316 % = 33.246,72 €.

Addiert man die anteiligen Gemeinkosten für beide Ämter zusammen ergeben sich – bis auf eine Rundungsdifferenz in Höhe von 8 Cent - wieder die 80.000 € Gemeinkosten. Um eine Rundungsdifferenz zu vermeiden, rechnet man üblicherweise bei den Zuschlagssätzen mit allen Nachkommastellen. Die 8 Cent sollen hier einfach dem Ordnungsamt zugerechnet werden.

Kosten	Einwohnermeldeamt	Ordnungsamt	Summe
Materialeinzelkosten	20.000,00 €	12.000,00 €	32.000 €
Lohneinzelkosten	250.000,00 €	180.000,00 €	430.000 €
Anteilige Gemeinkosten	46.753,20 €	33.246,80 €	80.000 €
Gesamtkosten	**316.753,20 €**	**225.246,80 €**	**542.000 €**

2. Möglichkeit: Gesamte Materialeinzelkosten als Zuschlagsbasis

$$\text{Zuschlagssatz} = \frac{\Sigma \text{ Gemeinkosten}}{\Sigma \text{ Materialeinzelkosten}} * 100$$

$$= \frac{80.000 \text{ €}}{32.000 \text{ €}} * 100 = 250 \%$$

Wählt man die Materialeinzelkosten als Zuschlagsbasis, ergibt sich für die Gemeinkosten ein Zuschlagssatz in Höhe von 250 %. Damit ergeben sich gemäß obiger Rechnung folgende anteilige Gemeinkosten:

Anteilige Gemeinkosten des Einwohnermeldeamtes: 20.000 € * 250 % = 50.000 €.

Anteilige Gemeinkosten des Ordnungsamtes: 12.000 € * 250 % = 30.000 €.

Kosten	Einwohnermeldeamt	Ordnungsamt	Summe
Materialeinzelkosten	20.000 €	12.000 €	32.000 €
Lohneinzelkosten	250.000 €	180.000 €	430.000 €
Anteilige Gemeinkosten	50.000 €	30.000 €	80.000 €
Gesamtkosten	**320.000 €**	**222.000 €**	**542.000 €**

3. Möglichkeit: Gesamte Lohneinzelkosten als Zuschlagsbasis

$$\text{Zuschlagssatz} = \frac{\Sigma \text{ Gemeinkosten}}{\Sigma \text{ Lohneinzelkosten}} * 100$$

$$= \frac{80.000 \text{ €}}{430.000 \text{ €}} * 100 = 18{,}60465116 \%$$

Wählt man die Lohneinzelkosten als Zuschlagsbasis, ergibt sich für die Gemeinkosten ein Zuschlagssatz in Höhe von 18,60465116 %. Damit ergeben sich gemäß obiger Rechnung folgende anteilige Gemeinkosten:

Anteilige Gemeinkosten des Einwohnermeldeamtes:
250.000 € * 18,60465116 % = 46.511,63 €.

Anteilige Gemeinkosten des Ordnungsamtes:
180.000 € * 18,60465116 % = 33.488,37 €.

Kosten	Einwohnermeldeamt	Ordnungsamt	Summe
Materialeinzelkosten	20.000 €	12.000 €	32.000 €
Lohneinzelkosten	250.000 €	180.000 €	430.000 €
Anteilige Gemeinkosten	46.511,63 €	33.488,37 €	80.000 €
Gesamtkosten	**316.511,63 €**	**225.488,37 €**	**542.000 €**

Wie das Beispiel zeigt, variiert die Höhe der anteiligen Gemeinkosten je nach Wahl des Zuschlagssatzes stark. Die an der summarischen Zuschlagskalkulation geäußerten Kritik gilt für alle drei Berechnungsmöglichkeiten gleichermaßen:

Es wird jeweils eine Beziehung zwischen der gewählten Bezugsgröße und den Gemeinkosten bzw. zu Teilen der Gemeinkosten unterstellt. Diese Korrelation ist im praktischen

Alltag allerdings in diesem Maße nicht vorhanden. Will man dennoch die summarische Zuschlagskalkulation anwenden, sollte man als Zuschlagsbasis diejenige Kostengröße wählen, die aufgrund von Erfahrungswerten die größte Beziehung (Korrelation) zu den Gemeinkosten aufweist.

Aufgrund der starken Vereinfachung einer summarischen Zuschlagskalkulation wird in der Regel auf die **differenzierende Zuschlagskalkulation** zurückgegriffen. Hierbei werden die Gemeinkosten nicht mehr pauschal, sondern mittels mehrerer differenzierter Zuschlagssätze auf die Kostenstellen oder Kostenträger (Produkte) zugerechnet. So können z.B. die Fertigungsgemeinkosten nach Kostenstellen differenziert auf die dazugehörigen Fertigungseinzelkosten verrechnet werden oder die Materialgemeinkosten auf die dazugehörigen Materialeinzelkosten. In diesem Fall spricht man auch von einer elektiven Zuschlagskalkulation.[1]

Zunächst wird eine Trennung der Gemeinkosten in verschiedene Kostenartenblöcke vorgenommen, um mehrere (differenzierende) Zuschlagssätze bilden zu können. Je nachdem wie die Kostenstellen gebildet wurden, kann es erforderlich werden, die Kosten der Kostenstellen „neu zu sortieren". Für die Kalkulation werden in der Regel vier verschiedene Zuschlagssätze gebildet. Aus diesem Grund müssen die Gemeinkosten in die Kostenarten Materialkosten, Fertigungskosten, Verwaltungskosten und Vertriebskosten unterteilt werden. Die Zuschlagssätze für Material und Fertigung lauten:

Materialgemeinkostenzuschlagssatz:
$$= \frac{\text{Materialgemeinkosten (MGK)}}{\text{Materialeinzelkosten (MEK)}} * 100$$

Fertigungsgemeinkostenzuschlagssatz
$$= \frac{\text{Fertigungsgemeinkosten (FGK)}}{\text{Fertigungseinzelkosten (FEK)}} * 100$$

Eine Besonderheit ergibt sich für die Verwaltungs- und Vertriebsgemeinkosten. In aller Regel lassen sich für diese beiden Kostenarten keine Produkteinzelkosten ermitteln. Bei der Berechnung der Zuschlagssätze muss folglich eine andere Bezugsgröße ermittelt werden. Hilfsweise werden hier die Herstellkosten herangezogen. Sie berechnen sich aus sämtlichen Materialeinzel- und -gemeinkosten zuzüglich sämtlicher Fertigungseinzel- und -gemeinkosten.

Herstellkosten = MEK + MGK + FEK + FGK

Verwaltungsgemeinkostenzuschlagssatz:
$$= \frac{\text{Verwaltungsgemeinkosten}}{\text{Herstellkosten}} * 100$$

---

[1] Elektiv bedeutet in diesem Zusammenhang nichts anderes, als dass eine Bezugsgröße ausgewählt wird, die eine hohe Korrelation zu den Gemeinkosten aufweist.

Vertriebsgemeinkostenzuschlagssatz:

= $\dfrac{\text{Vertriebsgemeinkosten}}{\text{Herstellkosten}} * 100$

Der Zusammenhang sämtlicher Kosten wird aus nachfolgender Übersicht deutlich:

Abbildung 12: Zusammenhang sämtlicher Kosten

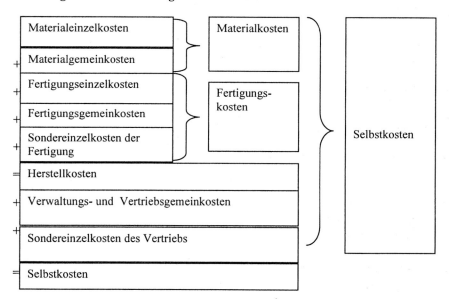

Bei den Sondereinzelkosten der Fertigung handelt es sich um zurechenbare Einzelkosten, die aber nicht bei allen Produkten anfallen. Beispielsweise könnten es Abschreibungen sein, die sich direkt aus der Nutzung eines für das Produkt speziell angeschafften Werkzeugs ergeben. Ähnlich verhält es sich mit den Sondereinzelkosten des Vertriebs. Hierbei kann es sich z.b. um eine spezielle Verpackung oder Versicherung für ein Produkt handeln.

Der gesamte Bereich der Vertriebskosten dürfte für die öffentlich Verwaltung eher theoretischer Natur sein, da – zumindest die Kernverwaltung – ihre Produkte ja nicht vertreibt.

Für den kommunalen Bereich könnte eine differenzierende Zuschlagskalkulation im Bereich des Theaters wie folgt durchgeführt werden:

Beispiel:
In einem städtischen Theater gibt es in der Kostenstelle „Aufführungen" u.a. die Produkte „Ausbessern von Requisiten" (Produkt 1) sowie „Schneidern von Kostümen" (Produkt 2). Für diese beiden Produkte sind folgende Zahlen bekannt.

	Produkt 1	Produkt 2
Materialeinzelkosten	7,00 €	20,00 €
Fertigungseinzelkosten	12,00 €	17,00 €

Ferner liegen für die Kostenstelle folgende Zahlen vor:
Materialeinzelkosten   50.000 €
Materialgemeinkosten   100.000 €
Fertigungseinzelkosten   70.000 €
Fertigungsgemeinkosten   210.000 €

Im gesamten Theater fielen Verwaltungskosten in Höhe von 100.000 € an.
Ermitteln Sie die Selbstkosten für die Produkte 1 und 2.

Lösung:

Zunächst werden die Zuschlagssätze für Material und Fertigung ermittelt:

Materialgemeinkostenzuschlagssatz:

$$= \frac{\text{Materialgemeinkosten (MGK)}}{\text{Materialeinzelkosten (MEK)}} * 100 = \frac{100.000 \,€}{50.000 \,€} * 100 = 200\,\%$$

Fertigungsgemeinkostenzuschlagssatz

$$= \frac{\text{Fertigungsgemeinkosten (FGK)}}{\text{Fertigungseinzelkosten (FEK)}} * 100 = \frac{210.000 \,€}{70.000 \,€} * 100 = 300\,\%$$

Nun müssen die Herstellkosten berechnet werden, um den Zuschlagssatz für die Verwaltung zu berechnen:

Herstellkosten = MEK + MGK + FEK + FGK
         = 50.000 € + 100.000 € + 70.000 € + 210.000 € = 430.000 €

Verwaltungsgemeinkostenzuschlagssatz:

$$= \frac{\text{Verwaltungsgemeinkosten}}{\text{Herstellkosten}} * 100 = \frac{100.000 \,€}{430.000 \,€} * 100 = 23{,}2558\,\%$$

Mit Hilfe der ermittelten Zuschlagssätze können nun die Selbstkosten des Produktes berechnet werden.

Ermittlung der Selbstkosten

	„Ausbessern von Requisiten"	Schneidern von Kostümen"
MEK	7,00 €	20,00 €
+ anteilige MGK (200 % auf MEK)	14,00 €	40,00 €
+ FEK	12,00 €	17,00 €
+ anteilige FGK (300 % auf FEK1)	36,00 €	51,00 €
= Herstellkosten	69,00 €	128,00 €
+ anteilige Verwaltungsgemeinkosten (23,2558 % auf HK)	16,05 €	29,77 €
= Selbstkosten je Produkt	85,05 €	157,77 €

Wenn alle produzierten Güter zum Selbstkostenpreis verkauft werden können, dann wird eine Kostendeckung erreicht. Um – wie in der Privatwirtschaft üblich – einen Gewinn zu erzielen, müssen auf die Selbstkosten noch Gewinnaufschläge kalkuliert werden.

Vergleicht man das Verfahren der summarischen mit der differenzierenden Zuschlagskalkulation scheint das zweite Verfahren zunächst genauer zu sein, da mehrere Zuschlagssätze gebildet werden. Für den Bereich der Materialkosten sowie der Fertigungskosten mag im Einzelfall eine Korrelation von Gemeinkosten zu Einzelkosten gegeben sein, der Normalfall muss es aber nicht sein. Auch bei der differenzierenden Zuschlagskalkulation werden die Gemeinkosten wiederum geschlüsselt, in dem bestimmte Beziehungen als gegeben unterstellt werden. Spätestens im Bereich der Verwaltungsgemeinkosten wird diese Beziehung sehr fragwürdig. Durch die Wahl der Herstellkosten als Zuschlagsbasis für die Verwaltungsgemeinkosten wird unterstellt, dass die Verwaltung umso mehr in Anspruch genommen wird, je höher die Herstellkosten sind. Das ist weder logisch noch plausibel.

3.3.3 Übungsaufgaben

Aufgabe 1:

Die Kommune A hat unter anderem die Kostenstellen „Winterdienst" und „Straßenreinigung" gebildet. Beim Winterdienst waren in der abgelaufenen Periode 258.000 € Kosten angefallen, bei der Straßenreinigung 650.000 €. Aufgrund genauer Aufzeichnungen weiß die Kommune A, dass insgesamt 98,9 km Straße gereinigt wurden sowie für 41,3 km Straße Winterdienst erforderlich waren. Wie hoch sind die Winterdienstkosten und die Straßenreinigungskosten je m Straße?

Lösung:

Unterstellt man, dass beide Kostenstellen ausschließlich mit der Aufgabe Straßenreinigung bzw. Winterdienstleistungen betraut waren, kann hier jeweils eine einfache Divisionskalkulation durchgeführt werden.

Straßenreinigung je Meter = $\dfrac{650.000\ €}{98.900\ m}$ = 6,572 € je m

Winterdienst je Meter = $\dfrac{258.000\ €}{41.300\ m}$ = 6,246 € je m

Aufgabe 2:

Die Kostenstelle „Ausleihungen" der städtischen Bücherei enthält die Produkte Bestandsausleihe, Fernleihe und Archivausleihe. Im November wurden 14.000 Bestandsausleihen getätigt, 2000 Bücher wurden mittels Fernleihe geordert und 1800 Ausleihen erfolgten aus dem Archiv. Die Kosten der Kostenstelle „Ausleihungen" beliefen sich im November laut BAB auf 20.152,00 €.

Man fand heraus, dass die Fernleihe 25 % mehr Kosten verursacht als die Bestandsausleihe. Die Archivausleihe verursacht dagegen nur 90 % der Kosten der Bestandsausleihe.

Wie hoch waren die Kosten jedes Produktes insgesamt und pro Ausleihe im November?

Lösung:

Ausleihe	Anzahl	Äquivalenzziffer	Recheneinheiten	Anteilige Gesamtkosten	Selbstkosten je Ausleihe
Bestandsausleihe	14.000	1	14.000	(14.000/18.120)*20.152 € = 15.569,98 €	1,10 €
Fernleihe	2.000	1,25	2.500	(2.500/18.120)*20.152 € = 2.780,35 €	1,39 €
Archivausleihe	1.800	0,9	1.620	(1.620/18.120)*20.152 € = 1.801,67 €	1,00 €
Summe			18.120	20.152,00 €	

Aufgabe 3:

Im technischen Betrieb der Kommune A werden sämtliche Fahrzeuge der Kommune repariert und instand gehalten. Um die Kostenrechnung möglichst einfach zu gestalten hat der Technische Betrieb die Kostenstellen EDV, Fertigung 1 (hier werden die Fahrzeuge repariert), Fertigung 2 (hier werden ausschließlich Reinigungen der Fahrzeuge vorgenommen), Material und Verwaltung (gesamte organisatorische Verwaltung des Technischen Betriebs) eingerichtet.

In der abgelaufenen Periode sind folgende Kosten im Technischen Betrieb angefallen:

Hilfs- und Betriebsstoffe	10.000 €
Hilfslöhne	30.000 €
Gehälter	100.000 €
Miete	30.000 €
Kalkulatorische Abschreibungen	150.000 €
Sonstige Kosten	16.000 €

Diese Kosten verteilen sich in den nachfolgend angegebenen Verhältnissen auf die Kostenstellen:

	EDV	Fertigung 1	Fertigung 2	Material	Verwaltung
Hilfs- u. Betriebsstoffe	2	5	3	0	0
Hilfslöhne	4	3	3	3	1
Gehälter	1	10	8	5	8
Miete	1	4	4	2	6
Kalkulatorische Abschreibungen	1	20	20	6	2
Sonst. Kosten	2	10	2	5	4

Die Kosten der EDV-Stelle werden nach der Einsatzzeit der in dieser Kostenstelle beschäftigten Arbeitskräfte verrechnet. Die Stellen nahmen die Reparaturabteilung wie folgt in Anspruch:

Fertigung 1	300 Stunden
Fertigung 2	150 Stunden
Material	0 Stunden
Verwaltung	150 Stunden

a) Erstellen Sie den Betriebsabrechnungsbogen. Rechnen Sie mit gerundeten Beträgen.

b) Welche Zuschlagssätze lassen sich für die Kostenstellen Fertigung, Material und Verwaltung errechnen, wenn der Technische Betrieb zum einen Lkws und zum anderen Pkws repariert hat, für die folgende Kostenträgereinzelkosten anfallen sind:

	PKW (x1)	LKW (x2)
Fertigungseinzelkosten 1	135,00 €	150,00 €
Fertigungseinzelkosten 2	130,00 €	140,00 €
Materialeinzelkosten	1.180,00 €	1.140,00 €

Es wurden 100 Pkws und 70 LKws repariert.

c) Welche Selbstkosten kalkuliert der Technische Betrieb für die Reparatur einen Lkws und eines Pkws? Runden Sie die Zuschlagssätze auf zwei Nachkommastellen.

Lösung:

a) **Betriebsabrechnungsbogen:**

	Σ Kostenarten	EDV	Fertigung 1	Fertigung2	Material	Verwaltung
Hilfs.- und Betriebsst.	10.000	2.000	5.000	3.000		
Hilfslöhne	30.000	8.571	6.429	6.429	6.429	2.142
Gehälter	100.000	3.125	31.250	25.000	15.625	25.000
Miete	30.000	1.765	7.059	7.059	3.529	10.588
Kalk. Abschr.	150.000	3.061	61.224	61.224	18.368	6.123
Sonstige Kosten	16.000	1.391	6.957	1.391	3.478	2.783
Σ primäre Gemeink.	336.000	19.913	117.919	104.103	47.429	46.636
Umlage EDV		-19.913	9.957	4.978		4.978
Σ prim. U. sek. Gemeink.	336.000	0	127.876	109.081	47.429	51.614
Zuschlagsbasis			FEK 1	FEK 2	MEK	HK

b) **Kalkulation der Zuschlagssätze**

Fertigungskostenstelle 1:
Fertigungseinzelkosten FEK 1:
= $FEK1_1 * x1 + FEK1_2 * x2$ = 135 € * 100 (Pkw) + 150 € * 70 (Lkw) = 24.000 €

Fertigungsgemeinkostenzuschlagssatz 1
= $\frac{FGK1}{FEK1} = \frac{127.876 € * 100\ \%}{24.000 €}$ = 532,82 % auf FEK1

Kapitel 3 - Prinzipien und Gestaltungsformen der Kosten- und Leistungsrechnung

Fertigungskostenstelle 2:
Fertigungseinzelkosten FEK 2:
= $FEK2_1 * x1 + FEK2_2 * x2$ = 130 €* 100 (Pkw) + 140 € * 70 (Lkw) = 22.800 €

Fertigungsgemeinkostenzuschlagssatz 2
= $\frac{FGK2}{FEK2}$ = $\frac{109.081 €* 100 \%}{22.800 €}$ = 478,43 % auf FEK2

Materialkostenstelle:
Materialeinzelkosten MEK:
= $MEK1 * x1 + MEK2 * x2$ = 1.180 € * 100 (Pkw) + 1.140 € * 70 (Lkw)
= 197.800 €

Materialgemeinkostenzuschlagssatz:
= $\frac{MGK}{MEK}$ = $\frac{47.429 €* 100 \%}{197.800 €}$ = 23,98 % auf MEK

Verwaltungsstelle:
Bezugsgröße für den Zuschlagssatz sind die Herstellkosten HK. Sie berechnen sich als:
= FEK1 + FGK1 + FEK2 + FGK2 + MEK + MGK
= 24.000 € + 127.876 € + 22.800 € + 109.081 € + 197.800 € + 47.429 €
= 528.986 €

Verwaltungsgemeinkostenzuschlagssatz
= $\frac{KVW}{HK}$ = $\frac{51.614 € * 100 \%}{528.986 €}$ = 9,76 % auf HK

c) Ermittlung der Selbstkosten

	Pkw	Lkw
MEK + anteilige MGK (23,98 % auf MEK)	1.180,00 € 283,96 €	1.140,00 € 273,37 €
+ FEK1 + anteilige FGK1 (532,82 % auf FEK1)	135,00 € 719,31 €	150,00 € 799,23 €
+ FEK2 + anteilige FGK2 (478,43 % auf FEK2)	130,00 € 621,96 €	140,00 € 669,80 €
= Herstellkosten + anteilige KVW (9,76 % auf HK)	3.070,23 € 299,65 €	3.172,40 € 309,63 €
= Selbstkosten je Produkt	3.369,88 €	3.482,03 €

3.4 Auswertung der Vollkostenrechnung

Ein wesentliches Ziel der Kostenrechnung besteht in der Überwachung und Steuerung der angefallenen Kosten im Sinne einer Wirtschaftlichkeitssteuerung. Die Art und Höhe der angefallenen Kosten allein ermöglicht noch keine Aussagen darüber. Vielmehr ist es entscheidend, einen Kostenvergleich durchzuführen. Dazu stehen drei unterschiedliche Alternativen zur Verfügung.

1. Zeit-Vergleich

Bei diesem Vergleich werden die in einem Betrieb angefallenen Kosten einer Periode mit den Kosten von Vorperioden verglichen. Ein Vergleich ist auf allen Ebenen der Kostenrechnung möglich (Kostenarten, Kostenstellen, Kostenträger). In der Regel wird die prozentuale Veränderung der Kosten über den Zeitablauf ermittelt. Um genaue Aussagen zu erhalten ist es wichtig, dass die Kosten in den unterschiedlichen Perioden auf die gleiche Art und Weise erhoben worden sind und die Leistungen in etwa gleich geblieben sind.

2. Betriebs-Vergleich

Bei diesem Vergleich werden die Kosten des eigenen Betriebes mit den Kosten anderer Betriebe verglichen. Dabei kann ein innerbetrieblicher Vergleich, also z.b. Vergleich der Kosten einer Verwaltung pro Kostenart insgesamt, bezogen auf einzelne Kostenstellen in den Verwaltungen, oder auch ein externer Vergleich durchgeführt werden (z.B. verschiedene Kommunen). Unwirtschaftliches Verhalten kann hier eher festgestellt werden als beim Zeitvergleich. Der gesamte Vergleich kann sich sowohl auf Kostenarten, Kostenstellen als auch auf Kostenträger beziehen. Auch bei diesem Vergleich ist Voraussetzung, dass die Kostenerhebung und –berechnung bei den Vergleichsobjekten ähnlich sind.

3. Soll-Ist-Vergleich

Bei diesem Vergleich werden die geplanten Kosten den tatsächlich entstandenen Kosten gegenübergestellt. Nachdem der Vergleich durchgeführt wurde, ist die Kostenabweichung zu erklären. Dabei könnten z.b. folgende Fragen gestellt werden:
- Warum hat die Vergleichskommune niedrigere Kosten?
- Warum sind bestimmte Kostenarten innerhalb der letzten drei Jahre um 30 % angestiegen?
- Wodurch ist die Abweichung von den Plankosten entstanden?

Beim Soll-Ist-Vergleich lässt sich die Abweichung rechnerisch ermitteln:
Gesamtabweichung: (Istpreis * Istmenge) – (Planpreis * Planmenge)
Preisabweichung: (Istpreis * Istmenge) – (Planpreis * Istmenge)
Mengenabweichung: (Planpreis * Istmenge) – (Planpreis * Planmenge)

Um allerdings eine sinnvolle Steuerungsmöglichkeit zu haben, ist es wenig ratsam eine Steuerung auf Vollkostenbasis vorzunehmen. Wie wir in der Kostenträgerrechnung gesehen haben, wurden sämtliche Kosten erfasst und auf den Kostenträger überwälzt.

Kennzeichen dieser Vollkostenrechnung ist, dass für jede Produktart und darüber hinaus für jedes Produkt alle Kosten, unabhängig von der tatsächlichen Verursachung durch den Kostenträger, ausgewiesen werden. Die Verrechnung erfolgt damit nicht nach dem Kostenverursachungsprinzip, sondern nach dem Durchschnittsprinzip.

Soll die Kostenrechnung jedoch Grundlage für unternehmerische Entscheidungen sein sowie der Kostenüberwachung dienen, ist die Vollkostenrechnung aus folgenden Gründen ungeeignet:

- Durch die Schlüsselung von Gemeinkosten werden die Kosten nicht so abgebildet wie sie tatsächlich entstanden sind.
- Durch die Gleichbehandlung von fixen und variablen Kosten können falsche Schlussfolgerungen im Hinblick auf Wirtschaftlichkeit gezogen werden.

Da den Kostenträgern nicht nur die verursachungsgerechten variablen Kosten zugerechnet werden, sondern auch die Ausbringungsmengen unabhängigen fixen Kosten, werden für unternehmerische Entscheidungen Kosten als relevant betrachtet, die zumindest kurzfristig nicht entscheidungsrelevant sind. Da die Vollkostenrechnung zudem häufig auf Istkostenbasis erfolgt, werden unternehmerische Entscheidungen zusätzlich erschwert. Plandaten können wegen der Zurechnung der Fixkosten nicht aussagekräftig vorgegeben werden und eine Analyse von Kostenabweichungen auf Planbasis ist ebenfalls nicht möglich.

Aus den genannten Nachteilen heraus wird aus Wirtschaftlichkeitsgründen eine andere Form der Kostenrechnung als geeigneter angesehen, die so genannte Teilkostenrechnung. In der Teilkostenrechnung werden nur bestimmte Teile, üblicherweise nur die variablen Kosten oder die Einzelkosten sowie begrenzte Teile der Gemeinkosten, sofern sie direkt zurechenbar sind, auf die Kostenträger verrechnet. Sie entspricht damit dem Prinzip der Kostenverursachung. Auf diese Art und Weise entfällt die im Ergebnis sehr ungenaue Zurechnung von geschlüsselten Gemeinkosten. Teilkostenrechnung bedeutet gleichwohl, dass alle im Unternehmen angefallenen Kosten auch tatsächlich erfasst werden. Der große Unterschied zur Vollkostenrechnung besteht nur darin, dass nicht alle Kosten über die Kostenstellenrechnung auf die Kostenträger überwälzt werden. Die Teilkostenrechnung soll so zu einer besseren Entscheidungsfindung beitragen.

4. Teilkosten- und Deckungsbeitragsrechnungen

4.1 Ziele der Teilkosten- und Deckungsbeitragsrechnungen

Die Teilkostenrechnung wurde aus den Kritikpunkten an der Vollkostenrechnung heraus entwickelt. Es sollte von einer Schlüsselung der Gemeinkosten bzw. der nicht direkt zurechenbaren Kosten auf die Kostenträger abgesehen und eine Proportionalisierung von Fixkosten vermieden werden. Aus diesem Grunde erfasst die Teilkostenrechnung zwar alle in der Rechnungsperiode angefallenen Kosten, verrechnet sie aber nur teilweise auf die Kostenträger. Es werden nur die durch die Kostenträger verursachten Kosten verrechnet. Das können je nach Ausgestaltung der Teilkostenrechnung zunächst die variablen Kosten oder aber auch die Einzelkosten sein. Im weiteren Verlauf der Deckungsbeitragsrechnung werden auch zurechenbare Teile der Fix- oder Gemeinkosten miteinbezogen.

Ziele von Kostenrechnungssystemen auf Teilkostenbasis sind:

1. Ermöglichung einer verbesserten Erfolgsanalyse und Erfolgsplanung
2. Ermöglichung verbesserter absatzpolitischer Entscheidungen
3. Ermöglichung der Verbesserung der Kostenkontrolle.

Welche fehlerhaften Konsequenzen aus einer Vollkostenrechnung resultieren können, soll folgendes Beispiel verdeutlichen:

Im Theatershop der Stadt A werden 4 verschiedene Bücher produziert und verkauft. Aus dem internen Rechnungswesen sind folgende Daten bekannt:

	Buch 1	Buch 2	Buch 3	Buch 4
Hergestellte = Verkaufte Menge	4.000	2.000	3.500	6.000
Verkaufspreis je Stück	10,50 €	16,00 €	9,80 €	13,00 €
Variable Kosten je Stück	3,40 €	15,00 €	4,50 €	10,00 €

An Fixkosten sind 60.000 € angefallen. Beurteilen Sie die Produktpolitik des Theaters, indem Sie zur Lösung die Vollkostenrechnung zugrunde legen.

Lösung:

Zunächst müssen für jede Buchart die Erlöse berechnet werden. Sie ergeben sich aus der Multiplikation der verkauften Menge mit dem Verkaufspreis je Buch. Danach werden die variablen Kosten ausgerechnet (Menge * variable Kosten je Stück) und von den Erlösen abgezogen. Für die vier Buchsorten ergeben sich folgende Werte:

	Buch 1	Buch 2	Buch 3	Buch 4	Summe
Umsatzerlöse	42.000 €	32.000 €	34.300 €	78.000 €	186.300 €
- Variable Kosten	13.600 €	30.000 €	15.750 €	60.000 €	119.350 €
= Deckungsbeitrag je Buchart	28.400 €	2.000 €	18.550 €	18.000 €	66.950 €

Jede Buchart erwirtschaftet über seine Erlöse einen Gewinn. Nun müssen allerdings noch die Fixkosten in Höhe von 60.000 € berücksichtigt werden. Da keine näheren Angaben vorliegen, wie die Fixkosten entstanden sind, sollen verschiedene Kalkulationsmethoden praktiziert werden.

1. Methode: Verteilung der Fixkosten zu gleichen Teilen auf alle vier Bucharten

In diesem Fall würde jede Buchart mit 15.000 € Fixkosten belastet werden. Das Ergebnis wäre dann, dass Buch 2 nunmehr einen Verlust erzielt.

2. Methode: Verteilung der Fixkosten gemäß der verkauften Menge je Buchart

Insgesamt werden 15.500 Bücher verkauft. Die Fixkosten in Höhe von 60.000 € werden auf sie geschlüsselt. Damit erhält jedes verkaufte Buch einen Fixkostenanteil in Höhe von

$$\frac{60.000 €}{15.500 \text{ Bücher}} = 3{,}87097 € \text{ je Buch.}$$

Für die einzelnen Bucharten ergeben sich folgende Fixkostenanteile (gerundete Werte):

	Buch 1	Buch 2	Buch 3	Buch 4
Deckungsbeitrag je Buchart	28.400 €	2.000 €	18.550 €	18.000 €
- Anteilige Fixkosten	15.484 €	7.742 €	13.548 €	23.226 €
= Ergebnis	12.916 €	-5.742 €	5.002 €	-5.226 €

Bei dieser Methode würde jede Buchart mit einem unterschiedlich hohen Anteil an Fixkosten belastet, was dazu führt, dass nunmehr zwei Produkte einen Verlust erwirtschaften.

3. Methode: Verteilung der Fixkosten gemäß der variablen Kosten

Nun sollen die Fixkosten ins Verhältnis zu den gesamten variablen Kosten gesetzt werden. Es ergibt sich:

$$\frac{60.000 \,€}{119.350 \,€} = 0,502723$$

Für jeden angefallenen € an variablen Kosten kommen folglich noch einmal 0,502723 € an Fixkosten hinzu.

Für die einzelnen Bucharten ergeben sich folgende Fixkostenanteile (gerundete Werte):

	Buch 1	Buch 2	Buch 3	Buch 4
Deckungsbeitrag je Buchart	28.400 €	2.000 €	18.550 €	18.000 €
- Anteilige Fixkosten	6.837 €	15.082 €	7.918 €	30.163 €
= Ergebnis	21.563 €	-13.082 €	10.632 €	-12.163 €

Bei dieser Methode würde jede Buchart ebenfalls mit einem unterschiedlich hohen Anteil an Fixkosten belastet, was dazu führt, dass wiederum zwei Produkte einen Verlust erwirtschaften.

Betrachtet man das Ergebnis aller drei Methoden, so fällt auf, dass durch die Schlüsselung der Fixkosten mindestens ein Produkt einen Verlust erzielt. Aus wirtschaftlichen Gesichtspunkten wäre die Konsequenz, das defizitäre Produkt vom Markt zu nehmen. Allerdings verkennt diese Konsequenz, dass ohne die Fixkostenschlüsselung alle Produkte ein positives Ergebnis erzielen. Stellen wir die Ergebnisse der Ausgangssituation sowie die der drei Methoden gegenüber und berechnen das Betriebsergebnis:

Abbildung 13: Methodenüberblick zur Verteilung der Fixkosten

Ausgangssituation	Die Summe aller Deckungsbeiträge der Produkte beträgt 66.950 €	Zieht man von der Summe der Deckungsbeiträge die Fixkosten ab, verbleibt ein **positives Betriebsergebnis in Höhe von 6.950 €**
1. Methode	Buchart 2 wird nicht mehr produziert. Dann fallen die variablen Kosten von Buchart 2, aber auch der Deckungsbeitrag in Höhe von 2.000 € weg. Die gesamten Deckungsbeiträge sinken auf 64.950 €	Zieht man von der Summe der Deckungsbeiträge die Fixkosten ab, verbleibt ein **positives Betriebsergebnis in Höhe von 4.950 €**

2. und 3. Methode	Nun werden Buchart 2 und 4 nicht mehr produziert. Es fallen wiederum die variablen Kosten und die Erlöse weg. Damit sinken die Deckungsbeiträge auf 46.950 €	Zieht man von der Summe der Deckungsbeiträge die Fixkosten ab, verbleibt ein **negatives Betriebsergebnis. Der Verlust beläuft sich auf 13.050 €**

Durch die Schlüsselung von Gemeinkosten können falsche Entscheidungen getroffen werden, die zu einer Verschlechterung des Betriebsergebnisses führen.

Führt man für das obige Beispiel eine einfache Teilkostenrechnung durch (wie in der Ausgangssituation) kommt man zu dem Ergebnis, alle Bucharten weiter zu produzieren und erhält das höchste Betriebsergebnis.

Im Folgenden sollen die gebräuchlichsten Systeme der Teilkostenrechnung vorgestellt werden.

4.2 Arten der Teilkosten- und Deckungsbeitragsrechnungen[1]

Wie bereits erwähnt, wurden die Kostenrechnungssysteme auf Teilkostenbasis entwickelt, um die Fehler der Vollkostenrechnung zu vermeiden. Als gebräuchlichste Systeme sind aus heutiger Sicht die einstufige Deckungsbeitragsrechnung (Direct costing), die mehrstufige Deckungsbeitragsrechnung (Fixkostendeckungsrechnung), die Deckungsbeitragsrechnung mit relativen Einzelkosten zu nennen sowie die Grenzplankostenrechnung[2] zu nennen.

---

[1] Vgl. zur Teilkostenrechnung die Literatur: Däumler, Klaus-Dieter und Grabe, Jürgen: Kostenrechnung 2: Deckungsbeitragsrechnung, 9. Aufl., Herne 2009; Olfert, Klaus: Kostenrechnung, 16. Aufl., Herne 2010.

[2] Auf die Darstellung der Grenzplankostenrechnung wird an dieser Stelle verzichtet, da es sich hierbei um den Bereich der Plankostenrechnung handelt.

Abbildung 14: Kostenrechnungssysteme auf Teilkostenbasis

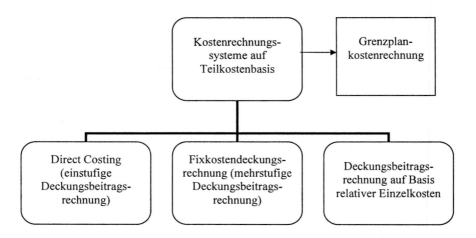

Bei den ersten beiden Verfahren bilden variable und fixe Kosten die Berechnungsbasis, beim dritten Verfahren die relativen Einzelkosten.

Ausgangspunkt aller Kostenrechnungssysteme auf Teilkostenbasis sind am Absatzmarkt erzielbare Umsatzerlöse. Von diesen Umsatzerlösen werden dann Teile der Gesamtkosten abgezogen, so dass ein so genannter Deckungsbeitrag entsteht.

Deckungsbeitrag = Erlöse - Teilkosten

Die realisierten Deckungsbeiträge aller Kostenträger werden dann dazu verwendet, die verbliebenen, d.h. die nicht zurechenbaren Kosten, zu decken. Um einen positiven Betriebserfolg zu erzielen muss die Summe der Deckungsbeiträge größer sein als die verbliebenen Kosten.

4.2.1 Einstufige Deckungsbeitragsrechnung - Direct Costing

Bei der einstufigen Deckungsbeitragsrechnung (Direct Costing[1]) werden nur die variablen Kosten auf den Kostenträger verrechnet. Es wird dabei unterstellt, dass sich die variablen Kosten proportional zur Ausbringungsmenge verhalten. Man spricht daher auch von Proportionalkostenrechnungen. Es ist dabei erforderlich, die Kosten in beschäftigungsvariable und beschäftigungsfixe Kosten aufzuteilen, damit eine Proportionalisierung der Fixkosten – wie in der Vollkostenrechnung- unterbleibt.

---

[1] Der Begriff des Direct Costing ist darauf zurückzuführen, dass nur **direkt zurechenbare Kosten** im Sinne von variablen Kosten beim Kostenträger erfasst werden.

Die Berechnung lautet:

> **Deckungsbeitrag (DB) = Erlöse – variable Kosten**

Die fixen Kosten stellen Kosten der Betriebsbereitschaft dar und gelten als kurzfristig nicht abbaubar. Der Fixkostenblock ist der Kostenbestandteil, der noch gedeckt werden muss. Er wird als gesamter Block von den Deckungsbeiträgen abgezogen und nicht willkürlich auf die Kostenträger geschlüsselt.
Ist der Deckungsbeitrag größer als Null, wird dieser positive Betrag zur Deckung der Fixkosten herangezogen. Verbleibt nach Abzug der Fixkosten immer noch ein positiver Betrag, wurde ein Gewinn erzielt.

Berechnung des Stückdeckungsbeitrages: $db = p - k_v$

	Verkaufserlös	(= Stückpreis)	p
-	Variable Kosten	(= Stückkosten)	k_v
=	Deckungsbeitrag je Stück		db

Multipliziert man den Stückdeckungsbeitrag mit der gesamten verkauften Produktmenge (x), ergibt sich der

Gesamtdeckungsbeitrag (DB) = $(p - k_v) * x$

Die Rechengröße (Preis – variable Stückkosten) wird dabei als Deckungsspanne bezeichnet.

Die Berechnung des Betriebsergebnisses erfolgt mittels der Rechnung:

	Verkaufserlös	(Preis * Menge)
	- variable Kosten	(Menge * variable Stückkosten)
	= Deckungsbeitrag	(Menge * (Preis – variable Stückkosten))
	- fixe Kosten	(Unternehmensfixkosten)
	= Betriebsgewinn oder Betriebsverlust	

Diese Rechnung kann sowohl als absolute Stückdeckungsbeitragsrechnung durchgeführt werden, wenn nur ein einziger Kostenträger betrachtet wird oder als Summe für sämtliche Kostenträger eines Unternehmens / einer Organisation.

Beispiel:
Das städtische Theater hat eine Auflistung der durchgeführten Aufführungen der vergangenen vier Jahre vorgenommen.

Jahr	Verkaufte Eintrittskarten	Gesamtkosten
2010	80.000	1.824.000 €
2011	75.000	1.735.000 €
2012	83.000	1.877.400 €
2013	66.000	1.574.800 €

Anhand dieser Daten soll ermittelt werden, wie hoch die variablen und die fixen Kosten sind.

Lösung:

Um eine Aufspaltung in variable und fixe Kosten vornehmen zu können, müssen mindestens aus zwei Jahren Kosteninformationen vorliegen. Dazu bedient man sich des Differenzen-Quotienten-Verfahrens (Hoch-Tief-Punkt-Methode[1]). Es wird unterstellt, dass die variablen Kosten im Zeitablauf einen (nahezu) linearen Verlauf aufweisen. Sofern keine Intervallfixkosten vorliegen, können in Abhängigkeit der Produktion nur die variablen Kosten variieren.

Betrachtet man beispielsweise die Jahre 2010 und 2011 so ergibt sich:

$$\text{Variable Kosten } (k_v) = \frac{1.824.000 \,€ - 1.735.000 \,€}{80.000 \text{ Karten} - 75.000 \text{ Karten}} = 17{,}80 \,€ \text{ je Karte}$$

Im Jahr 2010
Fixe Kosten (K_f) = 1.824.000 € - 80.000 Karten * 17,80 € je Karte = 400.000 €

Im Jahr 2011
Fixe Kosten (K_f) = 1.735.000 € - 75.000 Karten * 17,80 € je Karte = 400.000 €

Die einstufige Deckungsbeitragsrechnung kann bei vielen betriebswirtschaftlichen Fragestellungen angewendet werden. Im Folgenden sollen vier Möglichkeiten genauer betrachtet werden.[2]

---

[1] Vgl.: Düngen, Hans-Gerd und Zeiler, Wolfgang: Rechnungswesen in der öffentlichen Verwaltung, 3. Aufl. 2011, Braunschweig, S. 227 f..
[2] In der Privatwirtschaft gibt es noch einige weitere Einsatzmöglichkeiten, die aufgrund des kaum vorhandenen Anwendungsbezugs in der öffentlichen Verwaltung hier nicht näher betrachtet werden sollen.

4.2.1.1 Einstufige Deckungsbeitragsrechnung zwecks Break-Even-Analyse

Durch die Aufspaltung der Kosten in ihre variablen und fixen Anteile ist es möglich, eine Break-Even-Analyse (Gewinnschwellenanalyse) durchzuführen. Das Ergebnis der Analyse ist die Ermittlung des Break-Even-Point (Gewinnschwelle), d.h. diejenige Produktionsmenge, die hergestellt und verkauft werden muss, damit das Unternehmen von der Verlustzone in die Gewinnzone wechselt. Bei der **Break-Even-Analyse** wird somit die erstellte und abgesetzte Produktmenge ermittelt, bei der die Erlöse den Kosten entsprechen. Um zu aussagefähigen Werten zu gelangen, müssen

- die Preise konstant bleiben
- keine Lagerhaltung vorliegen
- die fixen Kosten gleich bleiben
- der Gesamtkostenverlauf linear sein.[1]

Obwohl diese Voraussetzung selten alle vorliegen, kann über die Break-Even-Analyse immerhin eine (grobe) Abschätzung erfolgen.

Produziert das Unternehmen nur ein Produkt, ist die Berechnung einfach vorzunehmen. Wie oben dargelegt, berechnet sich der Deckungsbeitrag eines Produktes als Erlös – variable Kosten. Der gesamte Deckungsbeitrag steht dann zur Deckung aller verbleibenden fixen Kosten zur Verfügung.

Es gilt die Beziehung: Break-Even-Menge = $\dfrac{\text{Fixkosten}}{\text{Deckungsbeitrag}}$

Beispiel:
Ein städtisches Krankenhaus hat im Jahr 2012 5.000 Blinddarmoperationen durchgeführt, im Folgejahr jedoch nur noch 4.500. In beiden Jahren betrugen die variablen Operationskosten 500 €. Die gesamten Fixkosten betrugen jeweils 2.000.000 €. Gegenüber den Krankenkassen wurde eine Operation mit 1.000 € abgerechnet.

Wie hoch ist das Betriebsergebnis des Krankenhauses? Wann wird der Break-Even-Point erreicht?

Lösung:

Das Betriebsergebnis berechnet sich, indem man den Deckungsbeitrag des Produktes mit der Produktmenge multipliziert und davon die Fixkosten abzieht.

---

[1] Vgl. Olfert, a.a.O., S. 262.

	2011	2012
Erlöse	5.000.000 €	4.500.000 €
- variable Kosten	2.500.000 €	2.250.000 €
= DB	2.500.000 €	2.250.000 €
- Fixkosten	2.000.000 €	2.000.000 €
= Betriebsergebnis	500.000 €	250.000 €

Break-Even-Point: $\dfrac{\text{Fixkosten}}{\text{Deckungsbeitrag}}$

$$= \dfrac{2.000.000 \text{ €}}{500 \text{ €}} = 4.000 \text{ Stück}$$

Es müssen 4.000 Operationen durchgeführt werden, damit das Krankenhaus in die Gewinnzone tritt, d.h. ab der 4.001 Operation wird ein Gewinn erzielt. Das Ergebnis lässt sich auch grafisch darstellen.

Abbildung 15: Grafische Darstellung der Break-Even-Menge

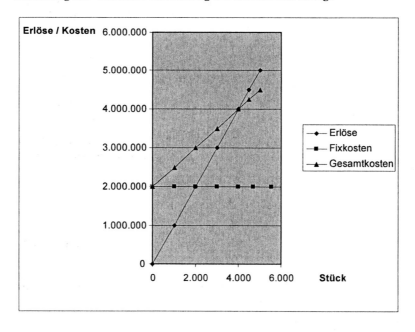

4.2.1.2 Einstufige Deckungsbeitragsrechnung zwecks Berechnung von kurzfristigen Preisuntergrenzen

Um zu berechnen, welche Preisuntergrenze ein Unternehmen für seine Produkte auf dem Absatzmarkt kurzfristig ansetzen muss, kann die Vollkostenrechnung nicht herangezogen werden, da keine Aufteilung in variable und fixe Kosten vorhanden ist. Da grundsätzlich von der Annahme ausgegangen werden kann, dass Fixkosten kurzfristig nicht abgebaut werden können, müssen zumindest die Erlöse eines Produktes seine variablen Kosten decken. Es muss folglich ein Deckungsbeitrag 1 von ≥ 0 erzielt werden. Der festzulegende Verkaufspreis ist folglich identisch mit den variablen Stückkosten. Kann ein Preis oberhalb der variablen Stückkosten realisiert werden, wird zudem ein Teil der vorhandenen Fixkosten gedeckt.

Mittel- bis langfristig reicht es natürlich nicht aus, einen so geringen Verkaufspreis anzusetzen, da ja auch noch die Fixkosten gedeckt werden müssen.

Beispiel:

Im Eigentum der Stadt D befindet sich auch ein großer Zoo. Die Gastronomie innerhalb des Zoos ist an einen Pächter vermietet worden. Da im Umfeld keine Konkurrenz vorhanden ist, hat der Pächter aufgrund seiner Monopolsituation die Preise für seine Gastronomie frei gestalten können. Er hat alle warmen Gerichte zu einem Durchschnittspreis von 7,30 € angeboten und verkauft. Die angefallenen Kosten hat er ebenfalls nur großzügig geschätzt. Sie betragen

Variable Kosten je Gericht	1,75 €
Fixe Kosten	60.000 € / Jahr
Hergestellte und verkaufte Gerichte	28.000 Gerichte / Jahr

Nun hat in unmittelbarer Nähe zum Zoo ein Restaurant eröffnet, das schon für 5,20 € die ersten Gerichte anbietet. Da der Gastronom die Konkurrenz fürchtet, möchte er die Preise für seine Gerichte neu kalkulieren. Wo liegen die kurz- und die langfristige Preisuntergrenze für seine Gerichte?

Lösung:

Die **kurzfristige Preisuntergrenze** ist identisch mit den variablen Kosten und beträgt **1,75 €**.

Die langfristige Preisuntergrenze muss auch noch die Fixkosten decken. Zunächst einmal muss der DB je Gericht berechnet werden.

Erlöse – variable Kosten = 7,30 € - 1,75 € = 5,55 € je Gericht.

Daraus ergibt sich ein Gesamtdeckungsbeitrag pro Jahr in Höhe von 155.400 €. Subtrahiert man davon die Fixkosten, verbleibt ein positives Betriebsergebnis in Höhe von 95.400 €. Um keinen Verlust zu erzielen, muss der Deckungsbeitrag so hoch sein, dass er genau die Fixkosten decken kann.

Langfristige Preisuntergrenze = kv + kf

$$= 1{,}75\ € + \frac{60.000\ €}{28.000\ Gerichte} = 3{,}90\ €\ /Gericht[1]$$

Da der Deckungsbeitrag mindestens 60.000 € betragen muss, um die Fixkosten zu decken, sollte der Verkaufspreis 3,90 € betragen.

Erlöse	28.000 Gerichte * 3,90 € / G	= 109.200 €
- variable Kosten	28.000 Gerichte * 1,75 € / G	= 49.000 €
= Deckungsbeitrag		= 60.200 €
- Fixkosten		-60.000 €
= Betriebsergebnis		200 €

Unter der Voraussetzung, dass alle produzierten Gerichte auch verkauft werden, reichen 3,90 € je Gericht aus, um sämtliche Kosten zu decken. Mit diesem Preis kann aber kein Gewinn erzielt werden.

Variante des Beispiels:

Der Pächter will den Preis für seine Gerichte auf 6,40 € senken. Zu seinen Fixkosten in Höhe von 60.000 € pro Jahr möchte er aber einen „Risikozuschlag" für nicht verkaufte Gerichte einplanen sowie einen Gewinn. Beides veranschlagt er mit gesamt 50.000 € pro Jahr. Wie viel Gerichte muss er dann verkaufen, um seine Wunschvorstellung realisieren zu können?

Lösung:

Gefragt ist hier nach der Break-Even-Menge. Durch seine „Zuschläge" steigen die Fixkosten auf 110.000 €. Sie müssen durch den Deckungsbeitrag gedeckt werden.

DB = 6,40 € - 1,75 € = 4,65 €

Break-Even-Point: $\dfrac{Fixkosten}{Deckungsbeitrag}$

$$= \frac{110.000\ €}{4{,}65\ €} = 23.656\ Gerichte$$

---

[1] Der Wert muss aufgerundet werden, da bei 3,89 € / Gericht die Fixkosten nicht komplett gedeckt werden können.

4.2.1.3 Einstufige Deckungsbeitragsrechnung zwecks Make-or-buy-Entscheidung sowie zwecks Entscheidung über die Annahme von Zusatzaufträgen bei freien Kapazitäten

Häufig stellt sich die Frage, ob es kostengünstiger ist, bestimmte Produkte oder Dienstleistungen von Externen zu beziehen oder selbst zu erstellen (so genannte Make-or-buy-Entscheidungen). Soweit die Voraussetzungen für die Selbsterstellung vorhanden sind müssen dann die variablen Kosten der Eigenerstellung mit den Preisen für den Fremdbezug verglichen werden. Da die Fixkosten ja kurzfristig nicht abbaubar sind, würden sie auch zunächst weiterhin anfallen. Lediglich die variablen Kosten entfallen, wenn fremdbezogen werden soll. Unter dieser Voraussetzung lohnt sich der Fremdbezug nur, wenn der zu zahlende Preis des Fremdbezugs unter den variablen Kosten der Eigenerstellung liegt.

Zu bedenken sind hier allerdings folgende Aspekte:

1. Es wird nur eine Kostenbetrachtung durchgeführt. Qualitätsaspekte werden nicht betrachtet. Möglicherweise ist der Fremdbezug nicht zu den gewohnten und gewünschten Qualitäten möglich.
2. Da die Fixkosten zunächst nicht abgebaut werden können, entstehen durch die Aufgabe der Eigenerstellung freie Kapazitäten. Das bedeutet im Extremfall, dass Maschinen völlig ungenutzt bleiben.
3. In der Regel ist auch ein höherer Personalkostenanteil in den verbleibenden Fixkosten enthalten. Es ist zu prüfen, in wie weit das Personal nun andere Tätigkeiten wahrnehmen kann. Ist kein anderweitiger Einsatz möglich, müssen letztlich andere Produkte diese Personalkosten „mittragen".

Teilweise sind in einem Unternehmen oder auch in der öffentlichen Verwaltung freie Kapazitäten vorhanden, weil Maschinen nicht ausgelastet sind und / oder auch die Mitarbeiter zeitlich nicht ausgelastet sind. Denkbar wäre z.B., dass die Mitarbeiter des städtischen Friedhofs zeitweise nur zu 80 % ihrer Arbeitszeit ausgelastet sind. Hier stellt sich dann die Frage, ob private Zusatzaufträge angenommen werden sollen.[1] Bei den Überlegungen gilt das Gleiche wie bei den Make-or-buy-Entscheidungen. Da die Fixkosten sowieso anfallen, sollten bei freien Kapazitäten dann Zusatzaufträge angenommen werden, wenn der Kunde als Erlös mindestens die Höhe der variablen Kosten zahlt. Kann man sogar einen Preis oberhalb der variablen Kosten realisieren, dann erzielt man einen positiven Deckungsbeitrag, der zur Deckung der Fixkosten beiträgt.

Eine Annahme von Zusatzaufträgen lohnt sich hingegen nicht, wenn bei vollen Kapazitäten noch weitere Investitionen getätigt werden müssten, die dann auch zusätzliche Fixkosten hervorrufen.

---

[1] Die Überlegungen hierzu erfolgen nur aus kostenrechnerischer und nicht aus rechtlicher Sicht.

Kritik an der einstufigen Deckungsbeitragsrechnung:

Positiv ist an der einstufigen DB-Rechnung zu nennen, dass sie zunächst einmal von einer willkürlichen Schlüsselung der Fixkosten absieht und somit die „Fehler" der Vollkostenrechnung reduziert. Zudem ist sie leicht anwendbar und auch als Entscheidungshilfe für kurzfristige Entscheidungen gut einsetzbar.

Dem stehen allerdings auch Nachteile gegenüber:

1. Da die Kostenrechnung auch als Grundlage für die Bewertung von z.B. selbsterstellten Gütern dient, muss eine zusätzliche Rechnung erfolgen, da Bewertungsgrundlage auch immer Teile der Gemeinkosten sind. Die werden in der einstufigen DB-Rechnung aber nicht den Produkten zugerechnet.
2. Eine Nicht-Zurechnung von Fixkosten auf Kostenträger ist dann falsch, wenn sie tatsächlich dem Bezugsobjekt zugerechnet werden können wie beispielsweise die Abschreibungen einer Maschine, die ausschließlich für die Produktion eines Produktes angeschafft wurde.
3. Es wird ebenfalls nicht berücksichtigt, dass bestimmte Kosten bei einer Reduzierung der Produktion nicht in gleichem Maße sinken wie sie bei steigender Produktionsmenge zunehmen. Im Bereich der Löhne kann z.B. eine überproportionale Erhöhung durch Sonderschichten anfallen.

In der mehrstufigen Deckungsbeitragsrechnung versucht man, die genannten Kritikpunkte auszuräumen.

4.2.2 Mehrstufige Deckungsbeitragsrechnung

Während das direct costing hauptsächlich für kurzfristige Planungen angewendet wird, werden mehrstufige Deckungsbeitragsrechnungen zur langfristigen Planung herangezogen. Kurzfristig bedeutet in diesem Zusammenhang, dass die in Bezug auf die Ausbringung festen (fixen) Kosten nicht beeinflussbar sind. Je länger die Planungsperiode ist, desto leichter wird es auch, fixe Kosten abzubauen. Fixkosten liegen immer nur in Bezug auf die Produktionsmenge und kurzfristig bei gegebenem Produktionsapparat vor.

Viele Kostenarten, die zunächst als fixe Kosten eingestuft werden, wie z.B. Versicherung, Miete, Abschreibungen und kalkulatorische Mieten sind i.d.R. nur kurz- bis mittelfristig fix. Dieser gesamte Fixkostenblock muss nun hinsichtlich seiner Abbaufähigkeit hin untersucht werden. Diese Aufgabe übernimmt die stufenweise Fixkostendeckungsrechnung. Sie untersucht, welche Fixkosten sich langfristig abbauen lassen oder welche Teile der Fixkosten entfallen, wenn Teile der Produktion eingestellt werden.
Die Einteilung der Fixkosten in mehrere Blöcke wird in der Literatur unterschiedlich vorgenommen. Am gängigsten ist die Einteilung in[1]:

---

[1] In starker Anlehnung an: Däumler / Grabe: Kostenrechnung 2, 9.Aufl. 2009, S. 119. Häufig wird statt des Begriffes „Erzeugnis" auch „Produkt" gewählt.

Kapitel 4 - Teilkosten- und Deckungsbeitragsrechnungen

Fixkosten	Definition	Beispiel
Erzeugnisartenfixkosten	Sie fallen weg, sobald eine Erzeugnisart wegfällt.	Kalk. Abschreibung für eine Spezialmaschine
Erzeugnisgruppenfixkosten	Sie fallen weg, sobald die Produktion der Erzeugnisgruppe eingestellt wird.	Gehalt des für die Erzeugnisgruppe zuständigen Leiters
Bereichsfixkosten	Sie fallen weg, wenn ein betrieblicher Teilbereich geschlossen wird.	Fixkosten der Produktionsstätte des Unternehmensbereiches
Unternehmensfixkosten	Sie entfallen erst bei der Unternehmensaufgabe.	Fixkosten im Bereich der Unternehmensleitung

Bei der mehrstufigen Deckungsbeitragsrechnung werden zunächst – wie beim direct costing – die variablen Kosten der Kostenträger von deren Erlösen abgezogen. Danach werden die Fixkosten in die weitere Berechnung miteinbezogen. Es wird überprüft, ob einem oder mehreren Kostenträgern anteilige Fixkosten direkt zugerechnet werden können. Das ist z.b. dann der Fall wenn für ein Produkt eine spezielle Maschine gekauft werden musste. Die dazugehörigen Abschreibungen stellen dann produktfixe bzw. erzeugnisfixe Kosten dar.

Berechnung:

	Erlöse
-	variable Kosten
=	Deckungsbeitrag 1
-	produktfixe Kosten
=	Deckungsbeitrag 2
-	Unternehmensfixkosten
=	Betriebsergebnis

Da bei der mehrstufigen DB-Rechnung mehrere Deckungsbeiträge ausgerechnet werden, müssen sie durchnummeriert werden.

Möglicherweise können bestimmte Produkte auch zu Produktgruppen zusammengeschlossen werden Dann muss geprüft werden, ob ggf. produktgruppenfixe bzw. erzeugnisgruppenfixe Kosten angefallen sind. Sie würden vom DB 2 abgezogen und als Ergebnis erscheint DB 3.

Kapitel 4 - Teilkosten- und Deckungsbeitragsrechnungen

Ist keine weitere Zurechnung von Teilen der Fixkosten mehr möglich, werden die verbleibenden Teile als so genannte Betriebs- oder Unternehmensfixkosten vom letzten ausgerechneten Deckungsbeitrag abgezogen. Das Endergebnis heißt dann nicht mehr Deckungsbeitrag, sondern Betriebsergebnis.

Wegen des Abzugs von Fixkosten auf verschiedenen Stufen der Deckungsbeitragsrechnung wird die mehrstufige Deckungsbeitragsrechnung auch als stufenweise Fixkostendeckungsrechnung bezeichnet.

Die eigentliche Berechnung der Deckungsbeitragsrechnung ist einfach, wenn zu Beginn der Rechnung die Erzeugnisse richtig zu Gruppen und Bereichen zusammengefasst wurden.

Schematisch kann die mehrstufige Deckungsbeitragsrechnung folgendermaßen dargestellt werden:

Abbildung 16: **Schematische Darstellung einer mehrstufigen Deckungsbeitragsrechnung**

Bereich	I						II	
Produktgruppe	A		B		C		D	
Produkt	1	2	3	4	5	6	7	8
	Erlöse	Erlöse	Erlöse	Erlöse	Erlöse	Erlöse	Erlöse	Erlöse
	Variable Kosten	Variable Kosten	Variable Kosten	Variable Kosten	Variable Kosten	Variable Kosten	Variable Kosten	Variable Kosten
	Produktfixkosten	Produktfixkosten		Produktfixkosten		Produktfixkosten	Produktfixkosten	Produktfixkosten
	Produktgruppenfixkosten		Produktgruppenfixkosten		Produktgruppenfixkosten		Produktgruppenfixkosten	
	Bereichsfixkosten				Bereichsfixkosten			
	Unternehmensfixkosten							

Beispiel:

Die Volkshochschule der Stadt B möchte aus Imagegründen ihr Kursangebot erweitern. Aus diesem Grunde wurden im abgelaufenen Jahr folgende vier Produkte neu ins Angebot aufgenommen:

A: Goldschmieden für Anfänger
B: Fotografieren für Fortgeschrittene
C: Handwerkliches Gestalten mit Holz
D: Erstellung von professionellen Bewerbungsmappen

Die Dozenten werden jeweils nur für einen Durchgang des jeweiligen Kurses verpflichtet und auch nur bei ausreichender Teilnehmerzahl. Bei Bedarf erhalten sie einen Vertrag für einen Nachfolgekurs. Für die Kurse A und C wurden eine Drehbank und eine Bohrmaschine angeschafft, die insgesamt Abschreibungen in Höhe von 600 € je Jahr hervorrufen. Für den Kurs B musste ein spezielles Bildbearbeitungsprogramm in Höhe von 400 € erworben werden. Für die Erstellung der Bewerbungsmappen wurde zusätzlich zum Dozenten noch eine Personaltrainerin eingeladen, die ein Honorar in Höhe von 150 € erhielt. Das Honorar hätte sie auch erhalten, wenn der Kurs nicht stattgefunden hätte.

Alle vier Kurse fanden in einem von der VHS angemieteten Gebäude statt. Die Jahresmiete betrug 12.000 €. An Bewirtschaftungskosten fielen für denselben Zeitraum 1.500 € an.

Nach Ablauf des ersten Jahres konnten folgende weitere Kosten und Erlöse der vier Kurse ermittelt werden. Die Materialkosten wurden den Teilnehmern nicht in Rechnung gestellt.

	Kurs A	Kurs B	Kurs C	Kurs D
Kursteilnehmer	15	12	10	30
Teilnahmegebühr je Teilnehmer	95 €	80 €	90 €	60 €
Materialkosten je Teilnehmer	5,10 €	1,10 €	4,15 €	3,88 €
Dozentenhonorar je Kurs	780 €	480 €	700 €	400 €

1. Führen Sie eine mehrstufige Deckungsbeitragsrechnung durch.
2. Interpretieren Sie die verschiedenen Ergebnisse der jeweiligen Deckungsbeiträge
3. Welche Planungen sollte die VHS für das nächste Jahr bezüglich der Produkte anstellen?

Lösung:

Produktgruppe	**I**		**II**	
Produkt	Goldschmieden	Holzarbeiten	Fotografieren	Bewerbung
Erlöse	1.425 €	900 €	960 €	1.800 €
- variable Kosten				
Dozentenhonorar	780 €	700 €	480 €	400 €
Materialkosten	76,50 €	41,50 €	13,20 €	116,40 €
= Deckungsbeitrag 1	568,50 €	158,50 €	466,80 €	1.283,60 €
- Produktfixkosten	0	0	400 €	150 €
= Deckungsbeitrag 2	568,50	158,50 €	66,80 €	1.133,60 €
- Produktgruppenfixkosten	600 €		0	
= Deckungsbeitrag 3	127 €		1.200,40€	
- Unternehmensfixkosten	13.500 €			
= Betriebsergebnis	-12.172,60 €			

Jeder Kurs für sich betrachtet erwirtschaftet „Kursgewinne", da die variablen Kosten durch die jeweiligen Erlöse mehr als kompensiert werden. Der Deckungsbeitrag I ist positiv und damit eine erste wichtige Voraussetzung für das Anbieten von Produkten erfüllt. Der Deckungsbeitrag 2 ist für den Kurs „Fotografieren" eher niedrig, allerdings muss man beachten, dass es sich bei den Softwarekosten um eine einmalige Anschaffung handelt, die im Folgejahr nicht mehr zu beachten ist. Damit ist auch der Deckungsbeitrag gut.

Die Produktgruppenfixkosten für die Produktgruppe I werden so lange anfallen, bis die Gegenstände abgeschrieben sind, aber der Deckungsbeitrag 3 für diese Gruppe ist trotzdem noch positiv. Erst durch die hohen Unternehmensfixkosten wird ein negatives Betriebsergebnis erzielt.

Vorausgesetzt es liegen genügend Anmeldungen vor, sollte die VHS die Kurse im nächsten Jahr wieder anbieten, weil alle einen positiven Deckungsbeitrag 1 und 2 erwirtschaften. Insbesondere die Kurse Bewerbungstraining und Goldschmieden sollten angeboten werden, damit die Unternehmensfixkosten durch die positiven Deckungsbeiträge besser gedeckt werden können. Es ist aber zu beachten, dass eine bestimmte Teilnehmerzahl erreicht wird, damit der Deckungsbeitrag 2 mindestens 0 beträgt.

Im Bereich der Unternehmensfixkosten muss dringend etwas unternommen werden, um die hohen Kosten zu senken. So könnte beispielsweise versucht werden, die Mietkosten zu senken, in dem ein anderer Vermieter gesucht wird. Auch könnte ggf. das Kursangebot noch erweitert werden, um die Fixkosten zu decken.

4.2.3 Deckungsbeitragsrechnung auf Basis relativer Einzelkosten

Die Deckungsbeitragsrechnung auf Basis relativer Einzelkosten geht auf Riebel[1] zurück und wird genauso wie die mehrstufige Deckungsbeitragsrechnung mehrstufig angewendet. Im Unterschied zu der in 4.2.2 geschilderten Rechnung erfolgt hier keine Trennung in variable und fixe Kosten, sondern in Einzel- und Gemeinkosten. Da die Trennung in Einzel- und Gemeinkosten nur in Bezug zu einer bestimmten Größe erfolgen kann, also relativ ist, spricht man auch von relativen Einzelkosten.

Dabei bedient sich Riebel einer so genannten Bezugsgrößenhierarchie.[2] Bezugsobjekt kann nicht nur das produzierte Objekt sein, sondern z.B. auch eine Kostenstelle, ein gesamtes Projekt, eine Erzeugnisgruppe usw. bis hin zur gesamten Produktion. Je „höher" die Bezugsgröße angesiedelt ist, desto größer ist auch der Teil der zurechenbaren Einzelkosten. Betrachtet man nur das gesamte Unternehmen, sind alle Kosten aus Sicht des Bezugsobjektes „Unternehmen" Einzelkosten.

---

[1] Riebel, Paul: Deckungsbeitragsrechnung, in: Chmielewicz, Klaus und Schweitzer, Marcell (Hrsg.): Handwörterbuch des Rechnungswesens, 3. Aufl., Stuttgart 1993, Spalten 366 f.
[2] Riebel, Paul, a.a.O. Sp. 369.

Kapitel 4 - Teilkosten- und Deckungsbeitragsrechnungen

Grundsätzlich können Einzelkosten variabel und fix sein. Durch eine Zuordnung von Einzelkosten auf das Bezugsobjekt wird deshalb eine verursachungsgemäße Zuordnung von Kosten erreicht, weil eben alle Kosten (variable und fixe) enthalten sein können, die das Bezugsobjekt hervorruft.

Beispiel:

Die Kommune A hat bislang die Gebühren für Ihre Volkshochschulkurse nur grob geschätzt. Die Gesamtkosten, die in diesem Bereich anfielen, wurden nach einer Durchschnittswertmethode in etwa gleichmäßig auf die Bereiche "Sprachkurse", "Handwerkliches Gestalten", „Selbstfindung" und „Musikalische Erziehung" verteilt. Nun möchte man zum ersten Mal eine vereinfachte Teilkostenrechnung für die Volkshochschule durchführen. Es liegen folgende Informationen vor, aufgrund derer eine Teilkostenrechnung durchgeführt werden kann:

Kostenarten:		Davon Einzelkosten:
Personalkosten	600.000,00 €	80%
Materialkosten	300.000,00 €	50%
Abschreibungen	250.000,00 €	0%
Sonstige Kosten	100.000,00 €	20%

Die Einzelkosten verteilen sich wie folgt auf die vier Bereiche:

	Sprachekurse	Handwerkliches Gestalten	Selbstfindung	Musikalische Erziehung
Personalkosten	50%	30%	10%	10%
Materialkosten	25%	25%	30%	20%
Sonstige Kosten	10%	10%	30%	50%

Die Gemeinkosten verteilen sich wie folgt auf die vier Bereiche:

	Sprachkurse	Handwerkliches Gestalten	Selbstfindung	Musikalische Erziehung
Personalkosten	20%	30%	10%	10%
Materialkosten	25%	15%	15%	20%
Abschreibungen	20%	25%	25%	30%
Sonstige Kosten	10%	10%	30%	30%

Die restlichen Kosten sind nicht weiter zurechenbar. Berechnen Sie die Deckungsbeiträge I und II für alle vier Bereiche. Gehen Sie davon aus, dass in jedem der vier Bereiche Erlöse in Form von Gebühren in Höhe von je 270.000 € anfallen. Wie hoch ist das Betriebsergebnis?

Welche Konsequenzen sollten die VHS aus diesem Ergebnis ziehen?

Lösung:

	Produkt	Sprachkurse	Handwerkliches Gestalten	Selbstfindung	Musikalische Erziehung	Summe
	Erlöse aus Gebühren	270.000,00 €	270.000,00 €	270.000,00 €	270.000,00 €	1.080.000
- Einzelkosten	Personalkosten	240.000,00 €	144.000,00 €	48.000,00 €	48.000,00 €	480.000
	Materialkosten	37.500,00 €	37.500,00 €	45.000,00 €	30.000,00 €	150.000
	Sonstige Kosten	2.000,00 €	2.000,00 €	6.000,00 €	10.000,00 €	20.000
	Summe	279.500,00 €	183.500,00 €	99.000,00 €	88.000,00 €	650.000
= DB 1		-9.500,00 €	86.500,00 €	171.000,00 €	182.000,00 €	430.000
- Gemeinkosten	Personalkosten	24.000,00 €	36.000,00 €	12.000,00 €	12.000,00 €	84.000
	Materialkosten	37.500,00 €	22.500,00 €	22.500,00 €	30.000,00 €	112.500
	Abschreibungen	50.000,00 €	62.500,00 €	62.500,00 €	75.000,00 €	250.000
	Sonstige Kosten	8.000,00 €	8.000,00 €	24.000,00 €	24.000,00 €	64.000
	Summe	119.500,00 €	129.000,00 €	121.000,00 €	141.000,00 €	510.500
= DB 2		-129.000,00 €	-42.500,00 €	50.000,00 €	41.000,00 €	-80.500
- Unternehmensfixkosten						89.500
= Betriebsergebnis		-170.000,00 €				

Insgesamt stellt man fest, dass nur die Kurse „Selbstfindung" und „Musikalische Erziehung" in der Lage sind, ihre jeweils verursachten Einzel- und Gemeinkosten zu decken. Die Sprachkurse sind besonders kritisch zu betrachten, da sie nicht einmal in der Lage sind, ihre Einzelkosten zu decken. Hier entsteht ein dringender Handlungsbedarf. Am einfachsten wäre es aus kostenmäßiger Sicht, die ganzen Sprachkurse einzustellen. Das dürfte jedoch dem Bildungsauftrag einer VHS widersprechen. Beim handwerklichen Gestalten wird der negative DB erst durch die Zurechnung der Gemeinkosten erzielt. Hier ist zu hinterfragen, ob nicht Teile der Gemeinkosten mittelfristig abgebaut werden könnten.

Insgesamt ist zu „bemängeln", dass bei allen vier Kursen sehr hohe Gemeinkosten anfallen. Hier muss dringend eine Analyse erfolgen.

4.3 Auswertung der Teilkosten- und Deckungsbeitragsrechnungen

Ebenso wie bei einer Kostenrechnung auf Vollkostenbasis, dient die Kostenrechnung auf Teilkostenbasis der Überwachung und Steuerung der Kosten im Sinne von Wirtschaftlichkeitsuntersuchungen. Die unter 4.4 genannten Verfahren gelten auch hier in gleichem Maße. Die Vorteile einer mehrstufigen Deckungsbeitragsrechnung gegenüber einer Vollkostenrechnung und einstufigen Deckungsbeitragsrechnung liegen auf der Hand:

1. Durch die stufenweise Ermittlung von Deckungsbeiträgen entfällt eine (willkürliche) Schlüsselung von Fixkosten.
2. Durch den separaten Ausweis wird eine detaillierte Überwachung und Steuerung der Fixkosten ermöglicht.

3. Da im Gegensatz zur einstufigen DB-Rechnung jetzt auch anteilige Fixkosten betrachtet werden, ist eine Grundlage auch für mittel- bis langfristige Entscheidungen gegeben.
4. Die mehrstufige Deckungsbeitragsrechnung kann auch auf der Basis von Plandaten durchgeführt werden. Durch einen beständigen Soll-Ist-Vergleich kann so die DB-Rechnung zu einem Frühwarnsystem zur Erfolgssicherung ausgebaut werden.[1]
4. Wird die Rechnung auf Basis relativer Einzelkosten durchgeführt, entfällt die (willkürliche) Schlüsselung von Gemeinkosten.

Demgegenüber sind folgende Nachteile abzuwägen:

1. Der Zeit- und Erhebungsaufwand ist höher als bei der einstufigen DB-Rechnung.
2. Eine sinnvolle Bildung von Produktionsgruppen ist nur möglich, wenn die Produktion räumlich und technisch abgegrenzt ist. Andernfalls entstehen „Verbundeffekte" zu anderen Bereichen, was wiederum zu einer ungenauen Zurechnung von Fixkosten führen könnte.
3. Die Berechnung mittels relativer Einzelkosten führt in der Regel zu einem höherem Informationsbedarf, da hier auch andere Bezugsobjekte als die Produkte Berechnungsgrundlage sein können.

Insgesamt betrachtet überwiegen aber wohl die Vorteile von Rechnungssystemen auf Teilkostenbasis, da eine viel genauere Steuerung ermöglicht wird.

Abschließend soll anhand eines einfachen Beispiels geschildert werden, wie mit Hilfe von Planvorgaben eine Auswertung der Teilkostenrechnung vorgenommen werden kann:

Beispiel:

In einer Abteilung eines städtischen Krankenhauses wird in einer Planungsperiode mit einem Verbrauch von Spritzen in Höhe von 1.400 Stück zu einem Preis von 0,50 € gerechnet. Es werden tatsächlich 1.500 Stück verbraucht. Der Stückpreis, der tatsächlich gezahlt werden musste, beträgt 0,48 €.

Ermitteln Sie die Gesamtabweichung sowie die Preis- und Mengenabweichung.

---

[1] Vgl.: Isermann, Heinz: Deckungsbeitragsrechnung, in: Busse von Colbe, Walther (Hrsg.): Lexikon des Rechnungswesens, München 1990, S. 123.

Lösung:

	Planwerte	Istwerte
Verbrauchsmenge	1.400 Stück	1.500 Stück
Verbrauchspreis	0,50 €	0,48 €
Kosten	700 €	720 €
Preisabweichung (Istpreis * Istmenge) - (Planpreis * Istmenge)	(0,48 € * 1500 St.) - (0,50 € * 1500 St.) = -30 €	
Mengenabweichung (Planpreis * Istmenge) - (Planpreis * Planmenge)	(0,50 € * 1500 St.) - (0,50 € * 1400 St.) = 50 €	
Gesamtabweichung (Istpreis * Istmenge) - (Planpreis * Planmenge)	(0,48 € * 1500 St.) - (0,50 € * 1400 St.) = 20 €	

Da der Preis kurzfristig gesunken ist, ergibt sich eine Einsparung in Höhe von 30 €. Gleichzeitig steigen die Kosten durch den erhöhten Mengeneinsatz um 50 €. Insgesamt entsteht eine Abweichung der Istkosten zu den geplanten Kosten in Höhe von 20 €. Da die Preisabweichung (Senkung) positiv zu betrachten ist, verbleibt die Frage, warum eine Mengenabweichung nach oben erfolgte. Durch eine genaue Analyse gelangt man entweder zu dem Ergebnis, dass die geplante Menge von vornherein zu niedrig angesetzt war (weil z.B. mehr Patienten eine Spritze benötigten) oder dass durch unsachgemäße Handhabung, Materialfehler, Schwund etc. eine erhöhte Menge erforderlich wurde. In Abhängigkeit von der Ursache wird dann eine Steuerung vorgenommen.[1]

4.4 Übungsaufgaben

Aufgabe 1:

Das Einwohnermeldeamt der Stadt E führt zum ersten Mal probeweise eine vereinfachte Kostenrechnung durch. Für ausgewählte Bereiche wurden folgende Kosten und Erlöse ermittelt (Angaben in €):

	Personalausweis	Reisepass	Meldebescheinigungen	Summe
Erlöse - variable Kosten	520.000	410.000	600.000	1.530.000

---

[1] Zu detaillierteren Ergebnissen gelangt man, wenn man die Teilkostenrechnung anhand der flexiblen Plankostenrechnung auf Grenzkostenbasis durchführt. Das ist aber nicht Gegenstand dieses Buches.

Die gesamten Kosten für alle drei Bereiche betragen 1.400.000. 65 % dieser Kosten sind fix. Von den variablen Kosten entfallen 30 % auf den Personalausweis, 45 % auf den Reisepass, der Rest auf die Meldebescheinigungen. Bei den Fixkosten soll keine Schlüsselung auf die drei Bereiche vorgenommen werden. Ermitteln Sie das Betriebsergebnis.

Aufgabe 2:

Wie verändern sich die Werte aus Aufgabe 1, wenn die Fixkosten wie folgt auf die drei Bereiche aufgeteilt werden können:
Personalausweis 13 %, Reisepass 55 %, Meldebescheinigungen 17 %, der Rest ist nicht zurechenbar.

Aufgabe 3:

Ein Unternehmen hat vier Erzeugnisse (A,B,C,D) hergestellt. In der vergangenen Periode wurden von den einzelnen Erzeugnisarten hergestellt und verkauft:

	A	B	C	D
Produktion und Absatz (Stück)	30.000	40.000	10.000	20.000
Verkaufspreis je Stück (€)	4	2,5	9,5	3
Erlösschmälerungen gesamt (€)	5.000	3.000	1.000	2.000
Variable Fertigungskosten je Stück	2	1,25	6	2
Variable Vertriebskosten je Stück (€)	1	0,50	1,50	0,40
Erzeugnisfixkosten (€)	10.000	12.000	7.000	9.000

Die Erzeugnisgruppe I umfasst die Erzeugnisarten A und B, die Erzeugnisgruppe II die Erzeugnisarten C und D.

An Erzeugnisgruppenfixkosten sind angefallen 10.000 € für die Erzeugnisgruppe I und 8.000 € für die Erzeugnisgruppe II. An fixen Kosten, die sich nicht weiter aufgliedern lassen (=Unternehmensfixkosten) fielen 20.000 € an.

Ermitteln Sie die Deckungsbeiträge I bis III und den Betriebsgewinn.

Welche Aussagen lassen sich hinsichtlich der Kostenwirtschaftlichkeit der Produkte treffen?

Aufgabe 4:

Die Firma Robytron ist führend auf dem Gebiet der Handytechnik. Sie wird von zwei Geschäftsführern geleitet, die zusammen Kosten in Höhe von 6000 € hervorrufen. Der Erfolg der Firma besteht in einer zweigeteilten Strategie: Der Bereich „Vertrieb" ist äußerst rege in der Vermarktung der Produktgruppen „Exklusivhandy" und „Designerhandy". Kauft ein Kunde das Exklusivhandy „Charlie", erhält er dazu kostenlos eine

Probe des entsprechenden Parfums, der Kunde des Exklusivhandies „Cinema" erhält zusätzlich kostenlos 2 Kinokarten. Das Parfum verursacht Kosten in Höhe von 1000 €, die Kinokarten lediglich 700 €. Der Kauf des Designerhandies „Rot" wird durch 10 rote Rosen und der Kauf von „Gelb" durch 10 gelbe Rosen gekrönt. Lediglich für den Kauf des Designerhandies „Lila" erhält der Kunde keine Zusatzgaben. Dafür ist es jedoch im Preis günstiger als die beiden anderen. Für die Rosengaben fallen für „Rot" und „Gelb" jeweils 300 € an. Aufgrund der unterschiedlichen Marketing-Strategien, fallen für die „Exklusivhandys" 100 €, für die „Designerhandys" allerdings 300 € Vertriebskosten an. Für den gesamten Vertriebsbereich wurde ein Designer eingestellt, der mit 600 € zu Buche schlägt.

Das zweite Standbein, auf das sich Robytron stützt, ist die Forschungs- und Entwicklungsabteilung. Sobald eine Produktgruppe auf den Markt tritt, arbeitet die F+E-Abteilung bereits an der nächsten Produktgruppe. Zur Zeit werden „Technohandies" getestet. Sehr vielversprechend lässt sich „Nomi" an. Bei gerade mal 3000 € variablen Kosten fallen nur 200 € Produktfixkosten an. „Crash" hingegen muss noch zulegen. Obwohl die variablen Kosten ebenfalls 3000 € betragen, sind die Produktfixkosten mit 1000 € zu hoch. Die gesamte F+E-Abteilung hat einen relativ hohen Bereichsoverhead mit 2.300 €.

Berechnen Sie sämtliche Deckungsbeiträge, wenn die Firma folgende Erlöse erzielt bzw. plant:

Charlie: 5000 €
Cinema: 7000 €
Rot: 5800 €
Gelb: 4000 €
Lila: 2500 €
Nomi: 4500 €
Crash: 4700 €

Die variablen Kosten für die ersten 5 Handyarten belaufen sich auf je 1200 €. Gehen Sie davon aus, dass es sich bei den „Zugaben" zu den gekauften Handys um Produktfixkosten handelt.

Äußern Sie sich zu der Geschäftsstrategie.

Aufgabe 5:

Die städtische Müllabfuhr führt zum nächsten Jahr neue Restmüll- sowie Biomülltonnen ein. Im Rahmen der durchzuführenden Einsparungen sollen die Tonnen selbst produziert werden. Technisch ist das aufgrund der vorhandenen Geräte möglich. Es werden folgende Kosten für das nächste Jahr geplant (Angaben in €):

	Restmülltonne	Biotonne
Fertigungsmaterial je Tonne	30	60
Fertigungslöhne	20	30
Produzierte Stücke	10.000	5.000
Absatzpreis für den Bürger	100	200

Als Fixkosten werden 500.000 eingeplant. Die Stadtverwaltung hat folgende Zuschlagssätze für die variablen Gemeinkosten geplant:
Material 20%, Fertigung 40%, Verwaltung 10%, Vertrieb 5 %.

Wie groß sind die geplanten Stückdeckungsbeiträge der beiden Mülltonnensorten und das geplante Betriebsergebnis?

Lösung zu Aufgabe 1 (Angaben in €:

	Personalausweis	Reisepass	Meldebescheinigungen	Summe
Erlöse	520.000		600.000	1.530.000
- variable Kosten	- 147.000	410.000	- 122.500	490.000
		- 220.500		
= Deckungsbeitrag	373.000		477.500	1.040.000
		189.500		
- fixe Kosten (Deckungsbedarf)				910.000
= Betriebsergebnis				130.000

Anteil variable Kosten: 1.400.000 * 35 % = 490.000

Lösung zu Aufgabe 2 (Angaben in €):

	Personalausweis	Reisepass	Meldebescheinigungen	Summe
Erlöse	520.000	410.000	600.000	1.530.000
- variable Kosten	- 147.000	- 220.500	- 122.500	490.000
= Deckungsbeitrag 1	373.000	189.500	477.500	1.040.000
- Deckungsbedarf (= fixe Kosten)	- 118.300	- 500.500	- 154.700	773.500
= Deckungsbeitrag 2	254.700	-311.000	322.800	266.500
- Unternehmensfixkosten				136.500
Betriebsergebnis				130.000

Lösung zu Aufgabe 3:

Gruppe	I		II	
Produkt	A	B	C	D
Erlös	120.000 €	100.000 €	95.000 €	60.000 €
- Erlösschmälerung	5.000 €	3.000 €	1.000 €	2.000 €
- variable Kosten	90.000 €	70.000 €	75.000 €	48.000 €
= DB 1	25.000 €	27.000 €	19.000 €	10.000 €
- Erzeugnisfixkosten	10.000 €	12.000 €	7.000 €	9.000 €
= DB 2	15.000 €	15.000 €	12.000 €	1.000 €
- Erzeugnisgruppenfixkosten	10.000 €		8.000 €	
= DB 3	20.000 €		5.000 €	
- Unternehmensfixkosten	20.000 €			
= Betriebsgewinn	5.000 €			

Bevor die variablen Kosten abgezogen werden, müssen die Erlösschmälerungen von den Erlösen abgezogen werden. Hierbei kann es z.B. um nachträgliche Rabatte, Rücksendungen oder Zahlung unter Abzug von Skonto handeln.

Bei der Beurteilung der Produktpolitik muss man auf zwei wesentliche Dinge achten: Ersten muss der DB 1 mindestens Null betragen und das Betriebsergebnis muss positiv sein. Beides liegt hier vor. Insofern ist aus kostenrechnerischer Sicht das Produktprogramm nicht zu beanstanden. Dennoch sollte immer ein Auge auf die (Fix-)Kostensituation geworfen werden, damit die DB´s nicht plötzlich negativ werden.

Lösung zu Aufgabe 4: (Werte in €)

Bereich	Vertrieb					F+E	
Produkt-gruppe	Exklusiv		Designer			Techno	
Produktart	Charlie	Cinema	Rot	Gelb	Lila	Nomi	Crash
Erlöse	5.000	7.000	5.800	4.000	2.500	4.500	4.700
- var. Kosten	1.200	1.200	1.200	1.200	1.2000	3.000	3.000
= DB 1	3.800	5.800	4.600	2.800	1.300	1.500	1.700
- produkt-fixe Kosten	1.000	700	300	300	0	200	1.000
= DB 2	2.800	5.100	4.300	2.500	1.300	1.300	700
- Produkt-gruppenfixK.	7.900 100		8.100 300			2.000 0	
= DB 3	7.800		7.800			2.000	
- Bereichs-fixkosten	15.600 600					2.000 2.300	
= DB 4	15.000					-300	
- Unterneh-mensfix-kosten	14.700 6.000						
= Betriebs-ergebnis	8.700						

Lösung zu Aufgabe 5:

	Restmülltonne	Biomülltonne
Variable MEK	30 €	60 €
Variable MGK	6 €	12 €
Variable FEK	20 €	30 €
Variable FGK	8 €	12 €
Variable Herstellkosten	**64 €**	**114 €**
Variable VerwaltungsGK	6,40 €	11,40 €
Variable VertriebsGK	3,20 €	5,70 €
Variable Stückkosten	**73,60 €**	**131,10 €**

Absatzpreis	100 €	200 €
- variable Stückkosten	73,60 €	131,10 €
= **Stückdeckungsbeitrag**	**26,40 €**	**68,90 €**

Deckungsbeitrag	264.000 €		344.500 €
- Fixkosten		500.000 €	
= **Betriebsergebnis**		**108.500 €**	

5. Investition und Finanzierung[1]

5.1 Grundlagen

Investition und Finanzierung sind untrennbar miteinander verbunden. Das mögen einige beispielhafte Darlegungen verdeutlichen.

Es wird von einer ausgeglichenen Bilanz eines Unternehmens ausgegangen. Das Unternehmen weist zu Beginn nur Eigenkapital und liquide Mittel aus.

Abbildung 17: Bilanz 1 in Geldeinheiten (GE)

Aktiva		Passiva	
		Eigenkapital	100
Liquide Mittel	100		
Summe	100	Summe	100

Das Unternehmen möchte nunmehr Produkte herstellen, die danach am Markt mit Gewinn verkauft werden sollen. Dazu nötig ist der Kauf einer Maschine. Die Maschine koste 50 GE, das Geld dazu wird den liquiden Mitteln, Zahlungsbereich, entnommen, die Maschine wird unter Anlagevermögen (Investitionsbereich) bilanziert. Die Bilanz verändert sich zu:

Abbildung 18: Bilanz 2 in Geldeinheiten (GE)

Aktiva		Passiva	
Anlagevermögen	50	Eigenkapital	100
Liquide Mittel	50		
Summe	100	Summe	100

Die Maschine stellt die Investition dar, sie soll mehrere Jahre benutzt werden, sie bindet somit Kapital mehrere Jahre lang. Es sind keine neuen finanziellen Mittel aufgenommen worden, sondern die Maschine ist aus vorhandenen liquiden Mitteln bezahlt worden, es hat ein Aktivtausch stattgefunden. Der Vorgang kann als Finanzierung aus Vermögensumschichtung bezeichnet werden.

Das Unternehmen möchte die liquiden Mittel nicht noch weiter herunterfahren, es muss ja auf seine Liquidität achten, für weitere Aktivitäten nimmt es deshalb einen Kredit in Höhe von 50 GE auf, der dem Bankkonto (Position Liquide Mittel) gut geschrieben wird. Im gleichen Augenblick wird eine zweite Maschine im Wert von 50 GE gekauft. Die Bilanz verändert sich wie folgt:

---

[1] Gängige Literatur zum gesamten Themengebiet sind Kruschwitz, Lutz, Investitionsrechnung, 12. Auflage, München 2009, S. 29 ff., Schierenbeck, Henner und Wöhle, Claudia B., Grundzüge der BWL, 17. Auflage, München 2008, S. 384ff., Wöhe, Günter und Döring, Ulrich, Einführung in die Allgemeine BWL, 24. Auflage, München 2010, S. 519 ff.

Abbildung 19: Bilanz 3 in Geldeinheiten (GE)

Aktiva		Passiva	
Anlagevermögen	100	Eigenkapital	100
Liquide Mittel	50	Fremdkapital	50
Summe	150	Summe	150

Gegenüber der Bilanz 2 haben zwei Vorgänge stattgefunden. Einmal der Kauf der zweiten Maschine, ein Investitionsvorgang, wie bereits oben beschrieben, der sich auf der Aktivseite der Bilanz niederschlägt, indem das Anlagevermögen von 50 GE um den Wert der neuen Maschine auf 100 GE steigt.

Weiterhin hat ein Finanzierungsvorgang stattgefunden, die Aufnahme eines Kredits. Wie zu erkennen ist, schlägt sich dieser Finanzierungsvorgang auf der Passivseite der Bilanz nieder, indem die vorher nicht vorhandene Position Fremdkapital in Höhe von 50 GE entstanden ist.

Der beschriebene Vorgang ist dadurch gekennzeichnet, dass noch keine Produktion stattgefunden hat und das Kapital von außerhalb gekommen ist von einer Partei (Bank), die für die Bereitstellung des Kapitals einen festen Zins erhält und eine feste Laufzeit vereinbart hat. Es handelt sich um eine Außenfinanzierung mit Fremdkapital.

> Etwas vereinfachend lässt sich also sagen, Investitionen schlagen sich auf der Aktivseite einer Bilanz nieder, weshalb sie auch als Investitionsseite oder Seite der Kapitalverwendung bezeichnet wird. Investitionen sind Kapitalbindungen mit der Absicht, in der Zukunft einen höheren Kapitalrückfluss zu erreichen. Finanzierungen verändern die Passivseite der Bilanz, weshalb sie auch als Seite der Kapitalherkunft bezeichnet werden kann. Finanzierung ist u.a. der Vorgang der Kapitalbeschaffung für eine Investition.

Abbildung 20: Finanz- und Investitionsbereich in der Bilanz

Bilanz zum 31.12.20xx

Aktiva		Passiva	
Anlagevermögen	⎫ Investitionsbereich	Eigenkapital	⎫
Umlaufvermögen	⎭		⎬ Kapitalbereich
Liquide Mittel	Zahlungsbereich	Fremdkapital	⎭
Summe		Summe	
	Mittelverwendung		Mittelherkunft

Kapitel 5 - Investition und Finanzierung

Der Investitionsbereich besteht aus dem Sachvermögen (Grundstücke, Gebäude, Maschinen, maschinelle Anlage und die Vorräte), dem Finanzvermögen (Wertpapiere, Beteiligungen) und dem immateriellen Vermögen (gekaufte Patente und Lizenzen). Unter dem Zahlungsbereich sind im Wesentlichen die Bankguthaben und Kassenbestände zu verstehen.

Für die folgenden Betrachtungen soll aber das Vorratsvermögen, das zum Umlaufvermögen gehört, aus den Betrachtungen außen vor bleiben. Zwar ist hier ebenfalls Kapital gebunden, doch soll sich auf das Anlagevermögen, in dem Kapital langfristiger als im Vorratsvermögen gebunden ist, konzentriert werden.

Die Tatsache, dass Investition und Finanzierung eng miteinander verbunden sind, schlägt sich auch im Muster des Finanzplans bzw. der Finanzrechnung nach GemHVO NRW nieder. So ist, schematisiert, der Finanzplan bzw. die Finanzrechnung folgendermaßen aufgebaut:

Abbildung 21: Finanzplan bzw. Finanzrechnung nach GemHVO NRW (schematisiert)

Nr.	
17	= Saldo aus laufender Verwaltungstätigkeit
23	+ Einzahlungen aus Investitionstätigkeit
30	- Auszahlungen aus Investitionstätigkeit
31	= Saldo aus Investitionstätigkeit
33	+ Aufnahme und Rückflüsse von Darlehen
34	+ Aufnahme von Krediten zur Liquiditätssicherung
35	- Tilgung und Gewährung von Darlehen
36	- Tilgung von Krediten zur Liquiditätssicherung
37	= Saldo aus Finanzierungstätigkeit
38	= Änderung des Bestands an eigenen Finanzmitteln

Während in den hier nicht abgebildeten Zeilen einschließlich Nr. 16 die laufenden Einzahlungen und Auszahlungen stehen, sind für Investitionen und Finanzierungsvorgänge extra Bereiche vorgesehen. Alles zusammen ergibt die Änderung des Bestands an eigenen Finanzmitteln.

Investitions- und Finanzierungsvorgänge finden sich nicht in der Ergebnisrechnung.

Anzumerken bleibt, dass Investition und Finanzierung nicht auf den Produktionsfaktor Mensch zu beziehen sind. Das heißt, dass eine „Investition in das Human Capital" nicht näher betrachtet wird, zum einen, weil sich ein derartiger Vorgang nicht in einer Bilanz niederschlägt, zum anderen, weil es Gegenstand der Erörterung in anderen Teildisziplinen der BWL ist.

Allgemein gesprochen kann Finanzierung als jegliche Maßnahme zur Bereitstellung von Kapital verstanden werden. Dabei spielt es keine Rolle, ob Geldmittel oder Sachmittel bereit gestellt werden. Statt Geld auf ein Konto des Unternehmens einzuzahlen (= Bareinlage) und dann eine Maschine zu kaufen, kann der Eigentümer auch gleich die Maschine kaufen und dann diese in das Eigentum des Unternehmens übergeben (= Sacheinlage).

5.2 Finanzierungsarten[1]

Abhängig von der Rechtsstellung der Kapitalgeber wird in **Eigen-** und **Fremdfinanzierung** unterschieden. Diese Unterscheidung findet sich auch so in der Gliederung auf der Passivseite der Bilanz, oben beginnt es mit dem Eigenkapital, weiter unten steht das Fremdkapital. Diese Gliederung ist auch in den Jahresschlussbilanzen der Städte und Gemeinden, die nach neuem Rechnungswesen Rechnung legen, zu finden.

Kennzeichen von Fremdkapital ist die fest vereinbarte Verzinslichkeit, d.h., egal ob es dem Unternehmen oder der Stadt gut oder schlecht geht, das Fremdkapital wird immer mit einem festen Zins bedient. Ein weiteres Kennzeichen ist die vertraglich festgelegte Laufzeit, d.h. das Fremdkapital steht für eine genau festgelegte Zeit zur Verfügung. Entweder wird es während dieser Zeit kontinuierlich getilgt oder es muss zu Ende der Laufzeit in einem Betrag zurückgezahlt werden.

Üblicherweise sind Fremdkapitalgeber von der Gestaltung der Unternehmenspolitik ausgeschlossen. Ausnahmefälle sind Unternehmen, die in wirtschaftliche Notlagen geraten. Dann kann es dazu kommen, dass die Fremdkapitalgeber zur Rettung ihres Kapitals in die Unternehmenspolitik eingreifen und erhöhten Einfluss gewinnen.

Da der Fremdkapitalgeber sein Kapital nur für eine gewisse Zeit zur Verfügung stellt, möchte er auch sicher sein, dass er es am Ende der Laufzeit wieder zurückerhält. Vor der Gewährung steht deshalb eine Bonitätsprüfung, bei der der Fremdkapitalgeber das Unternehmen oder die Gemeinde daraufhin untersucht, ob es gewährleistet ist, dass das geliehene Kapital nicht verloren geht.

Eigenkapital zeichnet sich hingegen dadurch aus, dass es nicht fest verzinst wird, d.h., wenn es dem Unternehmen schlecht geht, haben die Eigenkapitalgeber keinen Anspruch auf eine zugesagte Verzinsung, im Gegenteil, Verluste gehen zu Lasten des Eigenkapitals. Auch die Zeit, die das Eigenkapital zur Verfügung steht, ist nicht fixiert. Bei einer Auflösung des Unternehmens müssen die Eigenkapitalgeber mit dem zufrieden sein, was nach Begleichung der Schulden übrigbleibt. Aus diesen beiden Gründen wird Eigenkapital auch als Haftungs- bzw. Risikokapital bezeichnet. Auf der anderen Seite bestimmen dafür aber die Eigenkapitalgeber die Geschäftspolitik.

Eine andere Unterscheidung der Finanzierung geschieht unter dem Gesichtspunkt der Entstehung der Mittel (Kapitalherkunft). Entstehen die Mittel aus dem betrieblichen Leistungsprozess wird von **Innenfinanzierung**, kommen sie von außen, ohne durch einen betrieblichen Leistungsprozess begründet zu sein, wird von **Außenfinanzierung** gesprochen.

---

[1] Vgl. zum Folgenden Odenthal, Franz Willy, Einführung in die öffentliche Betriebswirtschaftslehre, 7. Auflage, Witten 2013, S. 161 ff.

Abbildung 22: Finanzierung nach der Kapitalherkunft

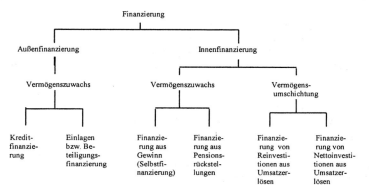

Bei den beiden **Außenfinanzierungsvorgängen** handelt es sich um Vorgänge, die nicht durch betriebliche Leistungen begründet sind. Beide Vorgänge führen dazu, dass sich der Vermögensbestand, der sich in der Bilanzsumme niederschlägt, erhöht.

Bei der Kreditfinanzierung handelt es sich um Außenfinanzierung mit Fremdkapital, dies können Kredite sein. Zu den bekannten mittel- bis langfristigen Krediten zählen Bankkredite mit fester Laufzeit oder Schuldverschreibungen von öffentlichen Gebietskörperschaften. Auf Bundeslandebene oder Bundesebene sind Anleihen eines Bundeslandes oder die bekannten Bundesschatzbriefe zu nennen. Zu den kurzfristigen Krediten zählen die Kontokorrent-/Überziehungskredite oder die bekannten Kredite zur Liquiditätssicherung nach § 89 Abs. 2 GO NRW.

Nicht unbedeutend und oft zu finden ist die Finanzierung in Form eines Lieferantenkredits. Ein Lieferant liefert Gegenstände des Anlagevermögens, Rohstoffe oder leistet Dienstleistungen, verlangt aber erst später eine Bezahlung. In der Zeit, in der der leistungsempfangende Betrieb bereits über den gelieferten Gegenstand, die Rohstoffe oder die erhaltene Dienstleistung verfügen kann, sie aber noch nicht bezahlen muss, gewährt der Lieferant einen Kredit. Dies wird deutlich, wenn diese Situation mit der Situation der sofortigen Bezahlung verglichen wird. Bei der sofortigen Bezahlung fließt sofort Kapital ab, was nicht einer anderen Verwendung zugeführt werden kann. Üblicherweise enthält das verlangte Entgelt einen Zins für den Zahlungsaufschub.

Dieser Zins ist ganz klar zu erkennen, wenn alternative Zahlungsmodalitäten angeboten werden, bspw. Zahlung netto innerhalb 30 Tagen, 2 % Skonto bei Zahlung in 10 Tagen. Für die beschleunigte Zahlung innerhalb von 10 Tagen anstelle von 30 Tagen, also eine Beschleunigung von 20 Tagen, werden 2 % Ersparnis angeboten. Dies entspricht einem Jahreszinssatz von 36 %.

$$\text{Jahreszins } in \% = \frac{Skontosatz \times 360}{Zahlungsfrist - Skontofrist}$$

$$\text{Jahreszins } in \% = \frac{2 \times 360}{30-10} = 36\%$$

Aus diesem Grund lohnt es sich für Betriebe und die Verwaltung, darauf zu achten, dass Lieferantenrechnungen unter Ausnutzung von Skonto bezahlt werden.

Anzahlungen seitens der Kunden, z.b. zur Finanzierung etwaiger zu beschaffender Roh- oder Werkstoffe, spielen bei der Kommunalverwaltung eine zu vernachlässigende Rolle. Vorauszahlungen kommen bei der Kommunalverwaltung in Form von Steuer-, Gebühren oder Beitragsvorauszahlungen vor. Ein gängiger Fall sind Erschließungsbeiträge, bei denen die Eigentümer von Grundstücken, die an einer zu errichtenden Straße liegen, die Investitionsausgaben der Straße zum (großen) Teil vorfinanzieren. Diese Beiträge werden auf der Passivseite der kommunalen Bilanz unter „Sonderposten für Beiträge" zwischen den Positionen des Eigenkapitals und den Rückstellungen bilanziert, was ihren Charakter, dass sie

- Finanzierungsmittel sind,
- zu Beginn zwar Fremdkapital sind, im Laufe der Nutzung des finanzierten Vermögensgegenstandes aber ertragswirksam über das Eigenkapital aufgelöst werden,

unterstreicht.

Bei Finanzierungsvorgängen mittels Kredit muss zwischen Nominalzins und Effektivzins unterschieden werden.

Im einfachsten Fall entspricht der aktuelle Auszahlungsbetrag dem zukünftigen Rückzahlungsbetrag. In diesem Fall sind Nominalzins und Effektivzins identisch. Falls jedoch der Auszahlungsbetrag unter dem Rückzahlungsbetrag liegt, also statt 100 % des Kredits nur 95 % ausgezahlt werden, bezieht sich der Nominalzins auf den Rückzahlungsbetrag. Die Differenz zwischen Auszahlungsbetrag und Rückzahlungsbetrag wird Disagio genannt und kann als vorausgezahlter Zins verstanden werden.

Bezogen auf den tatsächlich auf dem Konto gutgeschriebenen Betrag ist der Effektivzins höher als der Nominalzins, denn der Nominalzins muss um den bereits vorausgezahlten Zins, der das Disagio darstellt, nach oben korrigiert werden.

Ein Zahlenbeispiel soll diese Überlegung verdeutlichen.

Eine Stadt nimmt einen Kredit in Höhe von 100.000 € für eine Laufzeit von 5 Jahren auf. Bei einem Disagio von 5 % werden nur 95.000 € zur Verfügung gestellt, zurückgezahlt werden müssen aber 100.000 €, hier ist bereits eine Verzinsung enthalten. Gleichmäßig auf die 5 Jahre verteilt, bedeutet dies einen Zins von 1 %. Jährlich werden 3 % Zinsen vom Kreditvolumen berechnet, von einer kontinuierlichen Tilgung sei abgesehen.

Bezogen werden beide Zinsanteile auch nicht auf 100.000 €, da ja nur 95.000 € ausgezahlt wurden.

$$Effektivzins = \frac{No\min alzins + \dfrac{Disagio}{Laufzeit}}{Auszahlungskurs} \times 100$$

$$Effektivzins = \frac{3\% + \dfrac{5\%}{5\,Jahre}}{95\%} \times 100 = 4,21\%$$

Eine in jüngerer Zeit zunehmend an Bedeutung gewinnende Form der Finanzierung ist das Leasing. Dabei wird vom Leasinggeber ein Vermögensgegenstand gekauft, finanziert und dem Leasingnehmer gegen ein Entgelt zur Nutzung überlassen. Zivilrechtlich gesehen handelt es sich um eine spezielle Form der Miete, da in dem Mietvertrag zusätzliche Regelungen z.B. hinsichtlich Anfangszahlung, Versicherung, Instandhaltung, Nutzungsumfang usw. getroffen werden. In der Verwaltung spielen diese Verträge im Bereich der Hardware bei automatisierter Datenverarbeitung bzw. bei Fahrzeugen eine große Rolle.

Bei einem Günstigkeitsvergleich zwischen Leasing und Kauf sollte üblicherweise der Kauf günstiger abschneiden; denn in die Leasingrate gehen gegenüber den Kostenbestandteilen, die bei einem Kauf anfallen, zusätzlich die Gewinnvorstellungen des Leasinggebers in die zu zahlende Leasingrate ein. Es sei denn, der Leasinggeber kann aufgrund seiner Größe und dem Umfang seines Geschäfts besondere Einkaufsvorteile durchsetzen, verfügt über Vorteile bei der Instandhaltung und gibt alle diese Vorteile an den Leasingnehmer weiter.

6. Investition und Investitionsrechnung

6.1 Investitionen, Investitionsarten und Notwendigkeit von Investitionsrechnungen

6.1.1 Investitionen und Investitionsarten

Bei Investitionen kann nach dem Investitionsobjekt in Real- oder Finanzinvestitionen unterschieden werden. Realgüter können materieller oder immaterieller Art sein. Häufig findet dann eine weitere Unterscheidung in Anlagevermögen, was mittel- bis langfristig im Betrieb verbleiben soll, und Umlaufvermögen, was nur kurzfristig im Betrieb verbleibt bzw. laufend verbraucht und ersetzt wird, statt. Auch Finanzinvestitionen können nach diesem Ansatz weiter untergliedert werden. Diese Unterscheidung findet sich auch in der Bilanzgliederung wieder.

Abbildung 23: Investitionsarten nach dem Investitionsobjekt

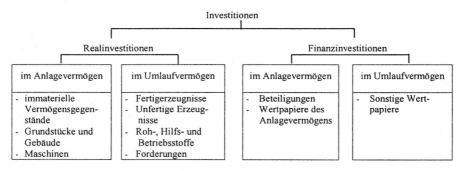

Immaterielle Investitionen in Forschung, Werbung, Qualifizierung und Sozialleistungen schlagen sich nicht in einer Bilanz nieder und sind deshalb in der vorstehenden Abbildung nicht enthalten.

Realinvestitionen lassen sich noch nach ihrem Investitionsgrund in

- Ersatzinvestitionen,
- Erweiterungsinvestitionen,
- Rationalisierungsinvestitionen,
- Modernisierungsinvestitionen sowie
- Umstellungsinvestitionen

unterscheiden.

Ersatzinvestitionen sind dabei dadurch gekennzeichnet, dass ein wirtschaftlich oder technisch veraltetes Betriebsmittel durch ein Neues gleicher Art und Güte ersetzt wird. **Erweiterungsinvestitionen** ermöglichen eine quantitative Ausweitung der Produktionsmöglichkeiten.

Rationalisierungsinvestitionen werden vor allem deshalb getätigt, weil mit ihnen eine kostengünstigere Produktion verbunden ist. In vielen Fällen wird menschliche Arbeitskraft durch vermehrten Kapitaleinsatz ersetzt.

Modernisierungsinvestitionen zeichnen sich dadurch aus, dass die Produktion technisch dem Stand der Zeit angepasst wird. Teilweise werden derartige Investitionen auch durch Gesetzesvorschriften erzwungen, dabei ist beispielsweise an Filternachrüstungen zu denken, die durch Vorschriften erzwungen werden.

Umstellungsinvestitionen werden durch bislang nicht gefertigte, neue in den Produktionsprozess aufgenommene Produkte verursacht.

Diese Arten von Investitionen treten meist nicht sauber von einander getrennt, sondern kombiniert auf, d.h., meist ist eine Ersatzinvestition gleichzeitig eine Erweiterungsinvestition, weil das neue Betriebsmittel auch mehr produzieren kann als das alte.

6.1.2 Notwendigkeit von Investitionsrechnungen

Unternehmen stehen im Wettbewerb und müssen sich am Markt behaupten. Angebot und Nachfrage im marktwirtschaftlichen System sind nicht statisch sondern dynamisch. Ständig werden neue Produkte oder Produktionsverfahren entwickelt, die dem betreffenden Unternehmen einen Wettbewerbsvorteil sichern, wodurch es gegenüber den Wettbewerbern eine Produktinnovation oder einen Kostenvorteil erwirbt. Dies führt zu einem ständigen Ausleseprozess. Unwirtschaftliches Handeln oder falsche Entscheidungen führen, wenn sie gehäuft auftreten, zum Ausscheiden aus dem Wettbewerb.

Diese Existenzbedrohung gibt es für die öffentlichen Betriebe nicht. Die Kernverwaltung mit ihren in vielen Fällen nicht über den Markt abgewickelten Leistungen ist in ihrer Existenz nicht bedroht, sie finanziert sich über Zwangsabgaben. Mehrere fehlerhafte Investitionsentscheidungen führen zwar zu politischem Druck seitens der Wählerschaft, doch die Verwaltung an sich, ist nicht gefährdet. Aus diesem Grund genügt es nicht, auf einen Selbstregulierungsmechanismus bei Investitionsmaßnahmen zu setzen, sondern es muss eine rechtliche Regelung her, die die Verwaltung verpflichtet, vor Investitionen eine Wirtschaftlichkeitsbetrachtung durchzuführen.

§ 14 Abs. 1 GemHVO NRW schreibt demzufolge folgendes vor:

„Bevor Investitionen oberhalb der vom Rat festgelegten Wertgrenzen beschlossen und im Haushaltsplan ausgewiesen werden, soll unter mehreren in Betracht kommenden Möglichkeiten durch einen Wirtschaftlichkeitsvergleich, mindestens durch einen Vergleich der Anschaffungs- oder Herstellungskosten nach § 33 Abs. 2 und 3 und der Folgekosten, die für die Gemeinde wirtschaftlichste Lösung ermittelt werden."

Interessant ist bei dieser Vorschrift, dass die Notwendigkeit erkannt wurde, einen Vergleich unter mehreren Alternativen unter Berücksichtigung von Folgekosten durchzuführen. Wie noch zu zeigen sein wird, kann eine einzelne Investitionsmaßnahme nicht beurteilt werden, es bedarf immer eines Vergleichs, entweder mit anderen Alternativen oder mit bestimmten Sollvorstellungen.

Inhaltlich gleiche Vorschriften sind in § 6 Abs. 2 HGrG; § 7 Abs. 2 BHO und LHO NRW zu finden:

„Für alle finanzwirksamen Maßnahmen sind angemessene Wirtschaftlichkeitsuntersuchungen durchzuführen."

6.2 Merkmale und notwendige Informationen von Investitionen

Investitionen weisen folgende gemeinsame Merkmale auf[1]:

- Sie sind mit Einnahmen und Ausgaben verbunden,
- es erfolgen zunächst Ausgaben in Erwartung künftiger Netto-Einnahmen (Periodeneinnahmen ./. Periodenausgaben)und
- sie haben längerfristige Folgewirkungen.

Im Mittelpunkt der folgenden Ausführungen stehen die Sachanlagen, doch gelten die angestellten Überlegungen sinngemäß auch für die anderen Investitionsarten.

Bevor über eine Investition entschieden wird, sind viele Informationen zusammenzutragen, beispielsweise

- über die gewünschte Kapazität,
- über die am Markt angebotenen Lösungsmöglichkeiten,
- über die möglichen Absatzchancen,
- über die zukünftigen Einnahmen,
- über die aktuellen und potentiellen Konkurrenten,
- über die Kosten einzelner Alternativen,
- über Auswirkungen auf andere Betriebsteile.

Wie aus der knappen Aufzählung zu erkennen ist, besteht ein Problem bei einer Investitionsentscheidung darin, dass sie zukunftsgerichtet ist und uns bekanntermaßen die Zukunft nicht mit Sicherheit bekannt ist. Ein anderes Problem liegt darin, dass eine Investition nicht isoliert betrachtet werden darf, sondern Auswirkungen auf viele Bereiche eines Betriebes hat. Sei es, dass Rohstoffvorräte erhöht werden müssen oder aber die bestehende Energieversorgung nicht ausreicht. In vielen Fällen muss noch bedacht werden, dass die möglicherweise erhöhte Produktionskapazität auch am Markt abgesetzt werden muss.

Einige dieser Informationen können quantifiziert werden und gehen in die **Investitionsrechnung** ein, die eine Investition vorbereitet. Nicht alle Einflüsse können so formuliert werden, dass sie Berücksichtigung in den Investitionsrechnungsverfahren finden. Sie

---

[1] Vgl. Blohm, Hans, Lüder, Gerhard und Schäfer, Christina, Investition: Schwachstellenanalyse des Investitionsbereichs und Investitionsrechnung, 10. Auflage, München 2012, S. 2.

müssen jedoch bei der **Investitionsentscheidung** einfließen. Damit ist deutlich, dass die Investitionsrechnung die Investitionsentscheidung nicht ersetzen kann.

Alternative Fragestellungen

Investitionsrechnungen können sowohl ex ante (vorher) als Planungsrechnungen als auch ex post (im Nachhinein) als Kontrollrechnung bereits erfolgter Investitionen eingesetzt werden. Gebräuchlich ist vor allem die Planungsfunktion. Die Kontrollrechnung wird in der Praxis vielfach vernachlässigt. Einen Überblick über die Vielzahl der Einsatzmöglichkeiten gibt folgende Übersicht.[1]

Abbildung 24: Funktionen der Investitionsrechnung

Funktionen der Investitionsrechnung

Funktionen der Wirtschaftlichkeitsrechnung	Funktionen der Unternehmensbewertung
1. Vorteilsbestimmung einer einzelnen Investition 2. Wahl zwischen sich technisch ausschließenden Investitionsalternativen 3. Rangfolgebestimmung von (um die Aufnahme in das Investitionsbudget) konkurrierenden Investitionsvorhaben und die Fixierung des Investitionsprogramms 4. Bestimmung der wirtschaftlichen Nutzungsdauer von Neuanlagen 5. Auslotung des Unsicherheitsspielraums	1. Ermittlung des maximal zahlbaren Preises aus der Sicht des Käufers bzw. des minimal zu fordernden Preises aus Sicht des Verkäufers 2. Bestimmung eines Vermittlungswertes der von den Parteien als „fairer" Einigungspreis akzeptiert wird 3. Verwendung von Unternehmensbewertungsergebnissen als Argumentationshilfe zur Durchsetzung parteiischer Interessen 4. Ermittlung von Unternehmenswerten als Basis einer Besteuerung

In diesem Buch wird sich auf die Funktionen der Wirtschaftlichkeitsrechnung konzentriert, da das die in der Praxis im allgemeinen Gebrauch häufiger vorkommende Anwendung ist.

---

[1] Schierenbeck, H., a.a.O., S. 391.

6.3 Überblick über die Investitionsrechnungsmethoden

In Theorie und Praxis wurden verschiedene Verfahren der Investitionsrechnung entwickelt. Im Folgenden werden nur die Grundzüge der Investitionsrechnungsmethoden dargestellt. Besonderer Wert wird auf ihre Einsatzmöglichkeit und Beurteilung gelegt.

Abbildung 25: Überblick über die Methoden der Investitionsrechnung

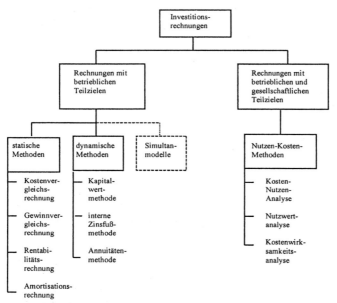

Gemeinsam ist allen Investitionsrechnungsverfahren, dass sie zukunftsgerichtet sind, auf Annahmen aufbauen und mit Unsicherheit behaftet sind.

Die Verfahren, die allein die betrieblichen Teilziele berücksichtigen verengen die Betrachtungsweise auf die Gegebenheiten, die allein den Investor betreffen. Sie werden deshalb auch **einzelwirtschaftliche** Verfahren genannt.

Die **Statischen Verfahren** werden auch Hilfsverfahren der Praxis genannt. Sie werden als statisch bezeichnet, weil der Zeitpunkt des Anfalles von Kosten- oder Ertragsgrößen unberücksichtigt bleibt. Alle Kosten werden als gleichgewichtig betrachtet. Die Methoden beruhen auf Durchschnittskosten und sind Ein-Perioden-Verfahren.

Dynamische Verfahren (finanzmathematische Verfahren) wurden vor ca. 50 Jahren entwickelt. Sie gehen von Ein- und Auszahlungsströmen aus. Die Investition wird über ihre gesamte Nutzungsdauer oder über den Planungshorizont betrachtet.

Simultan Modelle sprengen den Rahmen einer Einführung und spielen in der kommunalen Praxis keine Rolle. Sie berücksichtigen die Beziehungen zu anderen Betriebsbereichen z.B. Finanzierungsbereich. Sie sind sehr komplex und werden deshalb hier nicht behandelt.

Die **Nutzen-Kosten-Methoden** gehen über eine einzelwirtschaftliche Betrachtung hinaus und berücksichtigen auch gesellschaftliche Ziele und Auswirkungen, für die in der Regel keine Marktpreise vorliegen. Als praktisches Beispiel sei die Errichtung einer Umgehungsstraße, die Errichtung einer Müllverbrennungsanlage oder die Suche nach einer Endlagerstätte für strahlenden Atommüll genannt. Ihr Problem liegt darin, dass viele Auswirkungen, die Investitionen ausstrahlen, nicht in Geldeinheiten ausgedrückt werden können. Näheres im dazugehörigen Kapitel.

6.4 Statische Verfahren

6.4.1 Die Kostenvergleichsrechnung

6.4.1.1 Grundlagen

Die Entscheidung bei der Kostenvergleichsrechnung geschieht auf Basis von durchschnittlichen Kosten. Dabei werden alle Kosten berücksichtigt, es geht i.d.R. um Abschreibungen, kalkulatorische Zinsen, Personalkosten, Materialkosten, Energiekosten, Kosten der Instandhaltung sowie sonstige Kosten.[1]

Auswahlkriterium sind allein die Kosten, dabei handelt es sich um durchschnittliche jährliche Kosten bei vorgegebener Leistungsmenge oder durchschnittliche Stückkosten. Der Stückkostenvergleich kommt zum Zuge, wenn die Leistungsmengen der Auswahlalternativen nicht identisch sind, bspw. wenn ein Kopierer im Jahr viel mehr Kopien produzieren kann und soll als das Alternativmodell.

Letztlich wird also die Betrachtung reduziert auf einen Vergleich der durchschnittlichen Kosten, wobei diejenige Maßnahme zu bevorzugen ist, die die niedrigsten durchschnittlichen Kosten aufzuweisen hat.

Abbildung 26: Kostenvergleich

Alle übrigen Auswirkungen der unterschiedlichen Maßnahmen, die Absatzmöglichkeiten und auch die Qualität der erzeugten Leistungen werden als identisch unterstellt und spielen in der Kostenvergleichsrechnung keine Rolle.

---

[1] Zu den einzelnen Kosten siehe die Ausführungen in den Kapiteln der Kostenartenrechnung.

Kostenvergleichsrechnungen finden bei zwei Problemstellungen Anwendung:
1. Auswahlproblem zwischen mindestens zwei Alternativen (neu gegen neu),
2. Ersatzproblem (alt gegen neu).

6.4.1.2 Auswahlproblem

Für das Auswahlproblem werden meist folgende Kostenarten je Alternative zusammengestellt und addiert, wobei die Aufstellung als Grundschema dienen kann.

- Abschreibungsbetrag,
- kalkulatorische Zinsen,
- Lohnkosten,
- Materialkosten,
- Energiekosten,
- Instandhaltungskosten,
- sonstige Kosten.

Ferner wird die Nutzungsdauer benötigt.

Der Abschreibungsbetrag wird vom Anschaffungswert des Vermögensgegenstandes abgeleitet, weil ein zukünftiger Wiederbeschaffungswert oder Wiederbeschaffungszeitwert zum Zeitpunkt der Entscheidung nicht vorhanden ist oder die Werte sich bei allen Alternativen gleich entwickeln.

Bei den kalkulatorischen Zinsen wird ein durchschnittlicher mittel- bis langfristiger Mischzins zwischen Soll – und Habenzins benutzt, weil zum Zeitpunkt der Entscheidung noch nicht bekannt ist, wie die Kapitalstruktur sein wird, bzw. weil sie sich im Verlauf der Nutzung auch ändern könnte.

Bei den anderen Kostenarten werden Jahresdurchschnittswerte benutzt, von denen ausgegangen wird, dass sie für den Verlauf der Nutzungsdauer verlässlich geschätzt werden.

Das Kostenvergleichsverfahren wird anhand eines einfachen Zahlenbeispiels erläutert.

Beispiel:
Zur Beschaffung eines neuen Fahrzeugs für den Fahrzeugpool der Stadt soll zwischen zwei Fahrzeugen entschieden werden. Die Fahrzeuge sind hinsichtlich ihrer Beförderungsleistung identisch. Es wurden folgende Daten zusammengetragen und bereits für die Entscheidung aufbereitet.

Tabelle 1: Entscheidungsrelevante Daten für die Fahrzeugentscheidung

	Kfz 1	Kfz 2
Anschaffungswert in €	36.000	48.000
Leistungsmenge in km p.a.	30.000	30.000
Nutzungsdauer in Jahren	6	6
Treibstoffverbrauch l/100km	10	8
Kfz-Steuer p.a. in €	300	330
Versicherung p.a. in €	800	760
Reparatur p.a. in €	800	600
sonstiges p.a. in €	500	800
Treibstoffpreis pro l in €	1,60	1,30
Kalkulationszins in %	5	5

Aus Vereinfachungsgründen wird unterstellt, dass kein Veräußerungserlös und keine Verschrottungskosten anfallen.

Die einzelnen Kostenkomponenten werden ermittelt und zusammengestellt:

+ Abschreibung (Jahreswert)
+ Zinsen auf gebundenes Kapital (Jahreswert)
+ fixe Betriebskosten pro Jahr
+ variable Betriebskosten pro Jahr
= durchschnittliche Kosten der Alternative pro Jahr

Die Abschreibungen errechnen sich als Anschaffungswert geteilt durch die erwartete Nutzungsdauer.

$$jährlicher\ Abschreibungsbetrag = \frac{Anschaffungswert}{Nutzungsdauer}$$

Für die beiden Fahrzeuge ergeben sich:

$$Abschreibungsbetrag\ Kfz\ 1 = \frac{36.000\ €}{6\ Jahre} = 6.000\ €$$

$$Abschreibungsbetrag\ Kfz\ 2 = \frac{48.000\ €}{6\ Jahre} = 8.000\ €$$

Da es sich um ein Verfahren mit jährlichen Durchschnittswerten handelt, werden nicht die Kosten für eine bestimmte Periode, also das 2. oder 4. Jahr, ermittelt sondern für ein Durchschnittsjahr. Deshalb werden bei der Ermittlung der kalkulatorischen Zinsen nicht die Zinsen einer bestimmten Periode ermittelt, beruhend auf einer Verzinsung des Restwertes, sondern es wird die Durchschnittsmethode benutzt. Dabei wird eine kontinuierliche gleichmäßige Kapitalfreisetzung unterstellt.

Die Kapitalbindung verläuft dann folgendermaßen:

Abbildung 27: Verlauf der Kapitalbindung

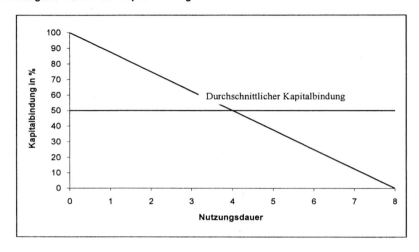

Die kalkulatorischen Zinsen werden ermittelt als:

$$kalkulatorische\ Zinsen = \frac{Anschaffungswert}{2} * Zins$$

$$kalkulatorische\ ZinsenKfz\ 1 = \frac{36.000\ €}{2} * 5\% = 900€$$

$$kalkulatorische\ ZinsenKfz\ 2 = \frac{48.000\ €}{2} * 5\% = 1.200€$$

Als fixe Betriebskosten sind im Beispiel alle Kosten anzusehen, die nicht von der Jahresfahrleistung abhängig sind, mithin die Steuern, die Versicherung, die Reparaturen, die im Beispiel nicht von der Jahresfahrleistung abhängen, sowie sonstige Kosten.

Tabelle 2: Zusammenstellung von sonstigen fixen Kosten in €

	Kfz 1	Kfz 2
Kfz-Steuer	300	330
Versicherung	800	760
Reparatur	800	600
Sonstiges	500	800
Summe sonstige Fixkosten	2.400	2.490

Die Treibstoffkosten, die variable Kosten sind, werden mittels einer kleinen Nebenrechnung ermittelt:

$$Treibstoffkosten\ Kfz = \frac{Verbrauch\ je\ 100\ km * Preis\ je\ Liter * Jahresfahrleistung}{100\ km}$$

$$Treibstoffkosten\ Kfz\ 1 = \frac{10\ l * 1{,}60\ €/l * 30.000\ km}{100\ km} = 4.800\ €$$

$$Treibstoffkosten\ Kfz\ 2 = \frac{8\ l * 1{,}30\ €/l * 30.000\ km}{100\ km} = 3.120€$$

Alle gefundenen Werte werden übersichtlich zusammengestellt:

Tabelle 3: Kostenvergleich zwischen zwei Kfz in €

	Kfz 1	Kfz 2
Abschreibungen	6.000,00	8.000,00
kalk. Zinsen	900,00	1.200,00
Sonstige fixe Kosten	2.400,00	2.490,00
variable Kosten	4.800,00	3.120,00
Summe der Kosten	14.100,00	14.810,00

Aus Kostengründen wird Kfz 1 bevorzugt, da die durchschnittlichen jährlichen Kosten nur 14.100 € gegenüber 14.810 € bei Kfz 2 betragen.

Anstelle des Vergleichs von durchschnittlichen Kosten pro Jahr können auch die durchschnittlichen Kosten pro Leistungseinheit, im vorliegenden Fall die Kosten je km verglichen werden. Dazu sind alle vorhergehenden Schritte durchzuführen und am Ende werden die Jahreskosten durch die Jahresleistung geteilt.

$$Kosten\ je\ km = \frac{Jahreskosten\ in\ €}{Jahresfahrleistung\ je\ km}$$

$$Kosten\ je\ km\ Kfz\ 1 = \frac{14.100\ €}{30.000\ km} = 0{,}47€/km$$

$$Kosten\ je\ km\ Kfz\ 2 = \frac{14.810\ €}{30.000\ km} = 0{,}4937\ €/km$$

Auch hier ist Kfz 1 aus Kostengründen zu empfehlen, da es die niedrigeren Kosten je km aufweist. Dies war allerdings auch zu erwarten, Kfz 1 weist die niedrigeren Kosten je Jahr auf und wenn die niedrigere Kostensumme von zwei durch die gleiche Jahresfahrleistung dividiert wird, bleibt sie die günstigere. Mithin vermittelt die Berechnung der durchschnittlichen Stückkosten keine neuen Erkenntnisse gegenüber dem Vergleich der Jahreskosten. Anders sieht es aus, wenn von den Fahrzeugen unterschiedliche Jahresfahrleistungen erwartet werden, dann ist ein Vergleich auf Basis der durchschnittlichen Stückkosten notwendig.

Modifikation um einen Liquidationserlös

Das Verfahren des Kostenvergleichs soll in einem weiteren Schritt um die Berücksichtigung eines Liquidationserlöses (LE) oder Restverkaufswertes erweitert werden.

Liquidationserlöse oder Restverkaufswerte fallen am Ende der Nutzungsdauer an, wenn ein Vermögensgegenstand gebraucht verkauft werden kann. Die oben benutzten Daten werden um diesen Restverkaufswert, der zu Beginn der Nutzung auf das Ende der Nutzungsdauer geschätzt werden muss, erweitert. Für Kfz 1 wird ein Restverkaufswert von 1.200 € und für Kfz 2 von 4.200 € erwartet. Die entscheidungsrelevanten Daten sind in der folgenden Übersicht zusammengestellt:

Tabelle 4: Entscheidungsrelevante Daten bei Berücksichtigung eines Liquidationserlöses

	Kfz 1	Kfz 2
Anschaffungswert in €	36.000	48.000
Leistungsmenge in km p.a.	30.000	30.000
Nutzungsdauer in Jahren	6	6
Treibstoffverbrauch l/100km	10	8
Kfz-Steuer p.a. in €	300	330
Versicherung p.a. in €	800	760
Reparatur p.a. in €	800	600
sonstiges p.a. in €	500	800
Treibstoffpreis pro l in €	1,60	1,30
Kalkulationszins in %	5	5
Liquidationserlös in €	1.200	4.200

Die Berücksichtigung eines Restverkaufswerts verändert die Abschreibung. Da eine Abschreibung der Werteverzehr bei einem langlebigen Wirtschaftsgut ist, muss berücksichtigt werden, dass nicht der gesamte Anschaffungswert verbraucht wird, wenn ein Restverkaufswert vorliegt. Vom Betreiber wird in der Nutzungsdauer nur die Differenz zwischen Anschaffungswert und Restverkaufswert verbraucht. Die folgende Abbildung verdeutlicht den Unterschied.

Abbildung 28: Werteverzehr mit und ohne Liquidationserlös

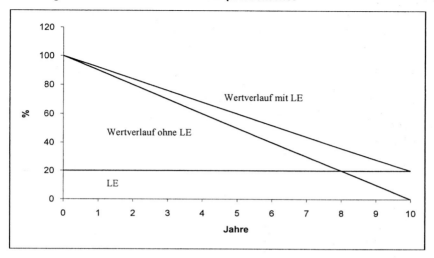

Wie zu erkennen ist, werden bei einer Abschreibung bis auf Null 100 % des Anschaffungswert verbraucht, bei einer Abschreibung unter Berücksichtigung eines Liquidationserlöses(LE) von bspw. 20 % des Anschaffungswertes nur insgesamt 80 % des Wertes, was der Differenz zwischen Anschaffungswert und Liquidationserlös entspricht. Der Werteverzehr, d.h. die Abschreibungssumme, verringert sich. Dies muss sich selbstverständlich auch in der Berechnung der Abschreibung niederschlagen.

$$jährlicher\ Abschreibungsbetrag = \frac{Anschaffungswert - Liquidationserlös}{Nutzungsdauer}$$

$$jährlicher\ Abschreibungsbetrag\ KFZ\ 1 = \frac{36.000 - 1.200}{6} = 5.800\ €$$

$$jährlicher\ Abschreibungsbetrag\ KFZ\ 2 = \frac{48.000 - 4.200}{6} = 7.300\ €$$

Aus der obigen Grafik ist auch zu entnehmen, dass die durchschnittliche Kapitalbindung höher liegt, wenn ein LE zu erwarten ist. Dies äußert sich darin, dass die Gerade, die den Verlauf der Kapitalbindung wiedergibt, bei Berücksichtigung eines LE oberhalb der Geraden ohne LE verläuft. Somit muss ein LE bei der Berechnung des gebundenen Kapitals berücksichtigt werden.

In der Grafik gut zu erkennen ist, dass während der gesamten Nutzungsdauer Kapital in Höhe des LE durchgängig gebunden ist, ein Sockelbetrag. Dieses Kapital muss verzinst werden.

Darüber hinaus ist die Hälfte zwischen Anschaffungswert und dem LE zu verzinsen; denn oberhalb des LE wird Kapital durch Abnutzung freigesetzt. Dies führt zu folgender Berechnung der kalkulatorischen Zinsen:

$$jährliche\ kalkulatorische\ Zinsen = \left[LE + \frac{Anschaffungswert - LE}{2} \right] * i$$

Die Berechnung der durchschnittlichen Kapitalbindung kann auch in Form der üblichen Durchschnittswertberechnung erfolgen, bei dem zum Anfangswert (AW) ein Endwert (LE) addiert und das Ergebnis dann durch 2 geteilt wird.

$$jährliche\ kalkulatorische\ Zinsen = \left[\frac{Anschaffungswert + LE}{2} \right] * i$$

Für den vorliegenden Fall errechnen sich:

$$jährliche\ kalkulatorische\ Zinsen\ Kfz\ 1 = \left[\frac{36.000 + 1.200}{2} \right] * 5\% = 930\ €$$

$$jährliche\ kalkulatorische\ Zinsen\ Kfz\ 2 = \left[\frac{48.000 + 4.200}{2} \right] * 5\% = 1.305\ €$$

Alle anderen Daten des Beispiels können von den vorhergehenden Ausführungen bei der Entscheidung ohne Liquidationserlös übernommen werden, so dass sich folgende Gegenüberstellung ergibt:

Tabelle 5: Kostenvergleich zwischen zwei Kfz, jeweils unter Berücksichtigung eines LE

	Kfz 1	Kfz 2
Abschreibungen	5.800,00	7.300,00
kalk. Zinsen	930,00	1.305,00
Sonstige fixe Kosten	2.400,00	2.490,00
variable Kosten	4.800,00	3.120,00
Summe der Kosten	13.930,00	14.215,00

Aus Kostengründen ist Kfz 1 zu bevorzugen, es weist die jährlich niedrigeren Durchschnittskosten auf.

Bei der Analyse und im Vergleich zur Situation ohne Liquidationserlös ist zu erkennen, dass bei beiden Fahrzeugen die Abschreibungsbeträge gesunken sind, die kalkulatorischen Zinsen jedoch aufgrund der höheren durchschnittlichen Kapitalbindung gestiegen sind.

- Ein Liquidationserlös verringert die Abschreibungssumme und verringert die jährlichen Abschreibungsbeträge.
- Ein Liquidationserlös erhöht das durchschnittlich gebundene Kapital und damit die jährlichen durchschnittlichen kalkulatorischen Zinsen.

6.4.1.3 Kritische Menge

Bisher ist davon ausgegangen worden, dass die jährliche Leistungsmenge exakt bekannt ist. Da sich eine Investitionsentscheidung in die Zukunft erstreckt, sind aber alle zukünftigen Werte nur Schätzwerte. Deshalb soll die Annahme, die jährliche Leistungsmenge sei bekannt, nunmehr aufgegeben werden. Es soll die Leistungsmenge ermittelt werden, bei der die Günstigkeitsreihenfolge umschlägt, d.h. die Leistungsmenge, bei der die durchschnittlichen jährlichen Kosten der beiden Alternativen gleich sind. Dies ist die Stelle der kritischen Menge.

Zunächst werden dazu die Kostengleichungen aufgestellt. Die allgemeine Form ist:

$K_{ges} = K_f + k_v * x$

K_{ges} = Gesamtkosten
K_f = Fixkosten
k_v = variable Kosten pro km
x = Leistungsmenge

Für das oben bereits benutzte Beispiel inklusive LE der Kraftfahrzeuge ergeben sich folgende Werte.

Tabelle 6: Vergleich der Fixkosten zwischen zwei Kfz, jeweils unter Berücksichtigung eines LE

	Kfz 1	Kfz 2
Abschreibungen	5.800,00	7.300,00
kalk. Zinsen	930,00	1.305,00
Sonstige fixe Kosten	2.400,00	2.490,00
Summe der fixe Kosten	9.130,00	11.095,00

Kfz 2 weist gegenüber Kfz 1 weitaus höhere Fixkosten auf.

Die variablen Kosten für 30.000 km im Jahr liegen vor. Daraus lassen sich durch Division der Kosten durch die Jahresfahrleistung variable Kosten je km errechnen. Sie betragen für die beiden Fahrzeuge:

Tabelle 7: variable Kosten je km für 2 Kfz

	Kfz 1	Kfz 2
variable Kosten	0,16	0,104

Kfz 2 weist gegenüber Kfz 1 die geringeren variablen Kosten je km auf.

Die Situation ist somit dadurch gekennzeichnet, dass Kfz 1 die weitaus geringeren Fixkosten, Kfz 2 hingegen die weitaus geringeren variablen Kosten je km hat. Grafisch lässt sich die Situation wie folgt darstellen:

Abbildung 29: Kritische Menge

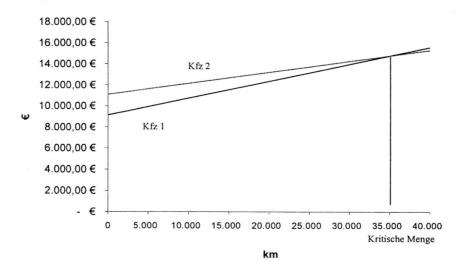

Wie aus der Grafik zu erkennen ist, ist die Kostensituation von Kfz 1 dadurch gekennzeichnet, dass es niedrigere Fixkosten gibt (= Abschnitt auf der y-Achse) kombiniert mit höheren variablen Stückkosten, die sich in einem steileren Verlauf der Geraden gegenüber Kfz 2 ausdrücken. Dadurch kommt es bei ca. 35.000 km zu einem Schnittpunkt der Geraden, was Kostengleichheit bedeutet. Dieser Schnittpunkt soll nun analytisch berechnet werden.

Als Funktionen geschrieben ergeben sich:

Kfz 1: $K1_{ges} = 9.130{,}00 + 0{,}16\,x$

Kfz 2: $K2_{ges} = 11.095{,}00 + 0{,}104\,x$

Im kritischen Punkt sind die Kosten beider Kfz gleich, also kann man die beiden Kostenfunktionen gleichsetzen:

$$K1_{ges} = K2_{ges}$$

$$9.130{,}00 + 0{,}16\,x = 11.095{,}00 + 0{,}104\,x$$

Diese Gleichung wird nach x aufgelöst.

$$0{,}16\,x - 0{,}104\,x = 11.095 - 9.130$$
$$0{,}056\,x = 1.965$$
$$x = 1.965 / 0{,}056$$
$$x = 35.089{,}29 \text{ km}$$

An dem Schnittpunkt der Geraden besteht ein Punkt gleicher Kosten, d.h. an diesem Punkt sind die beiden Kfz gleich teuer. Bis zu diesem Punkt, also von 0 km bis zu

35.089,29 km pro Jahr, ist die Investition, hier Kfz 1, mit den niedrigeren Fixkosten die günstigste. Rechts davon, also bei steigender Jahresfahrleistung ist das Fahrzeug mit den niedrigeren variablen Kosten je km, also Kfz 2, das günstigste.

Die vorletzte Zeile der Gleichungsauflösung lässt sich bei genauer Betrachtung interpretieren als Division des Unterschiedsbetrags der Fixkosten durch die Differenz der variablen Stückkosten. Es wird also die Frage beantwortet, bei welcher Menge der Vorteil bei den Fixkosten der einen Alternative durch den Nachteil bei den variablen Stückkosten aufgezehrt wird.

Die kritische Menge kann auch auf Basis der Stückkosten ermittelt werden. Bei der kritischen Menge sind die Stückkosten beider Alternativen gleich.

Die Stückkosten setzen sich aus den fixen Kosten je Stück und den variablen Kosten je Stück zusammen. Für die beiden Fahrzeuge ergeben sich folgende Ansätze:

$Kfz\ 1 : k_{ges1} = k_{fix} + k_v$

$Kfz\ 1 : k_{ges1} = \dfrac{K_{fix}}{x} + k_v$

$Kfz\ 1 : k_{ges1} = \dfrac{9.130\,€}{x} + 0,16\,€$

Für Kfz 2 ergibt sich entsprechend:

$Kfz\ 2 : k_{ges2} = \dfrac{11.095\,€}{x} + 0,104\,€$

Bei der kritischen Menge gilt nunmehr:

$k_{ges1} = k_{ges2}$

$$\dfrac{9.130\,€}{x} + 0,16\,€ = \dfrac{11.095\,€}{x} + 0,104\,€$$

$$0,16\,€ - 0,104\,€ = \dfrac{11.095\,€ - 9.130\,€}{x}$$

$0,056\,x = 1.965$

$x = 35.089,29\,km$

Abbildung 30: Kritische Menge unter Verwendung der Stückkosten

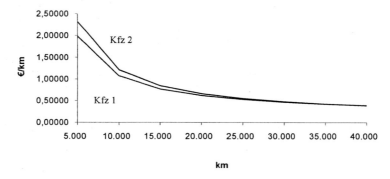

Wie aus der Grafik zu erkennen, hat zunächst Kfz 2 einen Kostennachteil, der mit steigender Fahrleistung pro Jahr geringer wird, bis bei 35.089 km bei beiden Fahrzeugen die Kosten je km identisch sind.

Die kritische Menge ist ein Beispiel, wie mit der unbekannten Zukunft umgegangen werden kann. Anstelle einer exakten vorgegebenen Leistungsmenge können Bereiche definiert werden, in denen eine bestimmte Investitionsalternative günstiger ist als eine andere. Dann muss nur noch abgewogen werden, ob die zu erwartende geforderte Leistungsmenge eher unter oder über der kritischen Menge liegen wird.

Kritische Werte können für alle entscheidenden Parameter ermittelt werden, z.B. ein kritischer Zins o.ä.

- Die kritische Menge ermittelt den Punkt der Kostengleichheit von zwei Investitionsalternativen.
- Eine sinnvolle kritische Menge kommt nur dann zustande, wenn eine Investitionsalternative niedrigere Fixkosten kombiniert mit höheren variablen Stückkosten als die andere Alternative aufweist.
- Zur rechnerischen Ermittlung sind die Kostenfunktionen notwendig.
- Eine grafische Ermittlung ist ebenfalls möglich.

6.4.1.4 Ersatzproblem

Bislang wurde die Entscheidungssituation Alternative neu gegen Alternative neu betrachtet. Die Kostenvergleichsrechnung ist allerdings auch auf eine Untersuchung der Kosten einer bestehenden Alternative gegen eine neue Alternative anwendbar, es geht dann um die Fragestellung, ob eine bestehende Alternative aus Kostengründen durch eine neue Investition ersetzt werden soll.

Entscheidungsgrundlage ist wie bislang die durchschnittlichen Kosten je Jahr. Bei der Altinvestition wird aber die Abschreibung durch aktuellere Werte ersetzt, dabei kann es um Wertschätzungen von einem Gebrauchtmarkt gehen, also um Werte, die vom Markt eingeholt werden. Die vor Jahren geplante und errechnete Abschreibung kann fehlerhaft sein. Z.B. wurde unter Umständen kein Liquidationserlös geplant, zum Entscheidungszeitpunkt ist aber erkennbar, dass durchaus für die alte Investition ein Liquidationserlös möglich ist. Die Minderung in einem möglichen Verkaufspreis, der dadurch eintritt, dass die Investition ein weiteres Jahr betrieben wird, ist der bei der Altinvestition eintretende Wertverlust. Dieser wird anstelle einer Abschreibung im Kostenvergleich berücksichtigt.

Sofern eine Investition einen Liquidationserlös erwarten lässt, ist auch noch Kapital gebunden, das verzinst werden muss.

Auf das Fahrzeugbeispiel übertragen soll Kfz 1 mit einem Altfahrzeug verglichen werden. Von einem Gebrauchtwagenhändler wird das Altfahrzeug, das bereits 5 Jahre Dienst hinter sich hat, auf 1.800 € geschätzt. Er bietet an, es nach 6 Jahren Nutzung für 900 € anzukaufen. Da die Abgasreinigung des Altfahrzeugs nicht auf dem Stand der Zeit ist, müssen höhere Steuern als für das neue Fahrzeug bezahlt werden. Ebenso ist der Treibstoffverbrauch pro 100 km höher. Die Versicherung ist etwas günstiger als beim neuen Kfz 1, hingegen sind natürlich die Reparaturkosten je Jahr deutlich höher. Die benötigten Angaben sind in der folgenden Tabelle zusammengetragen.

Tabelle 8: Entscheidungsrelevante Daten beim Ersatzvergleich

	Kfz 1	Altfahrzeug
Anschaffungswert in €	36.000,00 €	
Leistungsmenge in km p.a.	30.000	30.000
Nutzungsdauer in Jahren	6	6
Treibstoffverbrauch l/100km	10	11
Kfz-Steuer p.a. in €	300,00 €	400,00 €
Versicherung p.a. in €	800,00 €	750,00 €
Reparatur p.a. in €	800,00 €	1.200,00 €
sonstiges p.a. in €	500,00 €	500,00 €
Treibstoffpreis pro l in €	1,60 €	1,60 €
Kalkulationszins in %	5	5
Liquidationserlös in €	1.200,00 €	
Wert am Ende 5. Jahr		1.800,00 €
Wert am Ende 6. Jahr		900,00 €

Beim Kfz 1 werden die für die Entscheidung notwendigen Daten wie bereits oben beschrieben errechnet.

Bei dem Altfahrzeug wird aus der Differenz des Wertes am Ende des 5. Jahres und am Ende des 6. Jahres ein Wertverlust errechnet (1.800 € - 900 € = 900 €), der in die tabellarische Gegenüberstellung eingeht.

Wenn es um mehr als ein Jahr Restnutzungsdauer geht, wird der durchschnittliche jährliche Wertverlust berechnet als:

$$jährlicher\ Wertverlust = \frac{LE\ zum\ Ersatzzeitpunkt - LE\ am\ Ende\ der\ Nutzungsdauer}{Restnutzungsdauer}$$

Da noch Kapital gebunden ist, müssen auch kalkulatorische Zinsen berechnet werden. Dies geschieht nach der bekannten Formel, in die statt des Anschaffungswert nunmehr der Wert am Ende des 5. Jahres und statt des LE der Wert am Ende des 6. Jahres eingesetzt werden.

$$jährliche\ kalkulatorische\ Zinsen = \left[\frac{Wert\ Ende\ 5.Jahr + Wert\ Ende\ 6.Jahr}{2}\right] * i$$

$$jährliche\ kalkulatorische\ Zinsen = \left[\frac{1.800\ € + 900\ €}{2}\right] * 5\% = 67,50\ €$$

Tabelle 9: Kostenvergleich beim Ersatzproblem

	Kfz 1	Altfahrzeug
Abschreibungen	5.800,00 €	
Wertverlust		900,00 €
kalk. Zinsen	930,00 €	67,50 €
Sonstige fixe Kosten	2.400,00 €	2.850,00 €
variable Kosten	4.800,00 €	5.280,00 €
Summe der Kosten	13.930,00 €	9.097,50 €

Wie zu erkennen hat das Altfahrzeug im Vergleich zum neuen Kfz 1 zwar höhere Sonstige Fixkosten und höhere variable Kosten. Dieser Nachteil wird jedoch durch den sehr geringen Wertverlust im Gegensatz zur Abschreibung des neuen Kfz 1 und durch die niedrigen kalkulatorischen Zinsen überkompensiert, so dass die jährlichen Kosten des Altfahrzeugs erheblich unter den jährlichen Durchschnittskosten des neuen Kfz 1 liegen.

6.4.1.5 Unterschiedlich lange Nutzungsdauern

Unterschiedlich lange Nutzungsdauern stellen beim Kostenvergleichsverfahren kein Problem dar.

Angenommen sei, dass ein Fahrzeug 3 Jahre genutzt werden soll, das Alternativfahrzeug 4 Jahre. Theoretisch gesehen werden die Investitionsalternativen jeweils exakt wiederholt, bis das kleinste gemeinsame Vielfache an Nutzungsdauer zur Verfügung steht, im vorliegenden Fall werden somit 4 Fahrzeuge mit jeweils 3-jähriger Nutzungsdauer hintereinander gekauft und mit 3 Fahrzeugen mit jeweils 4-jähriger Nutzungsdauer verglichen.

Abbildung 31: Vergleich unterschiedlich langer Nutzungsdauern

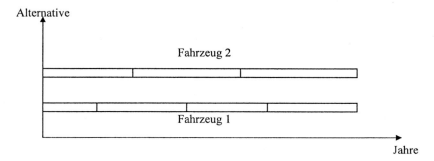

Es könnten alle Kosten für jedes Fahrzeug für 12 Jahre ermittelt werden und dann durch 12 geteilt werden; das Ergebnis wären die Kosten eines durchschnittlichen Jahres. Dann genügt es auch, aus drei oder vier Jahren Nutzungsdauer die Kosten eines beliebigen durchschnittlichen Jahres zu berechnen.

6.4.1.6 Beurteilung des Verfahrens

Der besondere Reiz des Verfahrens der Kostenvergleichsrechnung liegt in seiner Einfachheit. Das Verfahren ist einfach und schnell anzuwenden. Bei unterschiedlichen jährlichen Leistungsmengen kann auf einen Stückkostenvergleich ausgewichen werden. Nicht berücksichtigt werden können qualitative Unterschiede der erzeugten Leistungen, im Fall der Kraftfahrzeuge gehen Zuverlässigkeit, Transportbequemlichkeit u.ä. nicht in die Betrachtung ein.

Ein gravierender Mangel der Kostenvergleichsrechnung besteht darin, dass ausschließlich Kosten betrachtet werden, die Absatzseite findet keine Beachtung. Ob überhaupt Gewinne erwirtschaftet werden und eine Verzinsung des eingesetzten Kapitals stattfindet, bleibt unberücksichtigt. Die Tatsache, dass eine Investition unter mehreren Alternativen die kostengünstigste ist, besagt nichts darüber, ob auch eine angemessene Verzinsung des eingesetzten Kapitals erreicht wird.

Weiterhin unberücksichtigt bleibt der zeitliche Anfall der Kosten. Es macht einen Unterschied, ob z.B. der Kaufpreis in Raten oder sofort gezahlt werden muss. Dieser Unterschied kommt erst in den dynamischen Investitionsrechnungsverfahren zum Tragen.

Auch ist unbefriedigend, dass nur mit Durchschnittswerten gerechnet werden kann. Es kann also z.B. nicht abgebildet werden, dass im Verlauf der Nutzung eines Investitionsgegenstandes die Reparaturkosten üblicherweise steigen. Oder es kann nicht berücksichtigt werden, dass Kosten für Roh-, Hilfs- und Betriebsstoffe üblicherweise im Verlauf der Nutzung steigen.

> **Anwendungsfälle der Kostenvergleichsrechnung**
>
> Die Anwendung der Kostenvergleichsrechnung bietet sich an,
> - wenn Qualitätsunterschiede (schneller, mehr, Werbeaufdruck usw.) ohne Bedeutung sind, d.h. die Investitionsalternativen müssen homogen sein,
> - wenn es allein auf die Kosten ankommt,
> - wenn Vereinfachungen zulässig sind (Durchschnittswerte, kein Zeitaspekt, keine Zinseszinsen).

6.4.2 Die Gewinnvergleichsrechnung

Die Kostenvergleichsrechnung versagt dann, wenn sich bei unterschiedlichen Investitionsalternativen auf der Absatzseite Unterschiede ergeben. Sei es, dass bestimmte Produkte oder Leistungen aus qualitativen Gründen nur zu unterschiedlichen Preisen abgesetzt werden können, sei es, dass steigende Mengen nur zu niedrigeren Preisen am Markt untergebracht werden können. Diesen Mangel versucht die **Gewinnvergleichsrechnung** zu beheben, indem sie die Erlöse in die Betrachtung mit einbezieht. Im Prinzip handelt es sich um eine um Erlöse erweiterte Kostenvergleichsrechnung, in der als Auswahlkriterium nicht die niedrigsten Kosten sondern der höchste Periodengewinn gewählt wird. Somit gelten die bei der Kostenvergleichsrechnung vorgebrachten Bedenken bezüglich zeitlicher Verteilung der Ausgaben und Einnahmen und der Rentabilität weiterhin.

Beispiel
Zur Auswahl stehen zwei Maschinen, deren relevante Daten in folgender Tabelle zusammengestellt sind.

Tabelle 10: Daten von zwei Maschinen für die Gewinnvergleichsrechnung

	Maschine 1	Maschine 2
Anschaffungswert in €	10.000,00	15.000,00
variable Kosten in €/Stück	0,85	0,90
Kapazität pro Jahr in Stück	100.000,00	100.000,00
Verkaufspreis in €/Stück	1,10	1,18
Nutzungsdauer in Jahren	2	2
kalk. Zinssatz	5%	5%

Die Verkaufspreise pro Stück werden mit den abzusetzenden Mengen multipliziert und ergeben die Erlöse in €. Die Kosten werden wie oben beschrieben berechnet. Es wird dann folgender Vergleich angestellt:

Kapitel 6 - Investition und Investitionsrechnung 137

Tabelle 11: Gewinnvergleich für zwei Maschinen

	Maschine 1	Maschine 2
Erlös in €	110.000,00	118.000,00
./. Abschreibung in €	5.000,00	7.500,00
./. kalk. Zinsen in €	250,00	375,00
./. var. Kosten in €	85.000,00	90.000,00
Ergebnis in €	19.750,00	20.125,00

Maschine 2 ist die bessere Alternative, da ihr durchschnittlicher Periodengewinn höher ist.

Auch in der Kommunalverwaltung ist die Gewinnvergleichsrechnung anwendbar in den Bereichen, wo Geld eingenommen wird. Dies können z.B. Schwimmbäder, kommunale Skilifte oder Räumlichkeiten, die vermietet werden sollen, sein.

Wie die Kostenvergleichsrechnung ist auch bei der Gewinnvergleichsrechnung die isolierte Beurteilung einer einzelnen Investition nicht möglich. Aussagen lassen sich nur im Vergleich mehrerer Investitionsalternativen machen. Es fehlt auch die Möglichkeit, die Vorteilhaftigkeit im Verhältnis zum eingesetzten Kapital zu beurteilen.

6.4.3 Übungsaufgaben

Aufgabe 1

Die Stadt steht vor der Aufgabe, für die Reinigung des Marktplatzes und anderer Flächen ein Kehrfahrzeug anzuschaffen. Zur Auswahl stehen zwei Fahrzeuge, die durch folgende Daten gekennzeichnet sind.

Ermitteln Sie, welches Kehrfahrzeug nach der Kostenvergleichsrechnung angeschafft werden sollte.

Tabelle 12: Daten der beiden Kehrfahrzeuge

	Kehrfahrzeug 1	Kehrfahrzeug 2
Anschaffungswert	30.000,00 €	36.000,00 €
Nutzungsdauer in Jahren	6	6
Kalkulationszins	5%	5%
Wartungskosten pro Jahr	2.400,00 €	2.800,00 €
variable Kosten je m²	0,13 €	0,12 €
zu reinigende Fläche in m² pro Jahr	100.000	100.000
LE am Ende der ND	3.600,00 €	4.200,00 €

Aufgabe 2

Ermitteln Sie, ob es für die in Aufgabe 1 vorgestellten Kehrmaschinen eine kritische Menge gibt.

Aufgabe 3

Die Gemeinde G steht vor der Entscheidung, welches Müllfahrzeug sie beschaffen soll. Das Fahrzeug soll 6 Jahre benutzt werden, der kalkulatorische Zins wird mit 6 % von der Kämmerei vorgegeben. Das Müllfahrzeug soll voraussichtlich an 2.500 Stunden im Jahr eingesetzt werden.

Der Marktführer bietet ein Fahrzeug A zum Anschaffungswert von 48.000 Euro an. Am Ende der Nutzungszeit ist mit einem Verkaufserlös von 12.000 Euro zu rechnen. Jährliche fixe Kosten für Versicherung etc. betragen 400 Euro. Die variablen Kosten inkl. anteiliger Wartungskosten betragen für jede Betriebsstunde 2 Euro.

Als Alternative kommt Müllfahrzeug B in Betracht. Es kostet 37.000 Euro und würde vom Anbieter nach 6 Jahren für 10.000 Euro in Zahlung genommen. Versicherung etc. betragen 800 Euro. Das Fahrzeug müsste vom Hersteller gewartet werden. Unabhängig von den Einsatzstunden werden dafür pro Jahr 2.000 Euro vereinbart. Die variablen Kosten je Betriebsstunde betragen 1 Euro.

a) Für welche Alternative entscheiden Sie sich nach der Kostenvergleichsrechnung? Erläutern Sie die zu treffenden Annahmen.

b) Die Anzahl der Betriebsstunden wird als unsicher angesehen. Analysieren Sie Ihre Entscheidung mit Blick auf die geschätzten Betriebsstunden!

Aufgabe 4:

Seit die Nachbargemeinde ein Spaßbad eröffnet hat, beobachtet die Stadt Wasserhausen, dass sich die Besucherzahl im eigenen Hallenbad auf einem niedrigeren Niveau als vorher eingependelt hat. Waren es vorher 66.000 Besucher im Jahr, so sind es nach Öffnung des Konkurrenzbades nur noch 50.000 Besucher. Jeder Besucher zahlt 5,- € pro Eintritt. Zur Erhöhung der Attraktivität wird über den Bau einer Riesenrutsche nachgedacht. Die komplette Maßnahme verursacht voraussichtliche Ausgaben in Höhe von 720.000 €. Für Energieverbrauch sowie kleinere Instandhaltungen werden pro Jahr 5.000 € erwartet. Die Nutzungsdauer wird auf 10 Jahre geschätzt.

Experten prognostizieren, dass nach Öffnung der Rutsche die Besucherzahl im Hallenbad Wasserhausens wieder auf das alte Niveau steigen wird. Der neue Eintrittspreis nach Öffnung der Riesenrutsche soll 10 % höher als vorher sein. Ohne Riesenrutsche soll der Eintrittspreis nicht verändert werden. Die Stadt rechnet mit einem kalkulatorischen Zins von 5 %.

Falls das Hallenbad wie bisher weiterbetrieben wird, entsteht jedes Jahr ein Ergebnis von -15.000 € für die Stadt Wasserhausen. Wenn es geschlossen wird, wird die Stadt für die nächsten 10 Jahre mit Kosten, die nicht abgebaut werden können, in Höhe von jährlich 50.000 € belastet.

Wägen Sie die drei Möglichkeiten (Riesenrutsche, Schließung, "Weiter-wie-bisher") unter Berücksichtigung von Erlösen und Kosten, sofern sie den einzelnen Maßnahmen zuzuordnen sind, gegeneinander ab. Welche Maßnahme ist für die Stadt sinnvoll? Begründen Sie kurz Ihre Antwort.

Lösung zu Aufgabe 1

Zur Lösung werden für beide Kehrfahrzeuge die Abschreibungen, die kalkulatorischen Zinsen, die sonstigen Fixkosten und die variablen Kosten für die gegebene Leistungsmenge benötigt.

Die Abschreibungen errechnen sich wie oben dargestellt unter Berücksichtigung des LE als:

$$jährlicher\ Abschreibungsbetrag = \frac{Anschaffungswert - Liquidationserlös}{Nutzungsdauer}$$

Für Kehrfahrzeug 1:

$$jährlicher\ Abschreibungsbetrag = \frac{30.000\,€ - 3.600\,€}{6} = 4.400\,€$$

Für Kehrfahrzeug 2:

$$jährlicher\ Abschreibungsbetrag = \frac{36.000\,€ - 4.200\,€}{6} = 5.300\,€$$

Die kalkulatorischen Zinsen werden ermittelt als:

$$jährliche\ kalkulatorische\ Zinsen = \left[\frac{Anschaffungswert + LE}{2}\right] * i$$

Für Kehrfahrzeug 1:

$$jährliche\ kalkulatorische\ Zinsen = \left[\frac{30.000\,€ + 3.600\,€}{2}\right] * 5\% = 840,00\,€$$

Für Kehrfahrzeug 2:

$$jährliche\ kalkulatorische\ Zinsen = \left[\frac{36.000\,€ + 4.200\,€}{2}\right] * 5\% = 1.005,00\,€$$

An sonstigen Fixkosten fallen nur die Wartungskosten an.

Die variablen Kosten lassen sich anrechnen als:

Für Kehrfahrzeug 1:

jährliche var*iable Kosten* = 0,13 € * 100.000 m^2 = 13.000,00 €

Für Kehrfahrzeug 2:

jährliche var*iable Kosten* = 0,12 € * 100.000 m^2 = 12.000,00 €

Die ermittelten Werte werden wie üblich in der bekannten Übersicht zusammengestellt:

Tabelle 13: Ergebnis des Kostenvergleichs aus Aufgabe 1

	Kehrfahrzeug 1	Kehrfahrzeug 2
Abschreibung	4.400,00 €	5.300,00 €
kalk. Zinsen	840,00 €	1.005,00 €
sonstige Fixkosten	2.400,00 €	2.800,00 €
var. Kosten	13.000,00 €	12.000,00 €
Summe	20.640,00 €	21.105,00 €

Aus Kostengründen ist Kehrfahrzeug 1 vorzuziehen, es weist gegenüber Kehrfahrzeug 2 die niedrigeren jährlichen Durchschnittskosten auf.

Lösung zu Aufgabe 2

Zunächst müssen die Kostenfunktionen aufgestellt werden. Dazu werden jeweils die Abschreibung, die kalkulatorischen Zinsen und die sonstigen Fixkosten zu Fixkosten zusammengefasst.

Tabelle 14: Fixkosten aus Aufgabe 2

Kostenart	Kehrfahrzeug 1	Kehrfahrzeug 2
Abschreibung	4.400,00 €	5.300,00 €
Kalk. Zinsen	840,00 €	1005,00 €
Sonstige Fixkosten	2.400,00 €	2.800,00 €
Fixkosten	7.640,00 €	9.105,00 €

Die variablen Stückkosten, d.h. Kosten je zu reinigendem m² können direkt als 0,13 € bzw. 0,12 € aus der Aufgabenstellung übernommen werden.

In die allgemeine Kostenfunktion der Form

$$K_{ges} = K_f + k_v * x$$

können die gefundenen Werte eingesetzt werden. Es ergeben sich für Kehrfahrzeug 1 die Funktion

$$K_{ges1} = 7.640 \text{€} + 0,13 \text{€} * x$$

und für Kehrfahrzeug 2 die Funktion

$$K_{ges2} = 9.105 \text{€} + 0,12 \text{€} * x$$

Die beiden Funktionen werden gleichgesetzt und aufgelöst:

$$K_{ges1} = K_{ges2}$$

$$7.640 \text{€} + 0,13 \text{€} * x = 9.105 \text{€} + 0,12 * x$$

$$0,13 \text{€} * x - 0,12 * x = 9.105 \text{€} - 7.640 \text{€}$$

$$0,01 * x = 1.465$$

$$x = 146.500$$

Wenn die zu reinigende Fläche exakt 146.500 m² beträgt, verursachen die beiden Kehrfahrzeuge gleiche Kosten. Wenn die zu reinigende Fläche größer ist, ist Kehrfahrzeug 2 das kostengünstigere, denn es verursacht die geringeren variablen Kosten. Bei einer zu reinigenden Fläche, die geringer als 146.500 m² ist, ist Kehrfahrzeug 1 vorzuziehen, denn es weist die geringeren Fixkosten auf.

> Wenn es um die kritische Menge geht, sind bei geringen geforderten Leistungsmengen pro Jahr die Alternativen mit den geringeren Fixkosten im Vorteil. Bei steigenden Leistungsmengen gewinnen die Alternativen mit geringen variablen Stückkosten einen Vorteil.

Lösung zu Aufgabe 3

Die Kostenvergleichsrechnung kann dann angewendet werden, wenn die Alternativen von gleichem Nutzen sind, d.h. es darf z.B. keine Bedienungsunterschiede bei den Fahrzeugen geben oder es darf nicht sein, dass eines der Fahrzeuge mit Werbung bestückt ist und das andere nicht.

Auch darf die Höhe des eingesetzten Kapitals sich nicht großartig unterscheiden, dies ist im vorliegenden Fall schon fraglich.

a) Das Ergebnis des rechnerischen Vergleichs ist folgender Tabelle zu entnehmen:

Tabelle 15: Kostenvergleich zweier Müllfahrzeuge

	A	B
Abschreibung	6.000	4.500
kalk. Zinsen	1.800	1.410
sonst. Fixkosten	400	2.800
variable Kosten	5.000	2.500
Kges	13.200	11.210

Aus Kostengründen ist Fahrzeug B vorzuziehen.

b) Zunächst sind die beiden Kostengleichungen aufzustellen:

Für A:
$$K_{ges} = K_{fix} + k_v x$$
$$K_{ges} = 8.200 + 2x$$

Für B:
$$K_{ges} = 8.710 + 1x$$

Dann werden zur Ermittlung der kritischen Menge x die beiden Gleichungen gleichgesetzt:
$$8.200 + 2x = 8.710 + x$$

Nach Auflösung ergibt sich eine kritische Menge von 510 Stunden, was sich deutlich von den erwarteten 2.500 jährlichen Stunden unterscheidet.

Von Null bis 510 Stunden wäre Müllfahrzeug A das günstigere, bei 510 Stunden sind A und B identisch in den Kosten, danach ist Fahrzeug B das günstigere. Fahrzeug A hat bei der kleinen Leistungsmenge Vorteile, da es die geringeren Fixkosten aufweist.

Lösung zu Aufgabe 4

Anzustellen ist im Prinzip ein Gewinnvergleich, wobei sich die Gewinne bzw. Ergebnisse für die Alternativen Schließung bzw. Weiter-wie-Bisher aus dem Text ableiten lassen.

Wenn das Hallenbad geschlossen wird, entfallen auf jeden Fall die Erlöse. Als Ergebnis bleibt für die nächsten 10 Jahre eine Belastung der Gemeinde in Höhe von 50.000 € pro Jahr, das können bspw. die Abschreibungen für das Gebäude, kalkulatorische Zinsen für gebundenes Kapital und eine notdürftige Heizung sein.

Wenn das Hallenbad weiter-wie-bisher betrieben wird, kommen 50.000 Besucher, die jeweils 5,00 € Eintritt zahlen. Somit entstehen Erlöse in Höhe von 250.000 €. Da der jährliche Verlust in Höhe von −15.000 € bekannt ist, lassen sich aus der Differenz zwischen Erlösen und Verlust Gesamtkosten in Höhe von 265.000 €[1] ermitteln.

Wenn die Riesenrutsche gebaut wird, kommen zusätzliche Besucher und der Eintrittspreis wird erhöht. Es errechnet sich ein Erlös in Höhe von

$$Erlös = Besucher * Eintrittspreis$$

$$Erlös = 66.000 * 5,50 € = 363.000 €$$

Mit Riesenrutsche entstehen zusätzlich zu den bekannten Kosten des Schwimmbads in Höhe von 265.000 € noch Abschreibungen, kalkulatorische Zinsen und sonstige Fixkosten für die Riesenrutsche.

$$jährlicher\ Abschreibungsbetrag = \frac{720.000\ €}{10} = 72.000\ €$$

$$kalkulatorische\ Zinsen = \frac{720.000\ €}{2} * 5\% = 18.000\ €$$

Die sonstigen Fixkosten können als 5.000 € dem Text entnommen werden.

Alle bislang gesammelten Werte werden in einer Tabelle übersichtlich zusammengestellt:

Tabelle 16: Daten der Aufgabe 3

	Schließung	Weiter-wie-bisher	Mit Riesenrutsche	Differenz zwischen Weiter-wie-bisher und Riesenrutsche
Erlöse		250.000 €	363.000 €	113.000 €
Kosten des Schwimmbads		265.000 €	265.000 €	
Abschreibung RR			72.000 €	72.000 €
Kalk. Zinsen RR			18.000 €	18.000 €
Sonstige Kosten RR			5.000 €	5.000 €
Ergebnis	− 50.000 €	− 15.000 €	3.000 €	18.000 €

Wie in der letzten Zeile zu erkennen ist, schneidet die Alternative Schließung am schlechtesten ab. Sie verursacht für die nächsten 10 Jahre eine Belastung in Höhe von 50.000 € jährlich für die Gemeinde. Die Situation „Weiter-wie-bisher" ist auch nicht empfehlenswert, denn verglichen mit der Situation nach Bau der Riesenrutsche (RR) stehen statt der Belastung in Höhe von 15.000 € jährlich mit RR ein jährliches Ergebnis in Höhe von 3.000 € zur Verfügung. Die Spalte Differenz zwischen „Weiter-wie-bisher" und Riesenrutsche arbeitet die Unterschiede zwischen den Alternativen heraus und wird später noch benötigt.

---

[1] Aus Vereinfachungsgründen wird nicht in fixe und variable Kosten unterschieden, es sei unterstellt, dass es nur geringe variable Kosten gibt, so dass sie nicht entscheidungsrelevant sind.

6.4.4 Das Rentabilitätsverfahren

6.4.4.1 Beschreibung des Verfahrens

Der Mangel des Gewinnvergleichsverfahrens, dass keine Aussage über die Verzinsung des eingesetzten Kapitals gemacht wird, führt zum **Rentabilitätsverfahren**, manchmal auch als **Return on investment ROI** (Rückfluss des investierten Kapitals) bezeichnet. Dabei wird der durchschnittliche Gewinn dem durchschnittlich eingesetzten Kapital gegenübergestellt.

$$\text{Re}ntabilität\, in\, \% = \frac{durchschnittlicher\, Gewinn\, vor Zinsen}{durchschnittlich\, gebundenes\, Kapital} * 100$$

Beträgt beispielsweise der durchschnittliche Gewinn vor Zinsen 100 € und das durchschnittliche eingesetzte Kapital 1.000 €, so errechnet sich eine Rentabilität von 10 %. Dieser Wert gibt an, wie hoch sich das eingesetzte Kapital verzinst.

Die ermittelten Rentabilitäten mehrerer Investitionsalternativen werden miteinander verglichen. Eine einzelne Ziffer besagt nichts, die durchschnittliche Verzinsung wird erst im Vergleich aussagekräftig.

Mindestverzinsung <?> Rentabilität Alternative 1 <?> .... <?> Rentabilität Alternative n

Aus der Menge der Investitionsalternativen ist diejenige die vorteilhafteste, die im Vergleich mit den anderen die höchste Rentabilität aufweist. Hinzu kommt eine Messung gegen einen vom Investor zu formulierenden Sollzins. Dies ist der Zins, den in seinen Augen eine Investition mindestens erbringen soll, um für ihn attraktiv zu sein. Liegt die ermittelte Rentabilität der Investitionsalternative über dem Sollzins, ist sie wirtschaftlich sinnvoll. Liegt die Rentabilität darunter, ist sie nicht sinnvoll.

Beispiel
Die Stadt W überlegt den Bau einer Tribüne mit überdachten Sitzplätzen für das Stadion. Es liegt nur ein Angebot vor. Dabei ist mit Bauausgaben in Höhe von 900.000 € zu rechnen. Die Nutzungsdauer wird auf 6 Jahre geschätzt. Durch den Bau werden über erhöhte Preise Mehreinnahmen in Höhe von 300.000 € pro Jahr erwartet. Jährlich fallen noch 100.000 € für Folgekosten an. Die Stadt rechnet mit einem kalkulatorischen Zins von 6 %. Wie hoch ist die Rentabilität der Tribüne?

Mehreinnahmen	300.000 €
./. Abschreibungen	150.000 €
./. Folgekosten p.a.	100.000 €
Gewinn vor Zinsen	50.000 €

Im Vergleich zur Gewinnvergleichsrechnung fällt auf, dass die in die weitere Rechnung eingehende Größe „Gewinn vor Zinsen" berechnet wird, ohne von den generierten Mehreinnahmen kalkulatorische Zinsen abzuziehen. Dies geschieht, da die Verzinsung nicht vorgegeben ist, sondern erst ermittelt werden soll.

Als durchschnittlich gebundenes Kapital geht, wie gewohnt, der halbe Anschaffungswert in den Nenner der Berechnung ein.

Die Rentabilität errechnet sich dann als:

$$\overline{Rentabilität} = \frac{50.000\,€}{450.000\,€} * 100 = 11\%$$

Diese Rentabilität liegt über der zu fordernden Mindestrentabilität, die durch den Kalkulationszins von 6 % vorgegeben ist, also ist die Maßnahme sinnvoll.

> Bei der Ermittlung der Rentabilität bleiben kalkulatorische Zinsen außen vor, denn die Verzinsung soll erst ermittelt werden.

Im Bereich der öffentlichen Verwaltung ist der Gewinn üblicherweise keine Entscheidungsgröße. Vor allem bei Ersatzinvestitionen geht es oftmals darum, durch erhöhten Kapitaleinsatz Kosten zu sparen. Knapp gesagt, geht es um eine Kostenersparnisrentabilität.

Als Beispiel sollen die bei vielen öffentlichen Verkehrsbetrieben üblichen Fahrkartenautomaten herangezogen werden. Durch den Verkauf über die Automaten wurden Arbeitskosten und Raumkosten der in der Vergangenheit üblichen Verkaufsstellen eingespart. Dazu sind die Errichtung und der Betrieb der Fahrkartenautomaten notwendig.

Es sei angenommen, dass ein Automat inklusive Errichtung 30.000 € koste, seine Lebensdauer werde auf 4 Jahre geschätzt. Jedes Jahr fallen Instandhaltungs-, Energiekosten sowie Leerungskosten in Höhe von 12.500 € an. Durch den Automaten wird ein Arbeitsplatz, der pro Jahr Kosten in Höhe von 30.000 € verursacht, eingespart.

Die Kostenersparnisrentabilität errechnet sich als:

$$Rentabilität\ in\ \% = \frac{durchschnittliche\ Kostenersparnis\ vor\ Zinsen}{durchschnittlich\ gebundenes\ Kapital} * 100$$

Der Zähler des Bruches lässt sich ermitteln wie folgt:

Ersparte Kosten	30.000 €
./. Abschreibung	7.500 €
./. Instandhaltungs- und Energiekosten	12.500 €
Kostenersparnis vor Zinsen	10.000 €

Um jährlich 10.000 € zu sparen, muss Kapital eingesetzt werden. Die durchschnittliche Kapitalbindung beträgt die Hälfte des Anschaffungswerts, also 15.000 €. Somit ergibt sich eine Kostenersparnisrentabilität von:

$$Rentabilität\ in\ \% = \frac{10.000\ €}{15.000\ €} * 100 = 67\ \%$$

Diese Rentabilität ist so hoch, dass es unnötig erscheint, eine gewünschte Mindestverzinsung vorzugeben, mithin ist der Ersatz von menschlicher Arbeitskraft durch Automaten aus rein wirtschaftlichen Gründen sinnvoll.

Auch bei der Rentabilitätsrechnung kann ein (sicher) erwarteter **Liquidationserlös** berücksichtigt werden.

Ausgegangen wird von der allgemein gültigen Berechnungsweise der Rentabilität:

$$Rentabilität\ in\ \% = \frac{durchschnittlicher\ Gewinn\ vor\ Zinsen}{durchschnittlich\ gebundenes\ Kapital} * 100$$

Ein erwarteter Liquidationserlös erhöht, wie bereits bei der Kostenvergleichsrechnung gezeigt wurde, das durchschnittlich gebundene Kapital.

Folgendes einfaches Zahlenbeispiel soll die Rechenweise verdeutlichen.

Eine Maschine verursacht bei der Anschaffung 2.500 € Ausgaben. Ihre Nutzungsdauer wird auf 5 Jahre geschätzt. Danach wird sicher mit einem Restverkaufswert von 500 € gerechnet. Zusätzlich entstehen pro Jahr sonstige Fixkosten in Höhe von 200 €. Das was auf ihr produziert wird, bringt dem Betrieb jährliche Einnahmen in Höhe von 2.000 €, wofür variable Kosten in Höhe von 700 € anfallen.
Ermitteln Sie die Rentabilität!

Für die Rentabilität wird, wie aus der Formel oben zu sehen ist, der durchschnittliche Gewinn vor Zinsen benötigt.

Einnahmen	2.000 €
- Abschreibung	400 €
- Sonstige Fixkosten	200 €
- Variable Kosten	700 €
= Gewinn vor Zinsen	700 €

Ferner wird das durchschnittlich gebundene Kapital benötigt, welches sich bekanntermaßen wie folgt berechnet:

$$durchschnittlich\ gebundenes\ Kapital = \left[\frac{Anschaffungswert + LE}{2}\right]$$

Für das vorliegende Beispiel:

$$durchschnittlich\ gebundenes\ Kapital = \left[\frac{2.500\ € + 500\ €}{2}\right] = 1.500\ €$$

Beide Werte werden nunmehr in die Formel zur Berechnung der Rentabilität eingesetzt und ergeben:

$$Rentabilität\ in\ \% = \frac{700\ €}{1.500\ €} * 100 = 46,67\ \%$$

Dies ist eine sehr hohe Verzinsung des eingesetzten Kapitals, die sehr wahrscheinlich nicht durch eine andere Investition zu toppen ist.

6.4.4.2 Beurteilung des Rentabilitätsverfahrens

Wie bei der Kostenvergleichsrechnung und der Gewinnvergleichsrechnung liegt eine Schwäche des Verfahrens in der Betrachtung von Durchschnittswerten. Die zeitliche Verteilung von Einnahme- und Ausgabeströmen spielt keine Rolle. Ein Vorteil gegenüber der Kostenvergleichsrechnung oder Gewinnvergleichsrechnung besteht darin, dass zur Verzinsung des eingesetzten Kapitals eine Aussage gemacht wird. Außerdem ist es mit diesem Verfahren möglich, eine einzelne Investitionsmaßnahme durch Vergleich mit der Sollverzinsung zu beurteilen.

Ein Nachteil bei der Rentabilitätsrechnung besteht darin, dass bei unterschiedlichem Kapitaleinsatz die Rentabilitäten nicht unmittelbar miteinander verglichen werden können. Es sei von folgender Entscheidungssituation ausgegangen:

	Alternative 1	Alternative 2
Durchschnittliche Kapitalbindung	20.000 €	12.000 €
Rentabilität	10 %	12 %
Gewinn vor Zinsen	2.000 €	1.440 €

Alternative 2 liefert die höhere Rentabilität bei geringerem Kapitaleinsatz. Dies spricht zunächst einmal für die Alternative 2. Allerdings muss überlegt werden, was mit der Differenz zum Kapitaleinsatz von Alternative 1 geschehen soll. Wenn es für die Differenz in Höhe von 8.000 € keine Anlagemöglichkeit gibt, wirft die Alternative 2 nur einen Gewinn vor Zinsen in Höhe von 1.440 € ab, hingegen liefert der höhere Kapitaleinsatz bei Alternative 1 einen Gewinn vor Zinsen in Höhe von 2.000 €, was absolut gesehen unzweifelhaft mehr als 1.440 € ist. Gelingt es bei Alternative 2 die Differenz auch zu 12 % anzulegen, ist selbstverständlich Alternative 2 gegenüber Alternative 1 vorzuziehen.

Wenn nichts gesagt wird, was mit der Differenz geschehen soll, geht die einfache Form der Rentabilitätsrechnung davon aus, dass die Differenz ebenfalls zur ermittelten Verzinsung angelegt werden kann.

> **Vorteile der Rentabilitätsrechnung:**
> - durch Messung (Vergleich) mit der geforderten Mindestverzinsung (Rentabilität) kann auch die Vorteilhaftigkeit einer einzelnen Investition beurteilt werden,
> - sie beachtet auch die Einnahmeseite.
>
> **Kritikpunkte der Rentabilitätsrechnung:**
> - es werden konstante Gewinn- und Kostenersparnisse im Zeitablauf unterstellt,
> - es wird nur mit Durchschnittsgrößen gerechnet,
> - es handelt sich um eine Ein-Perioden-Betrachtung,
> - bei unterschiedlichem Kapitaleinsatz muss eine Aussage gemacht werden zur sog. Differenzinvestition.

6.4.4.3 Übungsaufgaben

Aufgabe 1

Gegenüber der Hochschule befindet sich ein Kopierzentrum, das von den Studierenden gerne in Anspruch genommen wird. Der Betreiber überlegt, ob er neben den Kopien auch die Beflockung von T-Shirts anbieten soll. Dazu ist eine neue Maschine im Wert von 8.000 € notwendig. Sie hat laut Herstellerangaben eine Lebensdauer von 5 Jahren. Der Kopiershopbetreiber erwartet, dass er im Durchschnitt pro Woche 6 T-Shirts beflocken wird. Der Laden ist im Jahr an 50 Wochen geöffnet. Ein T-Shirt kostet ihn in der Beschaffung 2,50 €. An Energiekosten und Beflockungsmaterial rechnet er mit 1,00 € pro T-Shirt. Weitere Kosten können vernachlässigt werden. Der Verkaufspreis soll 10 € pro T-Shirt betragen. T-Shirts werden nur auf Auftrag gefertigt. Für die 8.000 € hat er eine alternative Anlagemöglichkeit für 4 %.

Soll er die Beflockungsmaschine beschaffen und die Beflockung in sein Sortiment aufnehmen?

Aufgabe 2

Ermitteln Sie die Rentabilität der Maßnahme Riesenrutsche aus Aufgabe 3 von Kapitel 6.4.3.

Aufgabe 3

Im Rahmen der Diskussion über Energieeinsparungen wird der Vorschlag unterbreitet, in einigen Straßenbereichen die Straßenbeleuchtung durch Energiesparlampen zu ersetzen. Der Austausch der Lampen kostet alles in allem 40.000 €. Bei den Lampen wird mit einer Lebensdauer von 5 Jahren gerechnet. Die alten Lampen müssten im Rahmen der regelmäßigen Instandhaltung sowieso getauscht werden. Der Energieverbrauch der alten

Lampen verursacht pro Jahr Kosten in Höhe von 80.000 €, die neuen Lampen werden nur noch 65.000 € pro Jahr verbrauchen. Die Stadt rechnet üblicherweise mit einem Zinssatz von 7 %.

Rentiert sich die Umstellung auf Energiesparlampen?

Aufgabe 4

Ein Investitionsobjekt verursacht Anschaffungsausgaben in Höhe von 100.000 €, es soll 8 Jahre genutzt werden. Als Restverkaufserlös werden 5.000 € erwartet. Das Objekt hat eine Produktionskapazität von 15.000 Stück pro Jahr. Auf dem Markt lassen sich 8,50 € pro Stück erzielen. Bei dieser Produktionskapazität fallen 90.000 € an variablen Kosten an. Hinzu kommen jährliche sonstige Fixkosten für Versicherung u.ä. von 19.000 €. Der übliche Kalkulationszinssatz beträgt 10 %.

Ermitteln Sie die Rentabilität!

Lösung zu Aufgabe 1

Zunächst ist die Menge der pro Jahr verkauften T-Shirts zu ermitteln. Wenn jede Woche 6 T-Shirts verkauft werden, so macht dies im Jahr 300 T-Shirts. Bei einem Verkaufspreis von 10,00 € pro Shirt ergibt sich ein Umsatz von 3.000 € pro Jahr. Dafür müssen 300 T-Shirts beschafft werden, von einer Lagerhaltung sei abgesehen. Diese 300 T-Shirts bedeuten Kosten in Höhe von 750 €. Bei der Beflockung werden Energie und Beflockungsmaterial insgesamt im Wert von 300 € verbraucht. Die Abschreibung der Beflockungsmaschine beträgt 1.600 €. Werden alle Informationen tabellarisch zusammengestellt, ergibt sich:

Tabelle 17: Gewinn vor Zinsen für die Beflockungsmaschine

Umsatz	3.000,00 €
./.Abschreibung	1.600,00 €
./. Kosten T-Shirts	750,00 €
./. Energie u.a.	300,00 €
Gewinn vor Zinsen	350,00 €

Um diesen Gewinn zu erzielen muss investiert, d.h. Kapital eingesetzt und damit gebunden werden. Die durchschnittliche Kapitalbindung beträgt:

$$durchschnittlich\ gebundenes\ Kapital = \frac{Anschaffungswert}{2} = \frac{8.000\,€}{2} = 4.000\,€$$

Nunmehr werden Gewinn vor Zinsen und durchschnittlich gebundenes Kapital gegenüber gestellt:

$$Rentabilit\ddot{a}t = \frac{350\,€}{4.000\,€} * 100 = 8,75\%$$

Verglichen mit der alternativen Anlagemöglichkeit von 4 % bietet die Beflockungsmaschine eine höhere Kapitalverzinsung. In die Überlegungen muss allerdings auch einfließen, welches Risiko mit der jeweiligen Investitionsalternative verbunden ist. Ist die Alternativanlage risikolos, bspw. bei einer Sparkasse, ist zu überlegen, ob die Mehrverzinsung das erhöhte Risiko bei der Beflockungsmaschine abdeckt. Werden bspw. weniger als 6 T-Shirts je Woche verkauft, wird es schon knapp mit der Rentabilität.

Lösung zu Aufgabe 2

Es wird ausdrücklich nach der Rentabilität der Riesenrutsche, nicht nach der Rentabilität des gesamten Schwimmbades gefragt. Aus diesem Grund wird auf die letzte Spalte von Tabelle 14 zurückgegriffen, die hier nochmals wiedergegeben wird.

Tabelle 18: Daten der Aufgabe 3 aus Kap. 6.4.3

	Differenz zwischen Weiter-wie-bisher und Riesenrutsche
Erlöse	113.000 €
Kosten des Schwimmbads	
Abschreibung RR	72.000 €
Kalk. Zinsen RR	18.000 €
Sonstige Kosten RR	5.000 €
Ergebnis	18.000 €

In dieser Spalte sind alle Folgen der Maßnahme „Riesenrutsche" zusammengestellt. Gegenüber dem Schwimmbad ohne Riesenrutsche werden Mehrerlöse in Höhe von 113.000 € generiert, dafür fällt die Abschreibung für die Riesenrutsche, die kalkulatorischen Zinsen und die sonstigen Kosten der Riesenrutsche an.

Für die Rentabilitätsrechnung ist zunächst der Gewinn vor Zinsen zu berechnen:

Tabelle 19: aufbereitete Daten der Aufgabe 3 aus Kap. 6.4.3

	Differenz zwischen Weiter-wie-bisher und Riesenrutsche
Erlöse	113.000 €
Abschreibung RR	72.000 €
Sonstige Kosten RR	5.000 €
Gewinn vor Zinsen	36.000 €

Um jährlich einen Gewinn vor Zinsen in Höhe von 36.000 € zu erhalten, muss die Riesenrutsche mit einem Kapitaleinsatz von 720.000 € gebaut werden. Das bedeutet eine durchschnittliche Kapitalbindung von 360.000 €. Für die Rentabilität ergibt sich folgende Rechnung:

$$Rentabilität\ in\ \% = \frac{36.000\ €}{360.000\ €} * 100 = 10\ \%$$

Da, wie in der ursprünglichen Aufgabenstellung gesagt, die Stadt üblicherweise mit einem Kalkulationszins von 5 % rechnet, ist 10 % eine weit über diesem zu forderndem Mindestzins liegende Verzinsung, weshalb der Bau der Riesenrutsche als sinnvoll einzustufen ist.

Lösung zu Aufgabe 3

Die Energieersparnis ergibt sich aus den alten Energiekosten abzüglich der neuen Energiekosten in Höhe von 15.000 € pro Jahr. Als Kostenersparnis errechnet sich:

Energieersparnis	15.000,00 €
Abschreibung	8.000,00 €
Ersparnis vor Zinsen	7.000,00 €

Um eine Kostenersparnis in Höhe von 7.000 € zu erreichen, müssen die alten Lampen gegen neue getauscht werden, d.h. 40.000 € sind aufzuwenden, die mittlere Kapitalbindung beträgt 20.000 €, also ergibt sich eine Kostenersparnisrentabilität in Höhe von:

$$Kostenersparnisrentabilität\ in\ \% = \frac{7.000\ €}{20.000\ €} * 100 = 35\ \%$$

35 % sind ein Mehrfaches dessen, was die Stadt üblicherweise als angemessen ansieht, somit ist der Ersatz der Lampen aus wirtschaftlicher Sicht sinnvoll.

Lösung zu Aufgabe 4

Zunächst ist der Gewinn vor Zinsen zu ermitteln, dazu werden die jährlichen Erlöse, der jährliche Abschreibungsbetrag, die jährlichen Fixkosten und die jährlichen variablen Kosten benötigt. Von diesen Werten werden die jährlichen Fixkosten und die jährlichen variablen Kosten im Text bereits genannt. Außerdem wird davon ausgegangen, dass alles, was produziert wird, auch verkauft wird (keine Lagerhaltung!).

Die jährlichen Erlöse ergeben sich aus der Multiplikation von produzierter (= verkaufter) Menge * Erlös pro Stück = 15.000 Stück * 8,50 €/Stück = 127.500 €.

Die jährliche Abschreibung wird ermittelt als:

$$jährlicher\ Abschreibungsbetrag = \frac{100.000\ € - 5.000\ €}{8\ Jahre} = 11.875\ €$$

Jetzt kann der Gewinn vor Zinsen berechnet werden:

	Erlöse	127.500 €
-	Abschreibung	11.875 €
-	Sonstige Fixkosten	19.000 €
-	Variable Kosten	90.000 €
=	Gewinn vor Zinsen	6.625 €

Das gebundene Kapital wird ergibt sich als:

$$durchschnittlich\ gebundenes\ Kapital = \left[\frac{100.000\ € + 5.000\ €}{2}\right] = 52.500\ €$$

Die ermittelten Werte werden in die Formel für die Rentabilität eingesetzt und diese dann ausgerechnet.

$$\overline{Rentabilität} = \frac{6.625\ €}{52.500\ €} * 100 = 12,62\ \%$$

Die Rentabilität der Investition ist mit 12,62 % höher als der übliche Kalkulationszinssatz von 10 %, von daher ist die Investitionsmaßnahme sinnvoll.

6.4.5 Die Amortisationsrechnung

6.4.5.1 Darstellung des Verfahrens

Als letztes der statischen Verfahren ist die **Amortisationsrechnung** (Pay-off-Periode, Pay-back-Periode, Wiedergewinnungszeit, Kapitalrückgewinnungszeit) zu nennen. Hierbei lautet die Fragestellung: wann decken die Rückflüsse aus einer Investition die laufenden Betriebskosten und die Anschaffungsausgabe der Investition? Die Grundüberlegung für einen Investor ist hierbei, dass es für ihn günstig ist, wenn seine Anschaffungsausgaben schnell zurück verdient werden. Damit minimiert er auch die Unsicherheit, die mit weit in die Zukunft reichenden Investitionen verknüpft ist. Je näher etwas zum Entscheidungszeitpunkt liegt, desto präziser ist es vorherzusagen.

Die Amortisationszeit errechnet sich als:

$$Amortisationszeit = \frac{Anschaffungswert}{durchschn.Gewinn\ vor\ Abschreibung}$$

Zur Verdeutlichung diene ein Zahlenbeispiel.

Eine Maschine zur Herstellung von Strohhalmen verursache bis zur Inbetriebnahme Ausgaben in Höhe von 100.000 €. Darin sind auch das notwendige Fundament, die elektrischen Anschlüsse usw. enthalten. Ihre Lebensdauer wird auf 10 Jahre geschätzt. Die Produktionskapazität betrage 100.000 Packungen Strohhalme pro Jahr. Jedes Paket kann zu einem Preis von 0,50 € abgesetzt werden. Zur Herstellung eines Pakets müssen 0,31 € aufgewendet werden. Darin sind Energie, Rohstoffe und Personalkosten enthalten. Es ist noch nicht klar, wie die Maschine finanziert werden soll, deshalb wird mit einem Mischzins von 5 % gerechnet.

Zunächst sind die durchschnittlichen Einnahmeüberschüsse ohne Abschreibung zu ermitteln. Sie ergeben sich als:

Tabelle 20: Ermittlung des durchschnittlichen Gewinns vor Abschreibung

Umsatz	50.000,00 €
./. kalk. Zinsen	2.500,00 €
./. Herstellkosten	31.000,00 €
Gewinn vor Abschreibung	16.500,00 €

Jedes Jahr stehen im Durchschnitt 16.500 € zur Verfügung, dabei sind die laufenden Produktionskosten bereits gedeckt. Diese 16.500 € können gedanklich zur Deckung der ursprünglichen Anschaffungsausgaben angerechnet werden. Die Frage ist nun, wann die kumulierten 16.500 € die anfangs ausgegebenen 100.000 € decken.

$$Amortisationszeit = \frac{Anschaffungswert}{durchschn.\ Gewinn\ vor\ Abschreibung}$$

$$Amortisationszeit = \frac{100.000\ €}{16.500\ €} = 6,1\ Jahre$$

Nach 6,1 Jahren werden voraussichtlich die Anschaffungsausgaben zurückverdient sein.

Zeichnerisch kann es wie in folgender Abbildung dargestellt werden.

Abbildung 32: Amortisationszeit

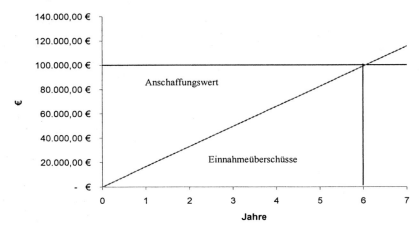

Die Anschaffungsausgaben werden als Parallele zur x-Achse eingezeichnet, die kumulierten Einnahmeüberschüsse beginnen im Ursprung und steigen konstant jedes Jahr weiter. Die Steigung wird durch die jährlich hinzukommenden Einnahmeüberschüsse bestimmt. Nach gut 6 Jahren schneidet die Gerade der Einnahmeüberschüsse die Gerade bei 100.000 €, dies ist der Amortisationszeitpunkt.

Sollte, in Abweichung von obiger Ermittlung, von einer Art Gewinn- und Verlustrechnung für die Strohhalmmaschine ausgegangen werden, so müssen die vorher abgezogenen Abschreibungen addiert werden, um auf die um die Abschreibung bereinigten Einnahmeüberschüsse zu kommen. Zur Demonstration hier das Zahlenbeispiel, ausgehend von einer GuV.

Umsatz	50.000,00 €
./. Abschreibung	10.000,00 €
./. kalk. Zinsen	2.500,00 €
./. Herstellkosten	31.000,00 €
Gewinn	6.500,00 €

Die Größe Gewinn kann nicht verwendet werden, da eine Größe ohne Abschreibung notwendig ist. Da vorher die Abschreibung abgezogen wurde, muss sie zur Ermittlung einer Überschussgröße ohne Abschreibung wieder zurückgedreht werden, also sie muss zum Gewinn addiert werden.

Gewinn	6.500,00 €
Abschreibung	10.000,00 €
Einnahmeüberschüsse ohne Abschreibung	16.500,00 €

Bei dem dargestellten Beispiel handelt es sich um die Variante des Durchschnittsverfahrens, bei dem zur Ermittlung der Amortisationszeit die Anschaffungsausgaben durch den Durchschnitt der jährlichen Einnahmeüberschüsse dividiert werden.

Sollten die jährlichen Rückflüsse stark schwanken, so dass die Benutzung eines Durchschnittswerts nicht gerechtfertigt erscheint, so empfiehlt sich zur Ermittlung des Amortisationszeitpunkt die Verwendung des **kumulativen Verfahrens**. Es gelten weiterhin die gemachten Aussagen für die Strohhalmmaschine. In Abweichung zum obigen Beispiels sei aber nunmehr davon ausgegangen, dass die Absatzzahlen nicht konstant sind, sondern sich erst langsam im Verlauf der Zeit aufbauen.

Wie aus der Tabelle zu sehen, sei angenommen, dass die Absatzmenge ständig steige. Nach der Markteinführung kommt der Absatz langsam in Schwung und steigt immer weiter. Damit steigt auch der Umsatz, der sich aus der Multiplikation der abgesetzten Menge mit dem Verkaufspreis von 0,50 € ergibt. Die Kosten bestehen zum einen aus den kalkulatorischen Zinsen. Sie werden, wie bekannt als halber Anschaffungswert mal Prozentsatz, berechnet. Das sind jedes Jahr 2.500 €. Zum anderen kommen die variablen Kosten, die von der produzierten Menge, die gleich der abgesetzten Menge ist, abhängen, hinzu. Oben waren Kosten in Höhe von 0,31 € je Stück angesetzt. Die Einnahmeüberschüsse ergeben sich als Differenz zwischen Umsatz und Kosten, sie enthalten keine Abschreibung. In der letzten Spalte werden die Einnahmeüberschüsse kumuliert. Es ist zu erkennen, dass zwischen dem Ende des fünften Jahres und dem Ende des 6. Jahres die kumulierten Einnahmeüberschüsse die ursprünglichen Anschaffungsausgaben von 100.000 € überschreiten. Hier liegt der Amortisationspunkt. Die Zeitspanne zwischen Beginn der Investition und dem Amortisationspunkt ist die Amortisationszeit.

Tabelle 21: Einnahmeüberschüsse bei ständig steigender Absatzmenge

Jahr	Absatzmenge	Umsatz	Kosten ohne Abschreibung	Einnahme-überschüsse	kumuliert
1	60.000	30.000,00 €	21.100,00 €	8.900,00 €	8.900,00 €
2	80.000	40.000,00 €	27.300,00 €	12.700,00 €	21.600,00 €
3	110.000	55.000,00 €	36.600,00 €	18.400,00 €	40.000,00 €
4	140.000	70.000,00 €	45.900,00 €	24.100,00 €	64.100,00 €
5	170.000	85.000,00 €	55.200,00 €	29.800,00 €	93.900,00 €
6	200.000	100.000,00 €	64.500,00 €	35.500,00 €	129.400,00 €
7	220.000	110.000,00 €	70.700,00 €	39.300,00 €	168.700,00 €

Abbildung 33: Amortisationszeit bei steigenden Einnahmeüberschüssen

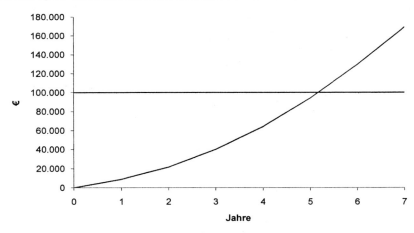

6.4.5.2 Modifikation um einen Veräußerungserlös

Das in Kapitel 6.4.5.1 benutzte Beispiel der Strohhalmmaschine soll um einen (sicher) erwarteten Veräußerungserlös, auch als Liquidationserlös bezeichnet, erweitert werden. Es gelten weiterhin die Daten, die hier der besseren Übersicht halber in einer Tabelle zusammengestellt werden:

Tabelle 22: Daten der Strohhalmmaschine

Anschaffungsausgaben	10.000 €
Nutzungsdauer	10 Jahre
Kapazität je Jahr	100.000 Pakete
Verkaufspreis je Paket	0,50 €
Variable Kosten je Paket	0,31 €
Kalkulationszins	5 %

Als Liquidationserlös werden nach Ablauf der 10 Jahre Nutzungsdauer 2.000 € erwartet.

Bei der Ermittlung des jährlichen durchschnittlichen Gewinns müssen die durch den Liquidationserlös veränderte Kostenart, kalkulatorische Zinsen, berücksichtigt werden. Sie ermitteln sich wie Kapitel 6.4.1.2 beschrieben.

$$\text{jährliche kalkulatorische Zinsen} = \left[\frac{\text{Anschaffungswert} + LE}{2}\right] * i$$

$$\text{jährliche kalkulatorische Zinsen} = \left[\frac{100.000 + 2.000}{2}\right] * 0{,}05 = 2.550\,€$$

Der durchschnittlich zur Verfügung stehende Gewinn vor Abschreibung ergibt sich somit als:

Tabelle 23: Ermittlung des durchschnittlichen Gewinns vor Abschreibung mit Liquidationserlös

Umsatz	50.000,00 €
./. kalk. Zinsen	2.550,00 €
./. Herstellkosten	31.000,00 €
Gewinn vor Abschreibung	16.450,00 €

Jedes Jahr stehen 16.450 € zur Tilgung der Anschaffungsausgaben bereit.

Die Formel zur Berechnung der Amortisationszeit wird um den Liquidationserlös modifiziert zu:

$$\text{Amortisationszeit} = \frac{\text{Anschaffungswert} - \text{Liquidationserlös}}{\text{durchschn. Gewinn vor Abschreibung}}$$

$$\text{Amortisationszeit} = \frac{100.000\,€ - 2.000\,€}{16.450\,€} = 5{,}957\,\text{Jahre}$$

Dass dies richtig ist, lässt sich anhand einer ausführlicheren Berechnung mittels Kumulationsmethode überprüfen.

Es werden die kumulierten Gewinne vor Abschreibung dargestellt. Die Tabelle wird um die Spalte „Differenz zu den ursprünglichen Anschaffungsausgaben" ergänzt. In dieser Spalte wird die Differenz zwischen kumulierten Gewinnen vor Abschreibung und den ursprünglichen Anschaffungsausgaben ausgewiesen. Bei einem Wert von 0 ist die Investition amortisiert.

Jahr	Kumulierte Gewinne vor Abschreibung in €	Differenz zu den ursprünglichen Anschaffungsausgaben in €
1	16.450	83.550
2	32.900	67.100
3	49.350	50.650
4	65.800	34.200
5	82.250	17.750
6	98.700	1.300

Aus der Tabelle ist zu erkennen, dass am Ende des 6. Jahres noch eine Differenz von 1.300 € zu den ursprünglichen Anschaffungsausgaben von 100.000 € offen sind. Da aber ein Liquidationserlös in Höhe von 2.000 € erwartet wird, würde dies zu einer Überdeckung der Anschaffungsausgaben in Höhe von 700 € führen.

Am Ende des 5. Jahres fehlen noch 17.750 € bis zur Amortisation. Davon werden 2.000 € durch den Liquidationserlös gedeckt, verbleiben noch 15.750 €. In einem gesamten Jahr laufen aber 16.450 € zurück. Dies bedeutet, dass kein ganzes Jahr mehr nötig ist, sondern ein Jahresanteil.

Unterstellt dass die Einnahmen und die Produktion gleichmäßig über ein Jahr verteilt ist, kann der notwendige Jahresanteil als

$$Jahresanteil = \frac{15.750 \text{ €}}{16.450 \text{€}} = 0,957 \, Jahre$$

ermittelt werden.

Insgesamt ergibt sich dasselbe Ergebnis wie aus der Formel, nämlich eine Amortisationszeit von 5,957 Jahren.

Es muss allerdings kritisch angemerkt werden, dass die Höhe des Liquidationserlöses

1. ungewiss ist,
2. mit steigender Nutzungsdauer sinken wird, so dass für jedes Nutzungsjahr ein anderer fallender Liquidationserlös geschätzt werden müsste.

Von daher ist von einem Ansatz eines Liquidationserlöses in der Praxis abzusehen, es sei denn, er ist bei Beginn der Investition bereits vertraglich vereinbart.

6.4.5.3 Beurteilung des Amortisationsverfahrens

Das Amortisationsverfahren mit Durchschnittswerten ist dann geeignet, wenn die jährlichen Einnahmeüberschüsse wenig schwanken und relativ konstant sind. Bei stark schwankenden Einnahmeüberschüsse ist das kumulative Verfahren besser geeignet. Zwar ist es kein Ein-Perioden-Verfahren wie die bereits beschriebenen Verfahren, doch beachtet es nicht die unterschiedliche Wertigkeit von Zahlungen zu unterschiedlichen Zeitpunkten, dies machen erst die dynamischen Verfahren.

Das Amortisationsverfahren beendet seine Betrachtungen im Amortisationszeitpunkt, ob danach der Verdienst auf Null fällt oder erst recht steigt, ist nicht Gegenstand des Verfahrens.

Die Amortisationsrechnung kann als ein Verfahren zur Risikoeinschätzung charakterisiert werden. Es ist die Investition vorzuziehen, die die kürzeste Amortisationszeit aufweist bzw. die eine Amortisationszeit hat, die kürzer als eine vom Investor formulierte Maximalgrenze ist. Ob danach noch für den Investor ein Gewinn verbleibt, ist nicht Fragestellung der Methode.

- Entscheidungskriterium ist die Amortisationsdauer.
- Es spielt keine Rolle, wie sich der Gewinn nach dem Amortisationszeitpunkt entwickelt.
- Das Amortisationsverfahren ist ein Verfahren zur Risikovermeidung.

6.4.5.4 Übungsaufgaben

Aufgabe 1[1]

Bei der gebührenfinanzierten Einrichtung „Abwasserbeseitigung" wird der Ausbau der Kläranlage mit 20.000.000 € veranschlagt. Es wird mit einer Nutzungsdauer von 20 Jahren gerechnet. Ein Restwert wird voraussichtlich danach nicht mehr zu erzielen sein. An Gebühreneinnahmen werden in den Jahren 1 - 4 jährlich 1.000.000 €, in den Jahren 5 - 10 jährlich 1.500.000 € und ab dem 11. Jahr jährlich 2.000.000 € erwartet. Die jährlich zu berücksichtigenden kalk. Zinsen, die von den Gebühreneinnahmen noch abzuziehen sind, betragen 5 % des gebundenen Kapitals. Andere Kosten sind zu vernachlässigen.

Ermitteln Sie die Amortisationszeit

a) nach dem Durchschnittsverfahren
b) nach dem Kumulationsverfahren.

Aufgabe 2

Ermitteln Sie die Amortisationszeit der Maßnahme "Riesenrutsche" aus Aufgabe 3 aus Kapitel 6.4.3. Nehmen Sie Stellung zur ermittelten Amortisationszeit, wenn Sie wissen, dass der Stadt aus Gründen der Risikominimierung an einer schnellen Amortisation ihrer Investitionen gelegen ist.

Lösung zu Aufgabe 1a

Der Durchschnitt der Gebühreneinnahmen errechnet sich wie folgt.

Zunächst sind die kalk. Zinsen zu berechnen. Dies geschieht wie bereits bekannt:

$$kalk. Zinsen = \frac{Anschaffungswert}{2} * 5\% = \frac{20.000.000\, €}{2} * 5\% = 500.000\, €$$

---

[1] In Anlehnung an ein Beispiel in Dreyhaupt, Klaus-Fritz, Erkes, Hubert, Friedl, Uwe, 60 Fälle und Lösungen zur kommunalen Kosten- und Wirtschaftlichkeitsrechnung, Kerpen, 1994, 146 ff.

Bei Berücksichtigung der kalkulatorischen Zinsen ergibt sich folgende Tabelle mit den um die kalk. Zinsen bereinigten Rückflüssen:

Tabelle 24: Bereinigte Rückflüsse bei der Kläranlage

Jahr	Gebühreneinnahmen	kalk. Zinsen	bereinigte Rückflüsse
1	1.000.000,00 €	500.000,00 €	500.000,00 €
2	1.000.000,00 €	500.000,00 €	500.000,00 €
3	1.000.000,00 €	500.000,00 €	500.000,00 €
4	1.000.000,00 €	500.000,00 €	500.000,00 €
5	1.500.000,00 €	500.000,00 €	1.000.000,00 €
6	1.500.000,00 €	500.000,00 €	1.000.000,00 €
7	1.500.000,00 €	500.000,00 €	1.000.000,00 €
8	1.500.000,00 €	500.000,00 €	1.000.000,00 €
9	1.500.000,00 €	500.000,00 €	1.000.000,00 €
10	1.500.000,00 €	500.000,00 €	1.000.000,00 €
11	2.000.000,00 €	500.000,00 €	1.500.000,00 €
12	2.000.000,00 €	500.000,00 €	1.500.000,00 €
13	2.000.000,00 €	500.000,00 €	1.500.000,00 €
14	2.000.000,00 €	500.000,00 €	1.500.000,00 €
15	2.000.000,00 €	500.000,00 €	1.500.000,00 €
16	2.000.000,00 €	500.000,00 €	1.500.000,00 €
17	2.000.000,00 €	500.000,00 €	1.500.000,00 €
18	2.000.000,00 €	500.000,00 €	1.500.000,00 €
19	2.000.000,00 €	500.000,00 €	1.500.000,00 €
20	2.000.000,00 €	500.000,00 €	1.500.000,00 €

Wird die Spalte „bereinigte Rückflüsse" summiert, ergibt sich die Summe aller Rückflüsse in 20 Jahren. Nach Division durch 20 erhält man einen jährlichen Durchschnitt.

$$Durchschnitt\ der\ Rückflüsse = \frac{Summe\ der\ bereinigten\ Rückflüsse}{20\ Jahre} = \frac{23\ Mio.\ €}{20\ Jahre} = 1{,}15\ Mio.\ €\ pro\ Jahr$$

Dieser Durchschnitt wird in die Formel für die Ermittlung der Amortisationszeit eingesetzt:

$$Amortisationszeit = \frac{Anschaffungswert}{durchschn.\ Einnahmeüberschüsse\ ohne\ Abschreibung}$$

$$Amortisationszeit = \frac{20\ Mio.\ €}{1{,}15\ Mio.\ €} = 17{,}391\ Jahre$$

Bei einer Nutzungsdauer von 20 Jahren liegt der Amortisationszeitpunkt zwar innerhalb der Nutzungsdauer, aber relativ gesehen dauert es recht lang bis die Anschaffungsausgaben zurückverdient werden.

Lösung zu Aufgabe 1b

Zur Lösung kann auf die für 1a in Tabelle 20 zusammengestellten bereinigten Rückflüsse zurückgegriffen werden. Sie müssen nur fortlaufend kumuliert werden.

Es ergibt sich folgende Tabelle:

Tabelle 25: kumulierte Rückflüsse für Kumulationsverfahren

Jahr	bereinigte Rückflüsse	Kumulierte Rückflüsse
1	500.000,00 €	500.000,00 €
2	500.000,00 €	1.000.000,00 €
3	500.000,00 €	1.500.000,00 €
4	500.000,00 €	2.000.000,00 €
5	1.000.000,00 €	3.000.000,00 €
6	1.000.000,00 €	4.000.000,00 €
7	1.000.000,00 €	5.000.000,00 €
8	1.000.000,00 €	6.000.000,00 €
9	1.000.000,00 €	7.000.000,00 €
10	1.000.000,00 €	8.000.000,00 €
11	1.500.000,00 €	9.500.000,00 €
12	1.500.000,00 €	11.000.000,00 €
13	1.500.000,00 €	12.500.000,00 €
14	1.500.000,00 €	14.000.000,00 €
15	1.500.000,00 €	15.500.000,00 €
16	1.500.000,00 €	17.000.000,00 €
17	1.500.000,00 €	18.500.000,00 €
18	1.500.000,00 €	**20.000.000,00 €**
19	1.500.000,00 €	21.500.000,00 €
20	1.500.000,00 €	23.000.000,00 €

Aus der Tabelle kann abgelesen werden, dass am Ende des 18. Jahres die Anschaffungsausgaben in Höhe von 20 Mio. € zurückgeflossen sind.

Lösung zu Aufgabe 2

Zur Lösung kann auf Tabelle 14 zurückgegriffen werden, wobei nur die Spalte „Differenz zwischen Weiter-wie-bisher und Riesenrutsche" interessiert.

Tabelle 26: Daten der Aufgabe 3 aus Kap. 6.4.3

	Weiter-wie-bisher	Mit Riesenrutsche	Differenz zwischen Weiter-wie-bisher und Riesenrutsche
Erlöse	250.000 €	363.000 €	113.000 €
Kosten des Schwimmbads	265.000 €	265.000 €	
Abschreibung RR		72.000 €	72.000 €
Kalk. Zinsen RR		18.000 €	18.000 €
Sonstige Kosten RR		5.000 €	5.000 €
Ergebnis	- 15.000 €	3.000 €	18.000 €

In der Spalte „Differenz zwischen Weiter-wie-bisher und Riesenrutsche" sind jedoch auch die Abschreibungen der Riesenrutsche berücksichtigt, was bei der Amortisationsrechnung fehl am Platze ist, deshalb wird die Spalte so aufbereitet, wie sie benötigt wird.

Tabelle 27: Daten für die Amortisationszeit der Riesenrutsche

	Differenz zwischen Weiter-wie-bisher und Riesenrutsche
Erlöse	113.000 €
./.Kalk. Zinsen RR	18.000 €
./. Sonstige Kosten RR	5.000 €
Ergebnis	90.000 €

Von den Mehrerlösen, die dadurch entstehen, dass die Riesenrutsche gebaut wird, müssen die kalkulatorischen Zinsen und die sonstigen Kosten bestritten werden. Danach bleiben jährlich 90.000 € als Rückfluss des Anschaffungswerts übrig. Die Anschaffungsausgabe in Höhe von 720.000 € ist also nach 9 Jahren zurückgeflossen. Bei einer geschätzten Nutzungsdauer von 10 Jahren kann nicht von einem schnellen Rückfluss gesprochen werden.

6.5 Die dynamischen Verfahren

6.5.1 Grundlagen

Bisher ist unterstellt worden, dass es keine Rolle spielt, ob Ausgaben oder Einnahmen heute oder erst in der Zukunft anfallen. Es ist aber ein Unterschied, ob 1.000 € heute zur Verfügung stehen oder erst in 2 Jahren.

Diese Behauptung soll mit Hilfe eines Zahlenbeispiels verdeutlicht werden.

Es sei möglich, heute 1.000 € zu erhalten oder erst in 2 Jahren. Die Kaufkraft bleibe gleich, d.h. es herrscht keine Inflation, d.h. es kann für 1.000 € in zwei Jahren real das gleiche gekauft werden wie heute.

Die beiden Werte müssen zu einem beliebigen Zeitpunkt vergleichbar gemacht werden, denn wegen ihres unterschiedlichen **Zeitwerts** sind sie nicht direkt miteinander vergleichbar. Graphisch lässt sich die Situation folgendermaßen darstellen.

Abbildung 34: 1.000 € heute vergleichbar mit 1.000 € in 2 Jahren?

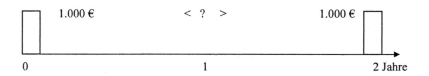

Der Vorgang des Vergleichbarmachens geschieht über die Zinsrechnung. Um die 1.000 € heute mit den 1.000 € in 2 Jahren zu vergleichen, müssen 2 Jahre überbrückt werden. In diesen 2 Jahren können die aktuellen 1.000 € zinsbringend angelegt werden, d.h. im Zeitraum von 2 Jahren können sie Zinsen ansammeln. Es sei möglich, die heutigen 1.000 € zu 6 % pro Jahr anzulegen, dann stehen nach einem Jahr 1.060 € und nach 2 Jahren 1.123,60 € zur Verfügung.

Abbildung 35: 1.000 € heute sind nicht vergleichbar mit 1.000 € in 2 Jahren

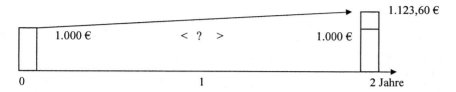

Es leuchtet ein, dass mit 1.123,60 € mehr gekauft werden kann als mit 1.000 €. Somit ist nachgewiesen, dass die Zeit einen Einfluss auf den Geldwert hat, selbst wenn keine Inflation herrscht.

Rechnerisch sind die heutigen 1.000 € zwei Jahre mit 6 % aufzuzinsen, um einen Vergleichswert zum selben Zeitpunkt zu haben. Dies geschieht in Schritten wie folgt:

Wert von 1.000 € *nach einem Jahr* = 1.000 € + 6 % *Zinsen von* 1.000 €

Wert von 1.000 € *nach einem Jahr* = 1.000 € + 0,6 * 1.000 €

Wert von 1.000 € *nach einem Jahr* = 1.060 €

Wert von 1.000 € *nach zwei Jahren* = 1.060 € + 6 % *Zinsen von* 1.060 €

Wert von 1.000 € *nach zwei Jahren* = 1.060 € + 0,06 * 1.060 €

Wert von 1.000 € *nach zwei Jahren* = 1.123,60 €

Statt in mehreren Schritten zu rechnen, kann der Vorgang zusammengefasst werden:

Wert von 1.000 € *nach zwei Jahren* = 1.000 € * $(1+0,06)^2$

Der Multiplikator $(1+0,06)^2$ wird als Aufzinsungsfaktor bezeichnet und es lässt sich folgende allgemeine Form erkennen:

Aufzinsungsfaktor = $(1 + i)^n$

wobei i = Zinssatz in % und n = Laufzeit.

Für die Aufzinsungsfaktoren gibt es Tabellen.[1]

---

[1] Tabellen finden sich im Anhang.

Allgemein lässt sich beim Aufzinsen folgendes formulieren:

> Endwert in n Jahren = Anfangswert * $(1+i)^n$

Zu Übungszwecken soll kurz überlegt werden, wie viel heutige 7.500 € in 4 Jahren sind, wenn sie kontinuierlich mit 3 % verzinst werden und kein Geld zwischendurch abgehoben wird.

Endwert in n Jahren = Anfangswert * $(1+i)^n$

Endwert in 4 Jahren = 7.500 € * $(1 + 0,03)^4$

Endwert in 4 Jahren = 7.500 * 1,1255

Endwert in 4 Jahren = 8.441,25 €

Die Fragestellung kann auch umgekehrt werden, dazu wird auf das Ausgangsbeispiel mit den 1.000 € zurückgegriffen. Oben sind die heutigen 1.000 € zwei Jahre in die Zukunft aufgezinst worden, zu Vergleichszwecken hätten auch die zukünftigen 1.000 € auf den heutigen Entscheidungstag abgezinst werden können. Dazu wird auf die eben hergeleitete allgemeine Form

Endwert in n Jahren = Anfangswert * $(1+i)^n$

zurückgegriffen und sie umgestellt:

$1.000 € = Anfangswert * (1+0,06)^2$

$1.000 € * \dfrac{1}{(1+0,06)^2} = Anfangswert$

$1.000 € * \dfrac{1}{1,1236} = Anfangswert$

$1.000 € * 0,8900 = Anfangswert$

$890,00 € = Anfangswert$

Die Interpretation ist, dass 1.000 € in zwei Jahren einem heutigen Wert von 890 € entspricht, wenn 6 % Zinsen unterstellt werden. Durch den Vorgang des **Abzinsens** werden zukünftige Werte auf den Entscheidungszeitpunkt für Vergleichszwecke heruntergerechnet. Die ermittelten Werte heißen **Barwerte**.

In der zweiten Zeile der Herleitung ist zu erkennen, dass durch das Umstellen in der Gleichung mit dem Kehrwert des Aufzinsungsfaktors multipliziert wird. Dieser Kehrwert heißt **Abzinsungsfaktor**, für den es Tabellen gibt.

Allgemein ist der Abzinsungsfaktor:

$$Abzinsungsfaktor = \frac{1}{(1+i)^n} \quad oder \quad (1+i)^{-n}$$

Auch hierzu noch ein kleines Zahlenbeispiel.

Welche Alternative ist günstiger?
Alternative 1 heute 5.000 € zu erhalten oder Alternative 2 in sechs Jahren 7.350 €, wenn die Möglichkeit besteht, Geld zu 6,5 % anzulegen.

Der in der Zukunft liegende Wert von 7.350 € muss zu Vergleichszwecken auf den heutigen Entscheidungszeitpunkt abgezinst werden. Der Abzinsungsfaktor für 6 Jahre und 6,5 % beträgt 0,6853.

Barwert $= 7.350 \text{€} * 0,6853 = 5.036,96 \text{€}$

Das Ergebnis von 5.036,96 € wird mit dem Angebot von 5.000 € sofortiger Zahlung verglichen und stellt sich als besser heraus. Also ist es besser, auf die 7.350 € sechs Jahre zu warten als heute 5.000 € anzunehmen.

Mittels Zinsrechnung können somit Zahlungen, die zu unterschiedlichen Zeitpunkten anfallen, zu einem bestimmten Zeitpunkt vergleichbar gemacht werden.

Kennzeichen und Gemeinsamkeit aller dynamischen Verfahren ist, dass sie auf Zahlungsströmen aufbauen. Kalkulatorische Kosten (Abschreibungen oder Zinsen) dürfen nicht berechnet werden, da die Anschaffungsausgaben bereits berücksichtigt werden. Die Zinsen auf das gebundene Kapital sind im Abzinsungsfaktor enthalten.

6.5.2 Kapitalwertmethode

Die eben angestellten Überlegungen werden in der Kapitalwertmethode, die die gebräuchlichste der dynamischen Verfahren ist, angewendet.

Diese abstrakte Darstellung gewinnt an Klarheit, wenn sie an einem konkreten Beispiel demonstriert wird.

Ein Unternehmer überlegt sich, eine Maschine, die 10.000 € in der Anschaffung kostet, zu kaufen. Auf der Maschine stellt er Produkte her, die er verkauft, dadurch nimmt er jährlich 9.000 € ein. Bei der Produktion werden Energie, Rohstoffe und Arbeitskraft verbraucht, wofür jährlich 5.000 € zu zahlen sind. Es ist davon auszugehen, dass die Maschine 5 Jahre betrieben wird. Eine alternative Kapitalanlage ist zu 6 % möglich.

Aus Vereinfachungsgründen wird nur in Jahresabschnitten gedacht und geplant, d.h. die Ein- und Auszahlungen, mit Ausnahme des Anschaffungswerts, sind jeweils zum

Jahresende anzusetzen. Ein unterjähriger Ansatz ist möglich, aber unüblich. Zudem stehen üblicherweise nur Jahreszinstabellen zur Verfügung.

Der Ablauf der Investition wird entweder an einem Zeitstrahl abgetragen oder in einer Tabelle dargestellt. Einzahlungen werden als positive Werte, Auszahlungen als negative Werte eingetragen.

Periode 0 ist der Investitionszeitpunkt. In ihm fließen die Anschaffungsausgaben ab. Jedes Jahr fließen 9.000 € zu und 5.000 € ab, sie sind als Einzahlungen bzw. Auszahlungen mit den entsprechenden Vorzeichen eingetragen.

Innerhalb einer Periode, in der Tabelle senkrecht, dürfen Zahlungen gegeneinander verrechnet werden. In jeder Periode werden die 9.000 € Einzahlungen gegen die 5.000 € Auszahlungen aufgerechnet, es verbleibt jedes Jahr ein Einzahlungsüberschuss (EÜ) von 4.000 € übrig. In der Periode 0 liegen keine Einzahlungen vor, deshalb gibt es einen negativen Einzahlungsüberschuss von 10.000 €, also eine Auszahlung.

Ende der Periode	0	1	2	3	4	5
Einzahlungen		9.000 €	9.000 €	9.000 €	9.000 €	9.000 €
Auszahlungen	-10.000 €	-5.000 €	-5.000 €	-5.000 €	-5.000 €	-5.000 €
EÜ	-10.000 €	4.000 €	4.000 €	4.000 €	4.000 €	4.000 €
Abzinsungsfaktor	1,0	0,9434	0,8900	0,8396	0,7921	0,7473
Barwert EÜ	-10.000 €	3.774 €	3.560 €	3.358 €	3.168 €	2.989 €

Summe der Barwerte   6.850 €

Die Einzahlungsüberschüsse der einzelnen Jahre dürfen nunmehr nicht einfach addiert werden, denn sie fallen zu unterschiedlichen Zeitpunkten an, das ist im Kapitel über die Grundlagen der dynamischen Verfahren erläutert worden. Die Werte der einzelnen Jahre müssen auf den Entscheidungszeitpunkt, die Periode 0, abgezinst werden. Zum Beispiel müssen die Werte des Jahres 1, die am Ende des Jahres anfallen, um ein Jahr auf den Jahresanfang abgezinst werden. In der Tabelle gibt es eine Zeile mit der Bezeichnung „Abzinsungsfaktor". In dieser Zeile sind die Abzinsungsfaktoren für 6 % und die jeweiligen Jahre eingetragen.

Wie bereits erläutert errechnen sich die einzelnen Abzinsungsfaktoren als:

$$Abzinsungsfaktor = \frac{1}{(1+i)^n}$$

Beispielsweise ergibt sich der Abzinsungsfaktor für die Periode 1 als

$$Abzinsungsfaktor = \frac{1}{(1+0,06)^1} = \frac{1}{1,06^1} = \frac{1}{1,06} = 0,9434$$

Entsprechend werden die weiteren Abzinsungsfaktoren berechnet oder aus einer Tabelle abgelesen. Üblicherweise wird mit 4 Nachkommastellen gearbeitet.

Durch Multiplikation der einzelnen jährlichen Überschüsse mit dem jeweiligen Abzinsungsfaktor werden die Werte abgezinst, d.h. die Jahreswerte werden auf den Zeitpunkt 0 bezogen und vergleichbar gemacht. Diese Werte finden sich in der Zeile „Barwert EÜ".

Da die Barwerte zeitlich auf 0 bezogen sind, haben sie alle zeitliche Vergleichbarkeit und können ohne weitere Probleme addiert werden. Für die Tabelle bedeutet dies eine Zeilensumme, die durch die Pfeile angedeutet ist. Als Summe ergibt sich der Kapitalwert der Investition, im vorliegenden Beispiel 6.850 €

Allgemein:

Kapitalwert = - Anschaffungsausgaben + Summe der abgezinsten Einnahmeüberschüsse

Für das obige Zahlenbeispiel lässt sich die Berechnung des Kapitalwerts auch schreiben als:

Kapitalwert = $EÜ_0 * Abz.f._0 + EÜ_1 * Abz.f._1 + EÜ_2 * Abz.f._2 + EÜ_3 * Abz.f._3 + EÜ_4 * Abz.f._4 + EÜ_5 * Abz.f._5$

Oder in allgemeiner mathematischer Schreibweise:

$$C_0 = \sum_{t=0}^{n} (E_t - A_t)(1+i)^{-t}$$

Es bedeuten:
C_0 = Kapitalwert
E_t = Einzahlungen am Ende der Periode t
A_t = Auszahlungen am Ende der Periode t
i = Kalkulationszinsfuß
t = Periode
n = Nutzungsdauer der Investition

Sofern bei einer Investition Einzahlungen und Auszahlungen vorliegen, können als Kapitalwert drei Situationen entstehen:

Positiver Kapitalwert; $C_0 > 0$
Kapitalwert gleich Null; $C_0 = 0$
Kapitalwert kleiner Null; $C_0 < 0$

Ergibt sich ein positiver Kapitalwert, liegt die Verzinsung des Kapitals über dem gewählten Kalkulationszinsfuß, die Investition ist somit sinnvoll.

Ergibt sich ein Kapitalwert von Null, wird gerade mal die Minimalverzinsung in Höhe des Kalkulationszinsfußes erreicht.

Liegt der Kapitalwert unter Null, so ist die Investition nicht sinnvoll, da die Verzinsung des Kapitals unter dem Kalkulationszinsfuß liegt.

Positiver Kapitalwert;	$C_0 > 0$	Investition ist sinnvoll
Kapitalwert gleich Null;	$C_0 = 0$	Investition verzinst sich zum Kalkulationszins
Kapitalwert kleiner Null;	$C_0 < 0$	Investition verzinst sich weniger als der Kalkulationszinsfuß

Diese Aussagen gelten natürlich nicht, wenn nur Auszahlungen vorliegen, die in die Rechnung mit einem negativen Vorzeichen eingehen. Dann kann sich nichts anderes als ein negativer Kapitalwert ergeben, der allerdings nicht wie oben interpretiert werden darf.

Auswahlkriterium unter mehreren Investitionsalternativen bei der Kapitalwertmethode ist die Höhe des Kapitalwerts, d.h. aus einer Menge an Investitionsalternativen wird diejenige ausgewählt, die den höchsten Kapitalwert aufweist.

Das oben benutzte Zahlenbeispiel eröffnet die Besprechung einer Besonderheit, die zu einer Arbeitseinsparung führt.

Wenn der Rechenvorgang ausführlich dargestellt wird, so wurde gerechnet:

Kapitalwert = $-10.000*1 + 4.000 \, € * 1,06^{-1} + 4.000 * 1,06^{-2} + 4.000 * 1,06^{-3} + 4.000 * 1,06^{-4} + 4.000 * 1,06^{-5}$

Kapitalwert = $-10.000*1 + 4.000 \, € * 0,9434 + 4.000 * 0,8900 + 4.000 * 0,8396 + 4.000 * 0,7921 + 4.000 * 0,7473$

In dieser Zeile als auch in der Tabelle ist zu erkennen, dass die Überschüsse von 4.000 € jedes Jahr vorkommen. In der Rechenzeile können die immer wieder auftretenden 4.000 € ausgeklammert werden. Die Zeile verändert sich zu:

Kapitalwert = $-10.000*1 + 4.000 \, € *(0,9434 + 0,8900 + 0,8396 + 0,7921 + 0,7473)$

Es ist zu erkennen, dass die konstant auftretenden 4.000 € mit der Summe der Abzinsungsfaktoren multipliziert wird.

Kapitalwert = $-10.000*1 + 4.000 \, € * 4,2124$

Kapitalwert = $-10.000*1 + 4.000 \, € * 4,2124$

Kapitalwert = $6.850 \, €$

Die Summe von Abzinsungsfaktoren für einen bestimmten Zeitraum und einen bestimmten Zins heißt Rentenbarwertfaktor. Der Rentenbarwertfaktor für 5 Jahre und 6 % im vorliegenden Zahlenbeispiel beträgt 4,2124. Er ersetzt im Beispiel die fünfmalige Multiplikation von 4.000 € mit 5 verschiedenen Abzinsungsfaktoren durch einen Rechenvorgang.

Für die Rentenbarwertfaktoren gibt es Tabellen, so dass sich eine erhebliche Arbeitserleichterung ergibt.

Kapitel 6 - Investition und Investitionsrechnung

> Wenn ein Zahlungsbetrag in konstanter Höhe und ohne zeitliche Unterbrechung vorhanden ist, kann statt mehrmaliger Multiplikation des Betrages mit Abzinsungsfaktoren mit einem Rentenbarwertfaktor gerechnet werden. Der Rentenbarwertfaktor, kurz RBF, ist durch die Zeitdauer und den Kalkulationszins bestimmt. Er liegt in Tabellenform vor.

Es soll noch erwähnt werden, dass im Zuge der Ausstattung der Büros mit PCs, die mit Tabellenkalkulationsprogrammen versehen sind, niemand in der Praxis mehr mit einem Taschenrechner Investitionsrechnung betreibt sondern mit einem Tabellenkalkulationsprogramm. Entweder werden die Rechenformeln in die Tabelle eingebracht oder es werden die in vielen Fällen vorhandenen mathematischen Funktionen benutzt.[1] Die mit Investitionsrechnung verbundene Rechenarbeit wird so erheblich reduziert. Auch ist es möglich, auf einfache Art und Weise unterschiedliche Szenarien durchzurechnen. Die Arbeit mit Abzinsungs- oder Rentenbarwertfaktorentabellen wird in Zukunft genauso nachlassen, wie es für die Arbeit mit Logarithmentafeln bereits geschehen ist.

Folgende Probleme sind mit der Kapitalwertmethode verbunden:

- Für die Kapitalwertmethode ist die exakte **Voraussschätzung** der Einnahmen und Ausgaben hinsichtlich Höhe und Zeitpunkt nötig. Je weiter die Zahlungen in der Zukunft liegen, desto unsicherer ist ihre Voraussschätzung.
- Die Höhe des **Kalkulationszinsfußes**. Was wird genommen? Marktzins? Mischzins? Alternativenanlagen? Es wird auf die Überlegungen zur Höhe des Zinssatzes bei den statischen Methoden verwiesen.
- Ein Ausweg ist die Sensitivitätsanalyse, bei der untersucht wird, wie die Investitionsalternativen auf unterschiedliche Zinsen reagieren. Es kann der Zins ermittelt werden, bei dem der Kapitalwert negativ wird.
- Werden zwei Investitionen, die entweder nicht die gleiche Laufzeit oder nicht den gleichen Kapitaleinsatz aufweisen oder sich in beidem unterscheiden, miteinander verglichen, ist die Behandlung der **Differenzinvestitionen** der Zeit nach und der Höhe nach schwierig. Unproblematisch ist nur der Vergleich von Investitionsalternativen, die die gleiche Laufzeit und den gleichen Kapitaleinsatz aufweisen.

Problemkreis Differenzen im Kapitaleinsatz und in der Laufzeit

Im ersten Fall soll davon ausgegangen werden, dass eine Entscheidung zwischen zwei Investitionsalternativen gefordert ist, wobei die eine einen Kapitaleinsatz von 100.000 € erfordert, die andere nur 50.000 €. Für beide gilt eine Laufzeit von 5 Jahren.

---

[1] Siehe Odenthal, Franz Willy, Investitionsrechnung mit Hilfe moderner Tabellenkalkulationssoftware, in: DVP 10/00, S. 387 - 389.

Zur Verdeutlichung eine Grafik:

Abbildung 36: Differenz beim eingesetzten Kapital

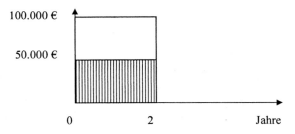

Natürlich muss erwartet werden, dass bei einem Kapitaleinsatz des doppelten Kapitals auch der Kapitalwert doppelt so hoch ist wie bei der Alternative mit dem Kapitaleinsatz, der nur halb so hoch ist. Um Vergleichbarkeit zu erzielen, könnte die Investitionsalternative mit dem niedrigeren Kapitaleinsatz doppelt realisiert werden, dann entstünde auch der doppelte Kapitalwert im Vergleich zur Situation, bei der die Investitionsalternative nur einmal realisiert wird.

Wird nichts über die Einsatzmöglichkeit der Kapitaldifferenz gesagt oder angenommen und geht darüber nichts in die Kalkulation ein, unterstellt die Kapitalwertmethode, dass die Differenz zum Kalkulationszins angelegt werden kann. In diesem Fall wird die Differenz zum Kalkulationszins aufgezinst und dann wieder abgezinst, d.h. sie wird einfach weggelassen.

Dazu ein einfaches Zahlenbeispiel:

Für zwei Investitionsalternativen liegen folgende Daten vor:

Investition 1 erfordert eine Anschaffungsauszahlung in Höhe von 50.000 €. Die Laufzeit beträgt 5 Jahre. Sie liefert jedes Jahr durch den Verkauf der produzierten Stücke Erlöse in Höhe von 14.000 €, dabei fallen Betriebsausgaben in Höhe von 2.000 € an. Der errechnete Kapitalwert beträgt 548,80 €. Der Kalkulationszins beträgt 6%.

Tabelle 28: Kapitalwert von Investition 1

Periode	0	1	2	3	4	5
Einzahlungen		14.000,00 €	14.000,00 €	14.000,00 €	14.000,00 €	14.000,00 €
Auszahlungen	50.000,00 €	2.000,00 €	2.000,00 €	2.000,00 €	2.000,00 €	2.000,00 €
EÜ	50.000,00 €	12.000,00 €	12.000,00 €	12.000,00 €	12.000,00 €	12.000,00 €
Abzinsungsf.	1,0000	0,9434	0,8900	0,8396	0,7921	0,7473
Barwerte	50.000,00 €	11.320,80 €	10.680,00 €	10.075,20 €	9.505,20 €	8.967,60 €
Kapitalwert	548,80 €					

Investition 2 ist teurer, zur Anschaffung werden 75.000 € benötigt. Dafür kann mehr produziert und verkauft werden, so dass jährlich Erlöse in Höhe von 21.000 € in das

Unternehmen fließen, es sind aber auch jährlich Betriebsausgaben wegen der höheren Produktion in Höhe von 3.000 € notwendig. Nach Kalkulation beträgt der Kapitalwert 823,20 €.

Tabelle 29: Kapitalwert von Investition 2

Periode	0	1	2	3	4	5
Einzahlungen		21.000,00 €	21.000,00 €	21.000,00 €	21.000,00 €	21.000,00 €
Auszahlungen	75.000,00 €	3.000,00 €	3.000,00 €	3.000,00 €	3.000,00 €	3.000,00 €
EÜ	75.000,00 €	18.000,00 €	18.000,00 €	18.000,00 €	18.000,00 €	18.000,00 €
Abzinsungsf.	1,0000	0,9434	0,8900	0,8396	0,7921	0,7473
Barwerte	75.000,00 €	16.981,20 €	16.020,00 €	15.112,80 €	14.257,80 €	13.451,40 €
Kapitalwert	823,20 €					

Wird allein nach dem Kapitalwert entschieden, wird Investition 2 bevorzugt, sie liefert den höheren Kapitalwert. Ohne weitere Angaben wird unterstellt, dass die Differenz von 25.000 € in den Kapitaleinsätzen zum Kalkulationszins angelegt wird.

Eröffnet sich jedoch eine Möglichkeit, die Kapitaldifferenz von 25.000 € zu 6,5 % bei einer Bank anzulegen mit Rückzahlung am Ende der Laufzeit, so muss Investition 1 plus diese Anlagemöglichkeit durchgerechnet werden. Zum Kapitalwert von Investition 1 kommt noch der Kapitalwert der 25.000 € in Höhe von 527,65 € hinzu.

Tabelle 30: Kapitalwert der Differenzinvestition in Höhe von 25.000 € bei 6,5% Verzinsung

Periode	0	1	2	3	4	5
Einzahlungen		1.625,00 €	1.625,00 €	1.625,00 €	1.625,00 €	26.625,00 €
Auszahlungen	25.000,00 €					
EÜ	25.000,00 €	1.625,00 €	1.625,00 €	1.625,00 €	1.625,00 €	26.625,00 €
Abzinsungsf.	1,0000	0,9434	0,8900	0,8396	0,7921	0,7473
Barwerte	25.000,00 €	1.533,03 €	1.446,25 €	1.364,35 €	1.287,16 €	19.896,86 €
Kapitalwert	527,65 €					

Damit die Investitionsalternative 1 mit der Investitionsalternative 2, die einen höheren Kapitaleinsatz aufweist, verglichen werden kann, muss die Investitionsalternative 1 mit der Differenzinvestition zusammen betrachtet werden. Für das Gesamtpaket mit einem Gesamtkapitaleinsatz von 75.000 €, einmal Investition 1 mit 50.000 € plus Differenzanlage von 25.000 €, ergibt sich ein Gesamtkapitalwert von 548,80 € für Investition 1 plus 527,65 € für die Differenzinvestition gleich 1.076,45 €, was mehr ist als der Kapitalwert von Investition 2. Bei dieser vollständig, auch im Kapitaleinsatz vergleichbar beschriebenen Entscheidungssituation, ist die Kombination von Investition 1 plus Differenzinvestition zu bevorzugen.

Ähnlich sieht es aus, wenn zwar der Kapitaleinsatz in beiden Fällen gleich ist, die Laufzeit jedoch unterschiedlich lang ist.

Abbildung 37: Gleicher Kapitaleinsatz aber unterschiedliche Laufzeit

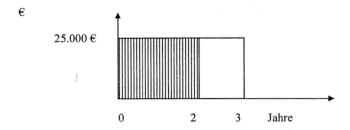

Im Zahlenbeispiel gelte bei einem Kalkulationszins von 6 %:

	Investition 1	Investition 2
Anschaffungsausgabe	25.000 €	25.000 €
Laufzeit	2 Jahre	3 Jahre
Einnahmen Periode 1	20.600 €	15.500 €
Ausgaben Periode 1	3.000 €	3.000 €
Einnahmen Periode 2	20.600 €	15.500 €
Ausgaben Periode 2	3.000 €	3.000 €
Einnahmen Periode 3		15.500 €
Ausgaben Periode 3		3.000 €

Für die Investition 1 errechnet sich ein Kapitalwert von 7.267,84 €.

Tabelle 31: Kapitalwert für Investition 1 mit 2 Jahren Laufzeit

Periode	0	1	2
Einzahlungen		20.600,00 €	20.600,00 €
Auszahlungen	- 25.000,00 €	- 3.000,00 €	- 3.000,00 €
EÜ	- 25.000,00 €	17.600,00 €	17.600,00 €
Abzinsungsf.	1,0000	0,9434	0,8900
Barwerte	- 25.000,00 €	16.603,84 €	15.664,00 €
Kapitalwert	7.267,84 €		

Für die länger laufende Investition 2 wird bei gleichem Kapitaleinsatz ein höherer Kapitalwert erwartet und in der Tat ergibt sich 8.412,50 €.

Tabelle 32: Kapitalwert für Investition 2 mit 3 Jahren Laufzeit

Periode	0	1	2	3
Einzahlungen		15.500,00 €	15.500,00 €	15.500,00 €
Auszahlungen	- 25.000,00 €	- 3.000,00 €	- 3.000,00 €	- 3.000,00 €
EÜ	- 25.000,00 €	12.500,00 €	12.500,00 €	12.500,00 €
Abzinsungsf.	1,0000	0,9434	0,8900	0,8396
Barwerte	- 25.000,00 €	11.792,50 €	11.125,00 €	10.495,00 €
Kapitalwert	8.412,50 €			

Nach dem Entscheidungskriterium des Kapitalwerts ist Investition2 aufgrund des höheren Kapitalwerts vorzuziehen.Gelingt es jedoch, bei Investition 1 die 25.000 € ein weiteres Jahr zu 6,5 % anzulegen, ändert sich die Betrachtung. Der Kapitalwert der Investition 1 plus die Ergänzungsinvestition von einem Jahr ergibt einen Kapitalwert von 8.632,19 €, was mehr ist als der Kapitalwert von Investition 2.

Tabelle 33: Kapitalwert Investition 1 plus Anlage von 25.000 € zu 6,5 % für ein Jahr

Periode	0	1	2	3
Einzahlungen		20.600,00 €	20.600,00 €	1.625,00 €
Auszahlungen	- 25.000,00 €	- 3.000,00 €	- 3.000,00 €	
EÜ	- 25.000,00 €	17.600,00 €	17.600,00 €	1.625,00 €
Abzinsungsf.	1,0000	0,9434	0,8900	0,8396
Barwerte	- 25.000,00 €	16.603,84 €	15.664,00 €	1.364,35 €
Kapitalwert	8.632,19 €			

Werden keine weiteren Angaben zu einer Differenzinvestition während der Laufzeit gemacht, unterstellt die Kapitalwertmethode, diese Differenz sei zum Kalkulationszins angelegt. Damit ist sie nicht entscheidungsrelevant.
Gilt für die Differenzinvestition ein anderer Zinssatz, muss sie mit ins Kalkül eingehen.

Schwierig wird die Situation, wenn weder eingesetztes Kapital noch die Laufzeiten übereinstimmen.

Abbildung 38: Differenzen beim eingesetzten Kapital und bei der Laufzeit

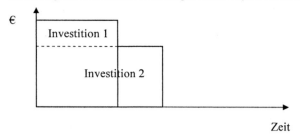

Im dargestellten Fall weist die Investition 1 eine kürzere Laufzeit bei höherem Kapitaleinsatz als Investition 2 auf. Dann müssen mehrere Differenzinvestitionen berücksichtigt werden.

6.5.3 Die Methode des internen Zinsfußes

Bei der **Methode des internen Zinsfußes** geht man nicht von einem vorgegebenen Zinsfuß aus, sondern ermittelt den Zins, bei dem der Kapitalwert einer Investition Null wird. Bei diesem Zinsfuß sind die Barwerte aller Einzahlungen und Auszahlungen gleich groß. Mathematisch lässt sich die Methode des internen Zinsfußes folgendermaßen ausdrücken:

$$\sum_{t=0}^{n}(E_t - A_t)(1+i)^{-t} = 0$$

Es bedeuten:
E_t = Einzahlungen am Ende der Periode t
A_t = Auszahlungen am Ende der Periode t
i = interner Zinsfuß
t = Periode
n = Nutzungsdauer der Investition

Ein Vergleich mit der Kapitalwertmethode lässt erkennen, dass der Grundansatz identisch ist. Die Methode des internen Zinsfußes unterscheidet sich von der Kapitalwertmethode dahingehend, dass bei der Kapitalwertmethode der Kalkulationszins vorgegeben wird, wohingegen bei der Methode des internen Zinsfußes der Zins gesucht wird, bei dem der Kapitalwert zu Null wird. Die obige Gleichung muss natürlich nach i aufgelöst werden. In der Praxis wird dies durch geeignete dv-gestützte Rechenprogramme ermöglicht.[1]

Zwei Spezialfälle können einfach gelöst werden.

1. Der Fall einer Auszahlung und einer Einzahlung
2. Der Fall einer Auszahlung und mehrerer konstanter Einzahlungen.

Eine Auszahlung und eine Einzahlung

---

[1] vgl. Odenthal, Franz Willy; Investitionsrechnung ....a.a.O..

Kapitel 6 - Investition und Investitionsrechnung

Um zu verdeutlichen, dass es sich bei der Methode des internen Zinses nur um eine Abwandlung des allgemeinen Ansatzes, wie er für alle dynamischen Verfahren gültig ist, handelt, wird auf den Spezialfall einer Auszahlung zu Beginn und einer Einzahlung am Ende der Investitionslaufzeit zurückgegriffen. Dann kann man von der für den Kapitalwert gültigen Ausgangsformel

$$C_0 = \sum_{t=0}^{n} (E_t - A_t)(1+i)^{-t}$$

oder vereinfacht ausgedrückt

$$C_0 = A_0 + Abzf_t \cdot E_t$$

C_0 = Kapitalwert
A_0 = Anschaffungsausgabe
E_t = Einzahlung im Zeitpunkt t
t = Periode
Abzf. = Abzinsungsfaktor

ausgehen. Dabei soll C_0 gleich Null sein und der interne Zins, der im Abzinsungsfaktor enthalten ist, wird gesucht. Die Formel kann also umgestellt werden:

$$0 = A_0 + Abzf \cdot E_t$$

$$Abzf = \frac{-A_0}{E_t}$$

Ein Zahlenbeispiel soll die Rechnungsweise verdeutlichen. Im Entscheidungszeitpunkt werden 10.000 € ausgezahlt, nach zwei Jahren kommen 12.100 € zurück.

Tabelle 34: Interner Zins mit einer Auszahlung und einer Einzahlung

Auszahlung	-10.000 €
Einnahme	12.100 €
Perioden	2

Nach obigem Ansatz errechnet sich der interne Zins als:

$$Abzf = \frac{-(-10.000\ Euro)}{12.100\ Euro}$$

Abzf. = 0,8264

Ein Blick in die Abzinsungstabelle führt bei einer Laufzeit von 2 Jahren zu einem Zinssatz von 10 %.

Der interne Zins einer Maßnahme allein ist nicht aussagefähig, es bedarf immer des Vergleichs.

erw. Mindestverzinsung <?> int. Zins Alternative 1 <?> int. Zins Alternative 2

Das Entscheidungskriterium ist die Höhe des internen Zinses. Eine Maßnahme, die einen internen Zins aufweist, der über der erwarteten Mindestverzinsung liegt, ist vorteilhaft. Aus der Menge der Alternativen, die dieses erste Kriterium erfüllen, wird diejenige ausgewählt, die den höchsten internen Zins aufweist.

Die zweite Variante der Ermittlung des internen Zinses geht von einer Auszahlung und mehreren, aber konstanten Rückflüssen/Einzahlungsüberschüssen aus.

Mehrmaliger, gleich hoher Betrag bei den jährlichen Einzahlungsüberschüssen

Situation: Anschaffungsausgaben: 50.000 €
konstante Einnahmeüberschüsse: 11.870 €
Dauer: 5 Jahre

Abbildung 39: Interne Zinsberechnung bei einer einmaligen Auszahlung und mehreren konstanten Einzahlungsüberschüssen

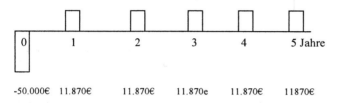

-50.000€   11.870€   11.870€   11.870e   11.870€   11870€

Da die 11.870 € ein konstanter Betrag sind, kann mit dem Rentenbarwertfaktor gerechnet werden.

Kapitalwert   =   - 50.000 € + 11.870 € * $RBF_{[5\ Jahre,\ Zins\ =\ ?]}$

Der interne Zins führt dazu, dass der Kapitalwert gleich Null wird.

0   =   - 50.000 € + 11.870 € * $RBF_{[5\ Jahre,\ Zins\ =\ ?]}$

50.000 €   =   + 11.870 € * $RBF_{[5\ Jahre,\ Zins\ =\ ?]}$

50.000 € / 11.870 €   = $RBF_{[5\ Jahre,\ Zins\ =\ ?]}$

4,2123   =   6 % bei 5 Jahren (s. Tabelle Rentenbarwertfaktoren)

Die Verzinsung liegt somit knapp über 6 %.

Allgemeiner Fall mehrerer unterschiedlich hoher jährlicher Einzahlungsüberschüsse

Der allgemeine Fall einer anfänglichen Auszahlung und mehrerer unterschiedlicher zukünftiger Einzahlungsüberschüsse ist schwieriger zu lösen. Die Lösung kann einmal über ein grafisches Verfahren, ein weiteres Mal rechnerisch durch Interpolation zwischen zwei Tabellenwerten geschehen. Zunächst sei die grafische Variante vorgestellt.

Dazu sei von einer Investition ausgegangen, die durch eine Auszahlung in Höhe von 50.000 € für eine Laufzeit von 5 Jahren gekennzeichnet ist.

Als jährliche Einzahlungsüberschüsse werden folgende Werte erwartet:

Abbildung 40: Erwartete Einzahlungsüberschüsse

Jahr	EÜ
1	20.000 €
2	20.000 €
3	12.500 €
4	5.000 €
5	2.500 €

Ein derartiger Verlauf kann erwartet werden, wenn ein Produkt im Laufe seines Produktlebenszyklus für die Kunden immer uninteressanter wird, bzw. die Konkurrenz nachzieht und auf dem Markt auftritt.

Im ersten Schritt wird ein Kapitalwert unter Verwendung eines Kalkulationszinssatzes von 8 % errechnet. Er beträgt 963,00 €. Also muss die Verzinsung dieser Investitionsalternative über 8 % liegen, denn der Kapitalwert ist größer als Null.

Tabelle 35: Erster Kapitalwert mit 8 %

	0	1	2	3	4	5
Einnahme- überschuss	- 50.000,00 €	20.000,00 €	20.000,00 €	12.500,00 €	5.000,00 €	2.500,00 €
Abzinsungsfaktor	1,0000	0,9259	0,8573	0,7938	0,7350	0,6806
Barwert	- 50.000,00 €	18.518,00 €	17.146,00 €	9.922,50 €	3.675,00 €	1.701,50 €

Kapitalwert 963,00 €

Da der Kapitalwert positiv ist, muss der Zinssatz erhöht werden, um einen kleineren Kapitalwert zu erreichen. Der zweite Durchlauf wird mit 10 % gerechnet und ergibt einen Kapitalwert von - 931,50 €

Tabelle 36: Zweiter Kapitalwert mit 10 %

	0	1	2	3	4	5
Einnahme-überschuss	- 50.000,00 €	20.000,00 €	20.000,00 €	12.500,00 €	5.000,00 €	2.500,00 €
Abzinsungsfaktor	1,0000	0,9091	0,8264	0,7513	0,6830	0,6209
Barwert	- 50.000,00 €	18.182,00 €	16.528,00 €	9.391,25 €	3.415,00 €	1.552,25 €

Kapitalwert   -   931,50 €

Somit muss die interne Verzinsung zwischen 8 % und 10 % liegen, denn es liegt bei 8 % ein positiver Kapitalwert vor und bei 10 % ein negativer. Zufällig liegen die Werte beinahe symmetrisch zu Null, so dass in erster Näherung vermutet werden darf, dass der tatsächliche Wert bei 9 % liegen wird.

Für die Grafik werden die ermittelten Kapitalwert-Zins-Kombinationen eingetragen und dann die beiden Punkte mit einer Geraden verbunden. Dort, wo die Gerade die y-Achse schneidet, also bei einem Kapitalwert von Null, kann auf der y-Achse der interne Zins abgelesen werden.

Abbildung 41: Grafische Lösung bei zwei Kapitalwerten

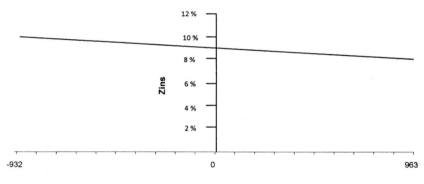

Die Lösung ist auch rechnerisch möglich.

Dazu werden in folgende Formel die ermittelten Werte eingesetzt:

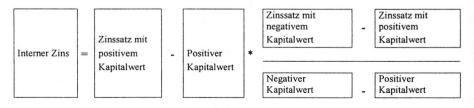

Für das gewählte Zahlenbeispiel ergibt sich folgendes:

Interner Zins = 8 % - 963 * (10 % - 8 %) / (-932 - 963)

Interner Zins = 9 %

Der mittels finanz-mathematischer Funktion in einem Tabellenkalkulationsprogramm ermittelte Wert beträgt 9,001 %. Somit sind die grafische als auch die rechnerische Genauigkeit als ausreichend anzusehen. Werden Zinssätze gewählt, die zu Kapitalwerten führen, die weit von Null abweichen, werden die grafisch oder durch Interpolation ermittelten internen Zinssätze ungenauer.

Aus der Erkenntnis, dass sich der Kapitalwert in Abhängigkeit vom gewählten Zinssatz verändert, lässt sich die Kapitalwertfunktion herleiten. Mit steigendem Zins wird der Kapitalwert immer niedriger.

Um eine Kapitalwertfunktion zeichnen zu können, muss der Kapitalwert einer Investitionsalternative bei alternativen Zinssätzen ermittelt werden.

Als Beispiel wird auf die eben benutzten Werte zurückgegriffen. Hier nochmals zusammengestellt.

Abbildung 42: Einzahlungsüberschüsse für die Kapitalwertfunktion

Jahr	EÜ
0	-50.000 €
1	20.000 €
2	20.000 €
3	12.500 €
4	5.000 €
5	2.500 €

Dann wird eine Wertetabelle angelegt, die die errechneten Kapitalwerte bei unterschiedlichen Zinssätzen wiedergibt.

Abbildung 43: Kapitalwerte bei unterschiedlichen Zinssätzen

Zinssatz in %	Kapitalwert in €
5,0	4.059 €
5,5	3.520 €
6,0	2.992 €
6,5	2.472 €
7,0	1.961 €
7,5	1.459 €
8,0	965 €
8,5	479 €
9,0	1 €
9,5	- 468 €
10,0	-930 €

Diese Werte in eine Grafik umgesetzt, ergeben die Kapitalwertfunktion.

Abbildung 44: Verlauf der Kapitalwertfunktion

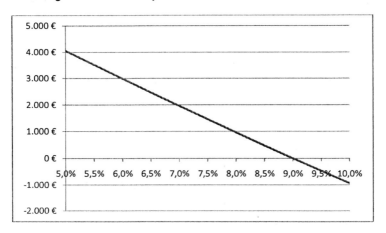

Bei klein wenig über 9 % beträgt der Kapitalwert Null.

Genau genommen handelt es sich nicht um eine Gerade, wie es in der Grafik vielleicht aussieht, doch die Annahme einer Geraden ist praxisnah und genau genug.

Bei der Methode des internen Zinsfußes gelten die gleichen Überlegungen hinsichtlich der Schwierigkeiten wie bei der Kapitalwertmethode. Besonders erwähnenswert ist, dass bei der internen Zinsfußmethode bei unterschiedlichen Laufzeiten und unterschiedlichem Kapitaleinsatz unterstellt wird, dass die Überschüsse zum jeweiligen internen Zinsfuß angelegt werden. Dies ist dann besonders zu beachten und kritisch zu hinterfragen, wenn sich eine Investition durch einen besonders hohen internen Zins auszeichnet.

6.5.4 Die Annuitätenmethode

Das **Annuitätenverfahren** berechnet aus Zahlungsströmen unter Berücksichtigung von Zinseffekten konstante jährliche Einnahmen und konstante jährliche Ausgaben, die **Annuitäten** genannt werden.

Beispiel: Es ist ein Anfangskapital von 20.000 € vorhanden. Welcher gleich hohe Betrag kann jeweils 3 Jahre lang abgehoben werden, damit bei 6 % Zinsen am Ende der 3 Jahre alles aufgebraucht ist?

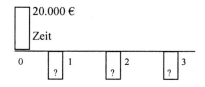

Die Ableitung gelingt mit dem allgemeinen Ansatz der Kapitalwertmethode unter Verwendung von Rentenbarwertfaktoren.

Barwert Anfangsbestand = RBF * konst. Ausgaben

Im vorliegenden Fall wird angesetzt:

$$20.000 \text{ €} = RBF * x$$

Der Rentenbarwertfaktor bei 3 Jahren und 6 % Zins beträgt 2,6730. Damit ergibt sich:

$$20.000 \text{ €} = 2,6730 * x$$

Umgestellt erhält man:

$$20.000 \text{ €} * \frac{1}{2,6730} = x$$

$$7.482,23 \text{ €} = x$$

Es können 3 Jahre lang jeweils 7.482,23 € abgehoben werden.

Würde die Sache statisch angegangen, könnten nur 6.667 € (20.000 € geteilt durch 3 Jahre) entnommen werden. Dabei sind dann keine Zinseffekte berücksichtigt.

Wie zu erkennen, wird ein Wert, der auf die Periode Null bezogen ist, durch Multiplikation mit dem Kehrwert des Rentenbarwertfaktors gleichmäßig auf die Zeit verteilt.

$$x = 20.000 \text{ €} * \frac{1}{RBF}$$

Mathematisch kann es folgendermaßen ausgedrückt werden:

$$a = C_0 \cdot \frac{i}{1-(1+i)^{-n}}$$

Dabei bedeuten:
a = Annuität
C_0 = Kapitalwert
i = Kalkulationszins
n = Laufzeit der Investition

Die Annuität ist vornehmlich bei Finanzierungsfragen nützlich, bspw. kann bei gegebener Kreditsumme die jährliche Belastung berechnet werden. Die Zusammensetzung der Rate ändert sich im Verlauf der Laufzeit, am Anfang ist der Zinsanteil hoch und die Tilgung gering, am Ende ist die Tilgung hoch und der Zinsanteil gering. Oder die Investitionsalternative Kauf kann mit einer Variante Miete oder Leasing verglichen werden, indem die jährlichen Belastungen ausgerechnet werden.

6.5.5 Dynamische Amortisationsrechnung

Das bereits vorgestellte Verfahren der Amortisationsrechnung kann auch im Rahmen einer dynamischen Investitionsbetrachtung angewendet werden. Auch hier lautet die zentrale Frage: Wann decken die Rückflüsse einer Investitionsalternative die laufenden Betriebskosten und die getätigten Anschaffungskosten? Bei der dynamischen Amortisationsrechnung werden allerdings zusätzlich Zins- und Zinseszinseffekte mit ins Kalkül einbezogen.

Grundsätzlich ist eine möglichst kurze Amortisationszeit vom Investor anzustreben, da zukünftige Zahlungen nicht mit Sicherheit eingeplant werden können. Die dynamische Amortisationszeit kann somit dem Investor als Risikokennzahl dienen.

Eine Investition hat sich dann (dynamisch) amortisiert, **wenn der Kapitalwert in Abhängigkeit von der Nutzungsdauer erstmals Null wird.**

Wird der Kapitalwert einer Investition erstmals positiv, werden sowohl der Anschaffungswert, die laufenden Betriebskosten als auch die kalkulatorischen Zinsen durch die Rückflüsse gedeckt.

Als Beispiel sollen die Werte aus dem Kapitel der statischen Amortisationsrechnung dienen, die hier nochmals wiederholt werden:

Eine Maschine zur Herstellung von Strohhalmen verursacht bis zur Inbetriebnahme Ausgaben in Höhe von 100.000 €. Darin sind auch das notwendige Fundament, die elektrischen Anschlüsse usw. enthalten. Ihre Lebensdauer wird auf 10 Jahre geschätzt. Die Produktionskapazität beträgt 100.000 Packungen Strohhalme pro Jahr. Jedes Paket kann zu einem Preis von 0,50 € abgesetzt werden. Zur Herstellung eines Pakets müssen 0,31 € aufgewendet werden. Darin sind Energie, Rohstoffe und Personalkosten enthalten. Es ist davon auszugehen, dass dem Geldgeber jährlich 5 % Zinsen auf das Kapital (keine Tilgung!) gezahlt werden müssen.
Der Kalkulationszins soll 6 % betragen.

Wie bereits berechnet beträgt der jährliche Rückfluss der Maschine zur Herstellung von Strohhalmen 16.500,00 €. Somit ergibt sich folgende dynamische Amortisationsrechnung:

Lauf-zeit	Einzahlungs-überschüsse (Zeitwerte)	Abzinsungs-faktoren für 6%	Einzahlungs-überschüsse (Barwerte)	kumulierte Einzahlungs-überschüsse (Barwerte)
0	- 100.000,00 €	1,0000	- 100.000,00 €	
1	16.500,00 €	0,9434	15.566,04 €	- 84.433,96 €
2	16.500,00 €	0,8900	14.684,94 €	- 69.749,02 €
3	16.500,00 €	0,8396	13.853,72 €	- 55.895,30 €
4	16.500,00 €	0,7921	13.069,55 €	- 42.825,75 €
5	16.500,00 €	0,7473	12.329,76 €	- 30.495,99 €
6	16.500,00 €	0,7050	11.631,85 €	- 18.864,14 €
7	16.500,00 €	0,6651	10.973,44 €	- 7.890,70 €
8	16.500,00 €	0,6274	10.352,30 €	**2.461,60 €**
9	16.500,00 €	0,5919	9.766,32 €	12.227,92 €
10	16.500,00 €	0,5584	9.213,51 €	21.441,43 €

Die Investition hat sich im achten Jahr dynamisch amortisiert.

Die **Entscheidungsregeln** im Rahmen der dynamischen Amortisationsrechnung lauten:

- im Fall einer Einzelinvestition:

Eine Investition ist vorteilhaft, wenn die dynamische Amortisationszeit nicht länger ist als die vom Investor für maximal zulässig gehaltene Amortisationszeit (absolute Vorteilhaftigkeit).

- im Fall eines Alternativenvergleichs:

Eine Investition ist vorteilhafter als eine alternative Investition, wenn ihre dynamische Amortisationszeit geringer ist (relative Vorteilhaftigkeit).

Sowohl die statische als auch die dynamische Amortisationsrechnung stellen kein eigenständiges Verfahren der Wirtschaftlichkeitsrechnung dar. Die Ergebnisse (Wiedergewinnungszeit des eingesetzten Kapitals) der Amortisationsrechnung sind stets im Kontext mir anderen Verfahren zu nutzen.

Die dynamische Berechnung ist allerdings aussagekräftiger, da dem Investor ein positiver Kapitalwert anzeigt, dass über den Kalkulationszins und den Anschaffungswert hinaus ein Überschuss erwirtschaftet wird. Bei einem Kapitalwert von Null werden nur noch der Kalkulationszins und der Anschaffungswert wiedergewonnen.

6.5.6 Optimale Nutzungsdauer

Mit Hilfe der Kapitalwertmethode ist es möglich, die optimale Nutzungsdauer einer Investition zu bestimmen. Es kann zum Beispiel für eine Industriemaschine im Vorfeld, d.h. vor der Anschaffung, festgestellt werden, wie lange es wirtschaftlich sinnvoll ist diese Maschine zu nutzen.

Insbesondere dann, wenn die jährlichen Rückflüsse und die möglichen Liquidationserlöse Schwankungen unterliegen, macht es Sinn die optimale Nutzungsdauer zu berechnen. Für die Berechnung muss sukzessive für jedes Jahr der geplanten Nutzung der Kapitalwert ermittelt werden.

Die **optimale Nutzungsdauer** ist dort, wo der **Kapitalwert sein zeitliches Maximum** erreicht.

Dies soll zunächst an einem Zahlenbeispiel verdeutlicht werden. Hierzu sollen die Kapitalwertberechnungen aus dem Kapitel der dynamischen Amortisationen genutzt werden:

Laufzeit	Einzahlungsüberschüsse (Zeitwerte)	Abzinsungsfaktoren für 6%	Einzahlungsüberschüsse (Barwerte)	kumulierte Einzahlungsüberschüsse (Barwerte)
0	- 100.000,00 €	1,0000	- 100.000,00 €	
1	16.500,00 €	0,9434	15.566,04 €	- 84.433,96 €
2	16.500,00 €	0,8900	14.684,94 €	- 69.749,02 €
3	16.500,00 €	0,8396	13.853,72 €	- 55.895,30 €
4	16.500,00 €	0,7921	13.069,55 €	- 42.825,75 €
5	16.500,00 €	0,7473	12.329,76 €	- 30.495,99 €
6	16.500,00 €	0,7050	11.631,85 €	- 18.864,14 €
7	16.500,00 €	0,6651	10.973,44 €	- 7.890,70 €
8	16.500,00 €	0,6274	10.352,30 €	2.461,60 €
9	16.500,00 €	0,5919	9.766,32 €	12.227,92 €
10	16.500,00 €	0,5584	9.213,51 €	**21.441,43 €**

Der Kapitalwert der Investition (man unterstellt eine zehnjährige Nutzungsdauer) beträgt insgesamt 21.441,43 €.

In diesem Zahlenbeispiel wurde ein Verkaufserlös während der Nutzungsdauer nicht einbezogen. Da die Rückflüsse stets positiv sind, steigt der Kapitalwert jedes Jahr. Der maximale Kapitalwert ist somit im zehnten Jahr erreicht. Betrachtet man dieses Ergebnis, macht es keinen Sinn die Nutzung der Investition frühzeitig bzw. bereits während der geplanten Nutzungsdauer abzubrechen. Nun ist es fraglich, ob mögliche Liquidationserlöse nicht ein realistischeres Bild darstellen.

Im Weiteren wird unter Berücksichtigung von möglichen Verkäufen für jedes Jahr der Kapitalwert berechnet. Folgende Liquidationserlöse sind zu erwarten:

Jahr	Mögliche Liquidationserlöse (Zeitwerte)
1	80.000,00 €
2	72.000,00 €
3	65.000,00 €
4	50.000,00 €
5	47.000,00 €
6	44.500,00 €
7	43.000,00 €
8	33.000,00 €
9	15.000,00 €
10	3.000,00 €

Der Kapitalwert eines einzelnen Jahres errechnet sich aus der Addition des kumulierten Einzahlungsüberschusses (Barwert) und dem möglichen Liquidationserlös (ebenfalls Barwert).

Zunächst müssen für die möglichen Liquidationserlöse Barwerte berechnet werden. Dies wird analog der Barwertberechnung bei den kumulierten Einzahlungsüberschüssen durchgeführt, indem man die Zeitwerte mit den jeweiligen Abzinsungsfaktoren multipliziert.

Es ergibt sich folgende Berechnung für den Kapitalwert des jeweiligen Jahres:

Lauf-zeit	Möglicher Liquidationserlös (Zeitwert)	Abzinsungs-faktoren für 6%	Möglicher Liquidationserlös (Barwert)	kumulierte Einzahlungs-überschüsse (Barwerte)	Kapitalwert des jeweiligen Jahres
0		1			
1	80.000,00 €	0,9434	75.472,00 €	-84.433,96 €	-8.961,96 €
2	72.000,00 €	0,8900	64.080,00 €	-69.749,02 €	-5.669,02 €
3	65.000,00 €	0,8396	54.574,00 €	-55.895,30 €	-1.321,30 €
4	50.000,00 €	0,7921	39.605,00 €	-42.825,75 €	-3.220,75 €
5	47.000,00 €	0,7473	35.123,10 €	-30.495,99 €	4.627,11 €
6	44.500,00 €	0,7050	31.372,50 €	-18.864,14 €	12.508,36 €
7	43.000,00 €	0,6651	28.599,30 €	-7.890,70 €	20.708,60 €
8	33.000,00 €	0,6274	20.704,20 €	2.461,60 €	**23.165,80 €**
9	15.000,00 €	0,5919	8.878,50 €	12.227,92 €	21.106,42 €
10	3.000,00 €	0,5584	1.675,18 €	21.441,43 €	23.116,61 €

Im achten Jahr hat der Kapitalwert sein Maximum erreicht. Die optimale Nutzungsdauer im oben aufgeführten Beispiel beträgt somit 8 Jahre.

Betrachtet man die Investition im Rahmen einer dynamischen Wirtschaftlichkeitsberechnung, ist es sinnvoller die Investition nach acht Jahren zu liquidieren als sie bis zum Ende der geplanten Nutzungsdauer zu nutzen.

Für die Berechnung des Kapitalwertes des jeweiligen Jahres gilt:
Es sind alle Kapitalwerte bis zum Ende der Nutzungsdauer zu berechnen, da es zu mehreren Kapitalmaxima kommen kann und dann das absolute Kapitalmaximum auszuwählen ist.

Variante zur Berechnung der optimalen Nutzungsdauer

Neben der Berechnung des Kapitalwertes des jeweiligen Jahres gibt es noch ein weiteres Verfahren zur Bestimmung der optimalen Nutzungsdauer einer Investition. Hierzu werden die zusätzlichen Einzahlungsüberschüsse (ZEZÜ) betrachtet.

Die zusätzlichen Einzahlungsüberschüsse einer Periode ergeben sich aus

- dem weiteren Einzahlungsüberschuss der Periode,
- dem in der Regel geringeren Liquidationserlös der Periode,
- vermindert um den nicht realisierten und um ein Jahr verzinsten Liquidationserlös des Vorjahres.

Ist der zusätzliche Einzahlungsüberschuss einer Periode positiv, ist eine weitere Nutzung der Investition sinnvoll.

Zur Verdeutlichung sollen die oben genannten Daten dienen:

ZEZÜ des 8. Jahres: 16.500,00 € + 33.000,00 € - 43.000,00 € x 1,06 = 3.920,00 €

ZEZÜ des 9. Jahres: 16.500,00 € + 15.000,00 € -33.000,00 € x 1,06 = - 3.480,00 €

Die optimale Nutzungsdauer liegt, wie oben bereits festgestellt, bei acht Jahren. Die beiden Verfahren kommen zum selben Ergebnis und stehen in einem Zusammenhang, der näher beschrieben werden soll. Grundsätzlich gilt:

Der Barwert des ZEZÜ einer Periode ist gleich der Differenz der Kapitalwerte dieser Periode und der Vorperiode.

Für das oben beschriebene Beispiel ergibt sich folgende Rechnung:

- Der Barwert des ZEZÜ des 9. Jahres beträgt - 2.059,81 (-3.480 € x ABF für 9 Jahre und 6%)

- und die Differenz der Kapitalwerte aus dem 9. Jahr (21.106,42 €) und dem 8. Jahr (23.165,80 €) beträgt ebenso - 2.059,38 (Rest Rundungsdifferenz).

Die beiden Methoden

- 1. Berechnung des Kapitalwertes jedes einzelnen Jahres und
- 2. Berechnung über die zusätzlichen Einzahlungsüberschüsse

kommen zum selben Ergebnis und lassen sich ineinander überführen, da die Annahmen der Kapitalwertmethode zu Grunde liegen. Jeder zusätzliche positive Einzahlungsüberschuss führt zu einer Kapitalwertmehrung, jeder zusätzliche negative Einzahlungsüberschuss zu einer Kapitalwertminderung.

6.5.7 Optimaler Ersatzzeitpunkt

Bei der Bestimmung des optimalen Ersatzzeitpunktes betrachtet man als Sachverhalt, dass sich an eine Investition eine weitere identische Investition zeitlich anschließt. Identische Investition heißt, dass die Zahlungsströme (Anschaffungskosten, Einzahlungsüberschüsse sowie ein möglicher Liquidationserlös) bei beiden Investitionen gleich sind. Man spricht hierbei von einer zweigliedrigen Investitionskette, die aus einer Erstinvestition und einer Folgeinvestition, die wirtschaftlich gleich ist und sich unmittelbar anschließt, besteht.

Da auf die Folgeinvestition keine weitere Investition folgt, kann die Bestimmung der optimalen Nutzungsdauer nach dem oben beschriebenen Verfahren durchgeführt werden.

Die Bestimmung der optimalen Nutzungsdauer („der Ersatzzeitpunkt") der Erstinvestition muss nun auf einem anderen Weg festgestellt werden, da eine weitere Investition folgt und berücksichtigt werden muss.

Das Entscheidungskriterium lautet:

- Der optimale Ersatzzeitpunkt der Erstinvestition liegt dort, wo der Kapitalwert der Investitionskette maximal ist.

Für die weitere Berechnung sollen die Ergebnisse aus dem letzten Kapitel als Grundlage dienen:

Lauf-zeit	Möglicher Liquidationserlös (Zeitwert)	Abzinsungs-faktoren für 6%	Möglicher Liquidationserlös (Barwert)	kumulierte Einzahlungs-überschüsse (Barwerte)	Kapitalwert des jeweiligen Jahres
0		1			
1	80.000,00 €	0,9434	75.472,00 €	-84.433,96 €	-8.961,96 €
2	72.000,00 €	0,8900	64.080,00 €	-69.749,02 €	-5.669,02 €
3	65.000,00 €	0,8396	54.574,00 €	-55.895,30 €	-1.321,30 €
4	50.000,00 €	0,7921	39.605,00 €	-42.825,75 €	-3.220,75 €
5	47.000,00 €	0,7473	35.123,10 €	-30.495,99 €	4.627,11 €
6	44.500,00 €	0,7050	31.372,50 €	-18.864,14 €	12.508,36 €
7	43.000,00 €	0,6651	28.599,30 €	-7.890,70 €	20.708,60 €
8	33.000,00 €	0,6274	20.704,20 €	2.461,60 €	**23.165,80 €**
9	15.000,00 €	0,5919	8.878,50 €	12.227,92 €	21.106,42 €
10	3.000,00 €	0,5584	1.675,18 €	21.441,43 €	23.116,61 €

Für die Folgeinvestition liegt die optimale Nutzungsdauer -wie gehabt- bei 8 Jahren. Gesucht werden nun die optimale Nutzungsdauer der Erstinvestition und damit der optimale Ersatzzeitpunkt.

Beispielhaft soll der Kapitalwert der zweigliedrigen Investitionskette berechnet werden, wenn der optimale Ersatzzeitpunkt bereits nach einem Jahr ist.

Die Erstinvestition wird **nur ein Jahr** genutzt, die Folgeinvestition beginnt im zweiten Jahr.

Kapitel 6 - Investition und Investitionsrechnung

Laufzeit	1	2	3
Kapitalwert der Erstinvestition	-8.961,96 €		
Kapitalwert der Folgeinvestition		23.165,80 €	

Hier die Kapitalwerte bei einem optimalen Ersatzzeitpunkt **nach zwei Jahren**:

Laufzeit	1	2	3
Kapitalwert der Erstinvestition		-5.669,02 €	
Kapitalwert der Folgeinvestition			23.165,80 €

Um nun den Kapitalwert der Investitionskette zu berechnen, reicht es nicht aus die beiden Kapitalwerte der Erst- und der Folgeinvestition zu addieren, da die Folgeinvestition noch auf den Beginn des Planungszeitraumes abgezinst werden muss.

- Bei einer optimalen Nutzungsdauer der Erstinvestition von einem Jahr muss also der Kapitalwert der Folgeinvestition nochmals um ein Jahr abgezinst werden.

- Bei einer optimalen Nutzungsdauer der Erstinvestition von zwei Jahren muss der Kapitalwert der Folgeinvestition nochmals um zwei Jahre abgezinst werden.

- usw.

Somit ergibt sich folgende Aufstellung für die Kapitalwerte der Investitionsketten:

Lauf-zeit	Kapitalwert der Erstinvestition	Kapitalwert der Folgeinvestition	Abzinsungs-faktoren für 6%	abgezinster Kapitalwert der Folgeinvestition	Kapitalwert der Investitionskette
0			1		
1	-8.961,96 €	23.165,80 €	0,9434	21.854,62 €	12.892,66 €
2	-5.669,02 €	23.165,80 €	0,8900	20.617,56 €	14.948,54 €
3	-1.321,30 €	23.165,80 €	0,8396	19.450,01 €	18.128,71 €
4	-3.220,75 €	23.165,80 €	0,7921	18.349,63 €	15.128,88 €
5	4.627,11 €	23.165,80 €	0,7473	17.311,80 €	21.938,91 €
6	12.508,36 €	23.165,80 €	0,7050	16.331,89 €	28.840,25 €
7	20.708,60 €	23.165,80 €	0,6651	15.407,57 €	36.116,17 €
8	23.165,80 €	23.165,80 €	0,6274	14.534,22 €	**37.700,02 €**
9	21.106,42 €	23.165,80 €	0,5919	13.711,84 €	34.818,26 €
10	23.116,61 €	23.165,80 €	0,5584	12.935,78 €	36.052,39 €

Der maximale Kapitalwert der Investitionskette ist dann erreicht, wenn die Erstinvestition acht Jahre genutzt wird. Die Erstinvestition hat somit die gleiche Nutzungsdauer wie die Folgeinvestition. Dass dies nicht immer zwingend so sein muss, wird in der Übungsaufgabe zu diesem Kapitel deutlich.

6.5.8 Dynamische Endwertverfahren

Im Gegensatz zur Kapitalwertmethode und den dazugehörigen Verfahren, wird bei den dynamischen Endwertverfahren nicht von einem einheitlichen Zinssatz ausgegangen. Bei den dynamischen Endwertverfahren wird nach einem Soll- und einem Habenzins unterschieden. Dass diese Ausgangslage die Realität richtig wiederspiegelt liegt auf der Hand.

Der zweite Unterschied zur Kapitalwertmethode ist, dass alle Zeitwerte nicht auf den Anfang des Planungszeitraumes abgezinst, sondern auf das Ende des Planungszeitraumes aufgezinst werden. Somit spricht man nicht mehr von Barwerten, sondern von Endwerten.

Im Folgenden sollen die beiden Ausprägungen der **Vermögensendwertmethode** erläutert werden. Auf die Vorstellung der Sollzinssatzmethode, welche das entsprechende Endwertverfahren zur internen Zinsfußmethode darstellt, sei hier verzichtet.

Vermögensendwertmethode

Wie bereits beschrieben, werden bei der Vermögensendwertmethode alle Zeitwerte (Anschaffungswert, EZÜ, oder Liquidationserlös) aufgezinst. Sind der Sollzins (für die Kapitalaufnahme) und der Habenzins (für die Kapitalanlage) identisch, sind die Ergebnisse der Vermögensendwertmethode und die Kapitalwertmethode gleich. Es gilt dann:

- Aufgezinster Kapitalwert = Endwert oder auch

- Abgezinster Endwert = Kapitalwert

Unterscheiden sich Soll- und Habenzins, wovon wir im Weiteren bei den Berechnungen der Vermögensendwerte ausgehen wollen, können Investitionen nur noch durch dynamische Endwertmethoden beurteilt werden. Realistischerweise wird bei der Vermögensendwertmethode mit einem Sollzins und einem niedrigerem Habenzins gerechnet.

Das Entscheidungskriterium zur Beurteilung einer einzelnen Investition lautet:

- Eine Investition ist absolut vorteilhaft, wenn der Vermögensendwert positiv ist.

Das Entscheidungskriterium im Falle eines Alternativvergleichs lautet:

- Eine Investition ist relativ vorteilhaft, wenn der höchste positive Vermögensendwert vorliegt.

Es wird zwischen zwei Verfahren unterschieden

1. Vermögensendwertmethode bei Kontenausgleichsverbot
2. Vermögensendwertmethode bei Kontenausgleichsgebot

Beim ersten Verfahren (**Kontenausgleichsverbot**) werden für die positiven und negativen Einzahlungsüberschüsse separate Konten eingerichtet. Dabei werden die positiven Einzahlungsüberschüsse mit dem niedrigeren Habenzins und die negativen Einzahlungsüberschüsse mit dem Sollzins aufgezinst.

Hierzu ein Zahlenbeispiel:

Der Sollzinssatz soll 6% und Habenzinssatz 3% betragen. Der Anschaffungswert beläuft sich auf 10.000,00 €, die Einzahlungsüberschüsse in den ersten beiden Jahren werden mit 3.500,00 € geplant. Die Einzahlungsüberschüsse des dritten und vierten Jahres werden auf 3.000,00 € geschätzt.

Somit ergibt sich folgende Vermögensendwertberechnung (mit Kontenausgleichsverbot):

Jahr	Rest-laufzeit	Einzahlungs-überschüsse (Zeitwerte)	Konto für negative Einzahlungsüberschüsse		Konto für positive Einzahlungsüberschüsse	
			Aufzinsungs-faktor 6%	Endwert	Aufzinsungs-faktor 3%	Endwert
0	4	- 10.000,00 €	1,2625	- 12.624,77 €	-	-
1	3	3.500,00 €	-	-	1,0927	3.824,54 €
2	2	3.500,00 €	-	-	1,0609	3.713,15 €
3	1	3.000,00 €	-	-	1,03	3.090,00 €
4	0	3.000,00 €	-	-	1	3.000,00 €
		Vermögensendwerte	-	**- 12.624,77 €**	-	**13.627,69 €**

Vermögensendwert der Investition = - 12.624,77 € + 13.627,69 € = **1.002,92 €**

Da der Vermögensendwert positiv ist, ist die Investition absolut vorteilhaft.

Beim zweiten Verfahren (**mit Kontenausgleichsgebot**) wird lediglich ein Konto geführt. Positive und negative Einzahlungsüberschüsse werden saldiert. Liegt am Ende einer Periode ein negativer Kontostand vor, wird weiterhin mit dem Sollzinssatz aufgezinst. Liegt hingegen ein positiver Kontostand vor, wird ab diesem Zeitpunkt mit dem Habenzinssatz aufgezinst.

Zur Erklärung soll das vorherige Zahlenbeispiel dienen. Es gilt also weiterhin:

Der Sollzinssatz soll 6% und Habenzinssatz 3% betragen. Der Anschaffungswert beläuft sich auf 10.000,00 €, die Einzahlungsüberschüsse in den ersten beiden Jahren werden mit 3.500,00 € geplant. Die Einzahlungsüberschüsse des dritten und vierten Jahres werden auf 3.000,00 € geschätzt.

Nun wird allerdings nur ein Konto geführt:

Jahr	Einzahlungs- überschüsse (Zeitwerte)	Vermögenswert des Vorjahres	Aufzinsungsfaktor (6% bzw. 3%)	Vermögenswert
	I	II	III	I + II x III
	- 10.000,00 €	-	-	- 10.000,00 €
1	3.500,00 €	- 10.000,00 €	1,06	- 7.100,00 €
2	3.500,00 €	- 7.100,00 €	1,06	- 4.026,00 €
3	3.000,00 €	- 4.026,00 €	1,06	- 1.267,56 €
4	3.000,00 €	- 1.267,56 €	1,06	1.656,39 €
Vermögensendwert				**1.656,39 €**

Hier ist nun erkennbar, dass, je nachdem welches Verfahren der Vermögensendwertmethode man nutzt (mit Kontenausgleichsverbot oder mit Kontenausgleichsgebot), die Ergebnisse unterschiedlich sind.

Im vierten Jahr wird der Vermögenswert erstmalig positiv. Unterstellt man ein weiteres Jahr der Nutzung (bei einem EZÜ von ebenfalls 3.000,00 €), muss mit dem Habenzinssatz weiter aufgezinst werden:

Jahr	Einzahlungs- überschüsse (Zeitwerte)	Vermögenswert des Vorjahres	Aufzinsungsfaktor (6% bzw. 3%)	Vermögenswert
	I	II	III	I + II x III
0	- 10.000,00 €	-	-	- 10.000,00 €
1	3.500,00 €	- 10.000,00 €	1,06	- 7.100,00 €
2	3.500,00 €	- 7.100,00 €	1,06	- 4.026,00 €
3	3.000,00 €	- 4.026,00 €	1,06	- 1.267,56 €
4	3.000,00 €	- 1.267,56 €	1,06	1.656,39 €
5	3.000,00 €	1.656,39 €	**1,03**	4.706,08 €
Vermögensendwert				**4.706,08 €**

6.5.9 Übungsaufgaben

Aufgabe 1

Die Verwaltung einer Großstadt steht vor der Notwendigkeit, 20 PC zu kaufen oder zu mieten. Hierzu liegen folgende Informationen vor:

Alternative Kauf: Listenpreis je PC .... 2.500 €
voraussichtliche Entsorgungsausgaben je PC .... 150 €

Der Lieferant ist bereit, bei diesem Großauftrag einen Rabatt in Höhe von 10 % einzuräumen.

Alternative Leasing: Jährliche Leasingrate je PC .... 565,00 €

Gemeinsame Angaben: voraussichtliche Nutzungsdauer .... 5 Jahre
Kalkulationszinssatz .... .6 %

Alle Auszahlungen mit Ausnahme des Kaufpreises sind zum jeweiligen Periodenende anzusetzen.

Welche der beiden Möglichkeiten ist günstiger?

Aufgabe 2:

Das Amt für Wirtschaftsförderung plant im Rahmen der Grundstücksbevorratungspolitik den Erwerb eines Baugrundstückes. Sie sollen den Nachweis erbringen, dass eine derartige Maßnahme auch unter betriebswirtschaftlichen Gesichtspunkten durchaus lohnend sein kann. Grundstück A kann für 40.000 €, Grundstück B für 100.000 € erworben werden. Als Verkaufserlöse werden nach Ablauf von 7 Jahren erwartet: Grundstück A 77.960 € und Grundstück B 171.400 €.

a) Begründen Sie die Vorteilhaftigkeit des Erwerbs unter Verwendung der Kapitalwertmethode. Neben der grundsätzlichen Begründung stellen Sie bitte heraus, welches Grundstück erworben werden soll. (Kalkulationszinsfuß 6 %)

b) Untersuchen Sie die Vorteilhaftigkeit mittels der Methode des internen Zinses.

c) Erklären Sie evtl. auftretende Unterschiede in der Empfehlung.

Aufgabe 3:

In einem Sozialamt mit mehreren Sachbearbeitern, die sowohl Leistungsbearbeitung als auch Rückabwicklung erledigen, wird beobachtet, dass die Einnahmen aus der Rückabwicklung stetig rückläufig sind. Da die Sachbearbeiter mit der wachsenden Anzahl der Leistungsfälle ausgelastet sind, wird überlegt, eine zusätzliche Stelle einzurichten, die sich ausschließlich der Rückabwicklung widmet. Die Einrichtung der Stelle verursacht Ausgaben für die Büroausstattung (PC, Schreibtisch usw.) in Höhe von 10.000,00 €. Die

Stelle soll im ersten Jahr mit 80.000,00 € dotiert sein. Pro Jahr wird eine Personalkostensteigerung von 3% erwartet. Weitere Kosten (Büromaterial etc.) sind vernachlässigbar gering.

Die Stelle soll dem Stadthaushalt zusätzliche Einnahmen aus der verbesserten Bearbeitung der Rückabwicklungsfälle gemäß folgender Übersicht ermöglichen:

Zusätzliche Einnahmen aus Rückabwicklungen:

1. Jahr	50.000,00 €
2. Jahr	70.000,00 €
3. Jahr	85.000,00 €

Ab dem Jahr 4 wird jeweils mit einer Steigerung der Einnahmen in Höhe von 10.000,00 € gegenüber dem Vorjahr gerechnet.

Prüfen Sie, ab wann diese Maßnahme frühestens insgesamt wirtschaftlich sinnvoll ist.
Die Gemeinde benutzt einen Kalkulationszins von 5%. Bis auf die Ausgaben der Stelleneinrichtung sind alle Aus- und Einzahlungen aus Vereinfachungsgründen an das jeweilige Periodenende anzusiedeln.

Aufgabe 4:

Der städtische Kämmerer möchte dem Stadthaushalt eine zusätzliche Einnahmequelle erschließen. (Keine kommunal- oder haushaltsrechtliche Prüfung!) Dazu beabsichtigt er, ein gut gelegenes Grundstück zu kaufen, das er nach 5 Jahren wieder mit Gewinn verkaufen will. Da im Haushaltsplan keine freien Mittel zur Verfügung stehen, plant er, einen Kredit aufzunehmen. Das vorliegende Kreditangebot hat folgende Bedingungen:

Auszahlung: 98%
Nominalzins: 7% p.a
Laufzeit: 5 Jahre

Als Bearbeitungsgebühr werden 3.109,12 € verlangt, die sofort vom Auszahlungsbetrag einbehalten werden. Der Kapitaldienst (Zinsen und Tilgung) soll als Annuität jeweils zum Jahresende bezahlt werden.

Der Kaufpreis des Grundstücks beträgt 486.890,88 € und ist sofort fällig. Als Verkaufspreis am Ende des 5. Jahres werden 682.889,65 € erwartet.

a) Auf welchen Betrag muss die Kreditsumme (Rückzahlungsbetrag) lauten, damit nach Abzug des Disagios (= 2 % von der Kreditsumme) und der Bearbeitungsgebühr das Grundstück ohne Verwendung weiterer städtischer Mittel gekauft werden kann?

b) Der Kämmerer macht sich Gedanken über die Belastung der kommenden Haushalte und bittet Sie, die Annuität des Kreditvertrags auszurechnen.

c) Außerdem möchte er den effektiven Zins des Kreditangebots wissen.

d) Soll er den Kredit aufnehmen, um das Grundstück zu kaufen? Bestimmen Sie dazu den internen Zins der Grundstücksinvestition und vergleichen Sie ihn mit dem effektiven Zins des Kredits.

Aufgabe 5:

Die Gemeinde G will durch eine intensivere Geschwindigkeitsüberwachung die örtliche Ordnung und Sicherheit erhöhen. Hierzu sind zahlreiche Maßnahmen denkbar. Die Gemeinde G hat sich zunächst dazu entschieden eine stationäre Geschwindigkeitsüberwachungsanlage zu installieren. Hierzu liegen zwei Angebote vor. Da die Gemeinde auch dazu verpflichtet ist wirtschaftlich zu handeln, sollen die beiden Angebote bewertet werden. Insbesondere eine schnelle Wiedergewinnung des eingesetzten Kapitals ist dem Kämmerer der Gemeinde ein Anliegen. Desweiteren sieht der Kämmerer von einer statischen Berechnung ab (der Kalkulationszins soll 3% betragen).

Die Anschaffungskosten der stationären Geschwindigkeitsüberwachungsanlage A betragen 200.000 €, die der Anlage B nur 150.000 €.

Da die Anlage A eine moderne und bessere Technik hat und somit die Messungen genauer sind, kann mit Rückflüssen von 36.000 € jährlich (Bußgelder für Geschwindigkeitsüberschreitungen) gerechnet werden. Die Betriebskosten liegen für ein Jahr bei 3.000 €. Durch die Anlage B werden jährliche Rückflüsse von nur 23.000 € erwartet. Die Betriebskosten betragen 1.000 € pro Jahr.

Aufgabe 6:

Im Rahmen einer Wirtschaftlichkeitsuntersuchung liegt eine Investitionsalternative als Angebot vor. Es werden folgende Einzahlungsüberschüsse und Liquidationserlöse erwartet (Kalkulationszins 5%). Berechnen Sie die optimale Nutzungsdauer nach den beiden bekannten Verfahren.

Laufzeit	Einzahlungs-überschüsse (Zeitwerte)	Möglicher Liquidationserlös (Zeitwert)
0	-35.000,00 €	
1	11.000,00 €	25.000,00 €
2	10.000,00 €	22.000,00 €
3	11.000,00 €	16.000,00 €
4	7.000,00 €	9.000,00 €
5	6.000,00 €	3.000,00 €

Aufgabe 7:

Berechnen Sie zunächst die optimale Nutzungsdauer, im Anschluss den optimalen Ersatzzeitpunkt der folgenden Investition (Kalkulationszins 10%):

Laufzeit	Möglicher Liquidationserlös (Zeitwerte)	Einzahlungsüberschüsse (Zeitwerte)
0		- 4.000,00 €
1	3.000,00 €	2.000,00 €
2	2.000,00 €	1.800,00 €
3	1.200,00 €	1.050,00 €
4	400,00 €	860,00 €

Aufgabe 8:

Berechnen Sie die Vermögensendwerte folgender Investition (mit Kontenausgleichsverbot und mit Kontenausgleichsgebot) bei einem Sollzins von 6% und Habenzins von 3%.

Jahr	0	1	2	3	4	5
Einzahlungs-überschüsse (Zeitwerte)	-55.555 €	18.000 €	19.000 €	13.000 €	12.000 €	9.000 €

Lösung zu Aufgabe 1

Zur Anwendung kommt die Kapitalwertmethode, wobei es keine Rolle spielt, ob das Beispiel für einen oder für 20 PC durchgerechnet wird. Bei der Betrachtung der Variante Kauf gilt es zu beachten, dass die Entsorgungskosten am Nutzungsende, also im 5. Jahr angesetzt werden.

Die Rechnung für den Kauf liefert einen Kapitalwert in Höhe von – 2.362,10 €. Es muss sich ein negativer Kapitalwert ergeben, denn es wird nur mit Auszahlungen, die üblicherweise mit einem negativen Vorzeichen für Geldabfluss versehen sind, gerechnet.

Kapitel 6 - Investition und Investitionsrechnung

Tabelle 37: Kapitalwertermittlung für Alternative Kauf

	0	1	2	3	4	5
EÜ	- 2.250,00 €					- 150,00 €
Abz. Faktor	1,0000	0,9434	0,8900	0,8396	0,7921	0,7473
Barwerte	- 2.250,00 €					- 112,10 €

Kapitalwert   - 2.362,10 €

Für die Alternative Leasing errechnet sich ein Kapitalwert in Höhe von –2.380,01 €, was schlechter ist als der Kapitalwert der Alternative Kauf.

Tabelle 38: Kapitalwertermittlung für Alternative Leasing

	0	1	2	3	4	5
EÜ		- 565,00 €	- 565,00 €	- 565,00 €	- 565,00 €	- 565,00 €
Abz. Faktor	1,0000	0,9434	0,8900	0,8396	0,7921	0,7473
Barwerte		- 533,02 €	- 502,85 €	- 474,37 €	- 447,54 €	- 422,22 €

Kapitalwert   - 2.380,01 €

Der Kapitalwert der Alternative Kauf ist höher als der Kapitalwert der Alternative Leasing, wenn auch nur geringfügig höher. Also wird die Alternative Kauf vorgeschlagen.

Lösung zu Aufgabe 2

a)
Eigentlich kann bereits anhand der ursprünglichen Zahlen beurteilt werden, dass Grundstück B das bessere Geschäft ist. Nach 7 Jahren fließen bei Grundstück B mehr Mittel zurück als bei A. Auch die Differenz zum Kapitaleinsatz ist bei B größer als bei A. Trotzdem soll zur Verdeutlichung eine vollständige Kapitalwertberechnung gemacht werden.

Tabelle 39: Kapitalwert Grundstück A

	0	1	2	3	4	5	6	7
EÜ	- 40.000 €							77.960 €
Abzinsungsfaktor	1,0000	0,9434	0,8900	0,8396	0,7921	0,7473	0,7050	0,6651
Barwerte	- 40.000,00 €							51.851,20 €

Kapitalwert   11.851,20 €

Tabelle 40: Kapitalwert Grundstück B

	0	1	2	3	4	5	6	7
EÜ	- 100.000,00 €							171.400,00 €
Abzinsungsfaktor	1,0000	0,9434	0,8900	0,8396	0,7921	0,7473	0,7050	0,6651
Barwerte	- 100.000,00 €							113.998,14 €

Kapitalwert   13.998,14 €

Wie zu erkennen ist, ist bei beiden Grundstücken der Kapitalwert bei einem Kalkulationszinssatz von 6 % positiv. Das bedeutet, dass beide Geschäfte, gemessen an einer alternativen Anlagemöglichkeit, die 6 % liefert, sinnvoll sind. Der Kapitalwert bei B ist jedoch höher als bei A, also ist Grundstück B zu kaufen.

b)
Die Methode des internen Zinsfußes kann hier einfach durchgeführt werden, denn es handelt sich um den Spezialfall einer Auszahlung und einer Einzahlung.

Für Grundstück A wird angesetzt:

$0 = Anschaffungswert + Abz.faktor * Endwert$

$0 = -40.000 € + Abz.faktor * 77.960 €$

Nach Umstellung ergibt sich:

$$\frac{40.000 €}{77.960 €} = Abzinsungsfaktor = 0,5131$$

Aus der Tabelle der Abzinsungsfaktoren lässt sich entnehmen, dass die Verzinsung bei 7 Jahren ganz knapp über 10 % liegt. Laut Tabellenkalkulation beträgt die Verzinsung 10,0023 %

Der gleiche Vorgang wird für Grundstück B gemacht.

$0 = Anschaffungswert + Abz.faktor * Endwert$

$0 = -100.000 € + Abz.faktor * 171.400 €$

Nach Umstellung ergibt sich:

$$\frac{100.000 €}{171.400 €} = Abzinsungsfaktor = 0,5834$$

Aus der Tabelle der Abzinsungsfaktoren ergibt sich, dass die Verzinsung bei Grundstück B ganz knapp über 8 % liegt. Eine exakte Ermittlung ergibt 8,0016 %.

Nach der Methode des internen Zinsfußes ist Grundstück A zu bevorzugen.

c)
Die Kapitalwertmethode empfiehlt den Kauf von Grundstück B, die Methode des internen Zinsfußes empfiehlt Grundstück A. Wie kommt es zu diesen unterschiedlichen Empfehlungen?

Der Unterschied rührt aus dem unterschiedlichen Kapitaleinsatz her und dem Fehlen von Angaben, was mit der Differenz im Kapitaleinsatz geschehen soll. Die Kapitalwertmethode unterstellt, dass die Differenz im Kapitaleinsatz in Höhe von (100.000 € - 40.000 € = 60.000 €) zum Kalkulationszins angelegt wird, d.h. die 60.000 €, die B mehr kostet als A, können bei Realisierung von A nicht gewinnbringend angelegt werden.

Die Methode des internen Zinses hingegen unterstellt, dass die 60.000 €, die bei Realisierung von A noch übrig sind, auch zum internen Zins von A angelegt werden können. Dies ist natürlich ein großer Vorteil von A, denn bei A verzinst sich das Kapital zu hohen 10 %. Bei dieser hohen Verzinsung sollte man fragen, ob es ein zweites Grundstück A gibt, denn dann könnten weitere 40.000 € angelegt werden, die ebenfalls 10 % erwirtschaften. Dies wird allerdings voraussichtlich nicht der Fall sein, denn A wirft eine viel höhere Verzinsung als B ab, es muss also irgendwie einzigartig sein.

Lösung zu Aufgabe 3

Zunächst werden in die übliche Tabelle alle Aus- und Einzahlungen zum jeweiligen Fälligkeitszeitpunkt eingetragen. Dabei steigen die Personalzahlungen von Jahr zu Jahr um 3 %. Die Einrichtung der Stelle mit 10.000 € wird in Periode 0 angesetzt, alle anderen Zahlungen zum jeweiligen Periodenende. Die Einzahlungen steigen gemäß Vorgabe, bzw. ab Jahr 4 immer um 10.000 € höher als im Vorjahr.

In der Zeile EÜ ist zu erkennen, dass in den Jahren 1 und 2 die Stelle mehr Ausgaben verursacht als Einnahmen erzielt. Erst im Jahr drei fließt mehr zurück als die Stelle kostet.

Die Zeile Barwerte zeigt das gleiche Bild lediglich ein niedrigeres Niveau, da die EÜ abgezinst werden. Neu ist die Zeile kumulierte Barwerte, in der die Barwerte aufaddiert werden, immer Stück für Stück. D.h., in Periode 2 errechnet sich der kumulierte Barwert als Summe aus Barwert der Periode 0, -10.000 €, plus Barwert der Periode 1, - 28.572 €, plus Barwert der Periode 3, - 11.246,80 €, insgesamt - 49.818,80 €. Die kumulierten Barwerte könnten auch als periodenweiser Kapitalwert bezeichnet werden.Da in Periode 3 erstmals ein positiver Barwert der Periode anfällt, steigt der kumulierte Barwert von - 49.818,80 € in Periode 2 auf nur noch - 49.708, 23 €. Von nun an geht es dank der jeweiligen positiven Periodenbarwerte aufwärts, bis am Ende der Periode 7 ein positiver kumulierter Barwert in Höhe von 5.807,39 € entsteht. Da am Ende der Periode 6 der kumulierte Barwert noch negativ war, wird er ungefähr nach ¼ des Jahres 7 genau Null sein.

Tabelle 41: Lösung zu Aufgabe 3

Jahr	0	1	2	3	4	5	6	7
Auszahlungen	- 10.000,00 €	- 80.000,00 €	- 82.400,00 €	- 84.872,00 €	- 87.418,16 €	- 90.040,70 €	- 92.741,93 €	- 95.524,18 €
Einzahlungen		50.000,00 €	70.000,00 €	85.000,00 €	95.000,00 €	105.000,00 €	115.000,00 €	125.000,00 €
EÜ	- 10.000,00 €	- 30.000,00 €	- 12.400,00 €	128,00 €	7.581,84 €	14.959,30 €	22.258,07 €	29.475,82 €
Abzf.	1,0000	0,9524	0,9070	0,8638	0,8227	0,7835	0,7462	0,7107
Barwerte	-10.000,0000 €	-28.572,0000 €	-11.246,8000 €	110,5664 €	6.237,5798 €	11.720,6078 €	16.608,9749 €	20.948,4626 €
kumulierte Barwerte	-10.000,0000 €	-38.572,0000 €	-49.818,8000 €	-49.708,2336 €	-43.470,6538 €	-31.750,0460 €	-15.141,0712 €	5.807,3914 €

Lösung zu Aufgabe 4

a) Zunächst ist die Kreditsumme = Rückzahlungsbetrag zu berechnen.

Der Auszahlungsbetrag errechnet sich als:

Kreditsumme
-2 % Disagio
- Bearbeitungsgebühren
= Auszahlungsbetrag

Dieser Weg muss nun rückwärts beschritten werden, da der Auszahlungsbetrag, die Bearbeitungsgebühren und das Disagio bekannt sind.

Schrittweise:

Auszahlungsbetrag	=	486.890,88 €
+ Bearbeitungsgebühren	=	3.109,12 €
= 98 % der Kreditsumme	=	490.000,00 €

Von den 98 % muss nunmehr auf 100 % hochgerechnet werden, was 500.000 € entspricht.

b) Die Annuität wird berechnet, wie in Kapitel 6.5.4 erklärt als:

$$a = C_0 * \frac{1}{RBF}$$

Wobei im vorliegenden Fall C_0 = 500.000 € ist und der Rentenbarwertfaktor für 5 Jahre und 7% ist 4,1002, also

$$a = 500.000 \cdot \frac{1}{4,1002} = 121.945,27 €$$

c) Der effektive Zins unterscheidet sich vom nominalen Zins, zum einen weil ein Disagio verlangt wird, zum anderen weil zusätzlich noch eine Bearbeitungsgebühr anfällt. D.h., die Stadt muss jährlich 121.945,27 € zurückzahlen, erhält aber zu Beginn auf dem Konto nur 486.890,88 € gutgeschrieben. Dies ist einer der beiden Spezialfälle für die Ermittlung des internen Zinses, hier liegt der Fall einer einmaligen Einzahlung und konstanten jährlichen Rückzahlungen vor.

Nach der Erklärung in Kapitel 6.5.3 errechnet sich der interne Zins in diesem speziellen Fall als:

$$RBF = \frac{Auszahlungsbetrag}{Annuität} = \frac{486.890,88 \, €}{121.945,27 \, €} = 3,9927$$

Ein Blick in die Rentenbarwertfaktorentabelle in der Zeile 5 Jahre zeigt uns bei 3,9926 einen Zins von 8 %, da der errechnete Wert nur 1/10.000 höher liegt sind 8% hinreichend genau.

d) Es handelt sich dann um ein gutes Geschäft, wenn die interne Verzinsung des Grundstückgeschäfts über dem effektiven Zins des Kreditgeschäfts liegt. In diesem Fall würde sich die Stadt Kapital zu einem bestimmten Zins leihen um damit ein Geschäft zu finanzieren, was ohne eigenes Kapital einzusetzen mehr als den zu zahlenden Fremdkapitalzins abwirft.

Das Grundstückgeschäft ist durch eine Auszahlung und eine Einzahlung am Ende der Laufzeit gekennzeichnet. Für diesen Fall errechnet sich der interne Zins als:

$$Abzf. = \frac{A0}{E_t} = \frac{486.890,88 \, €}{682.889,65 \, €} = 0,7130$$

Ein Blick in die Abzinsungsfaktorentabelle in der Zeile 5 Jahre ergibt einen Zins von 7 %; d.h. um 7 % mit dem Grundstück zu verdienen müssen 8 % an die Bank gezahlt werden.

Es handelt sich nicht um ein gutes Geschäft, es sollte nicht durchgeführt werden.

Lösung zu Aufgabe 5

Die jährlichen Rückflüsse der Anlage A betragen 36.000 €. Hiervon sind noch die jährlichen Betriebskosten in Höhe von 3.000 € abzuziehen. Somit ergibt sich folgende Berechnung der dynamischen Amortisation für die Anlage A:

Lauf-zeit	Einzahlungs-überschüsse (Zeitwerte)	Abzinsungs-faktoren für 3%	Einzahlungs-überschüsse (Barwerte)	Kumulierte Einzahlungs-überschüsse (Barwerte)
0	- 200.000,00 €	1,0000	- 200.000,00 €	
1	33.000,00 €	0,9709	32.038,83 €	- 167.961,17 €
2	33.000,00 €	0,9426	31.105,67 €	- 136.855,50 €
3	33.000,00 €	0,9151	30.199,67 €	- 106.655,83 €
4	33.000,00 €	0,8885	29.320,07 €	- 77.335,75 €
5	33.000,00 €	0,8626	28.466,09 €	- 48.869,66 €
6	33.000,00 €	0,8375	27.636,98 €	- 21.232,68 €
7	33.000,00 €	0,8131	26.832,02 €	**5.599,34 €**
8	33.000,00 €	0,7894	26.050,50 €	31.649,84 €

Die Anlage A amortisiert sich im siebten Jahr. Zu diesem Stichtag sind sowohl die Anschaffungskosten, die jährlichen Betriebskosten als auch der Kalkulationszins in Höhe von 3% wiedergewonnen.

Für die Anlage B:

Lauf-zeit	Einzahlungs-überschüsse (Zeitwerte)	Abzinsungs-faktoren für 3%	Einzahlungs-überschüsse (Barwerte)	Kumulierte Einzahlungs-überschüsse (Barwerte)
0	- 150.000,00 €	1,0000	- 150.000,00 €	
1	22.000,00 €	0,9709	21.359,22 €	- 128.640,78 €
2	22.000,00 €	0,9426	20.737,11 €	- 107.903,67 €
3	22.000,00 €	0,9151	20.133,12 €	- 87.770,55 €
4	22.000,00 €	0,8885	19.546,72 €	- 68.223,84 €
5	22.000,00 €	0,8626	18.977,39 €	- 49.246,44 €
6	22.000,00 €	0,8375	18.424,65 €	- 30.821,79 €
7	22.000,00 €	0,8131	17.888,01 €	- 12.933,77 €
8	22.000,00 €	0,7894	17.367,00 €	**4.433,23 €**

Die Anlage B amortisiert sich im achten Jahr.

Somit ist nach den Kriterien des Kämmerers die Anlage A vorzuziehen.

Lösung zu Aufgabe 6

Zunächst müssen die Barwerte der Einzahlungsüberschüsse und der möglichen Liquidationserlöse berechnet werden. Es ergibt sich folgende Aufstellung für die Kapitalwerte des jeweiligen Jahres:

Lauf-zeit	Abzinsungs-faktoren für 5%	Möglicher Liquidationserlös (Barwert)	Einzahlungs-überschüsse (Barwerte)	kumulierte Einzahlungs-überschüsse (Barwerte)	Kapitalwert des jeweiligen Jahres
0	1		- 35.000,00 €		
1	0,952380952	23.809,52 €	10.476,19 €	-24.523,81 €	-714,29 €
2	0,907029478	19.954,65 €	9.070,29 €	-15.453,51 €	4.501,13 €
3	0,863837599	13.821,40 €	9.502,21 €	-5.951,30 €	**7.870,10 €**
4	0,822702475	7.404,32 €	5.758,92 €	-192,38 €	7.211,94 €
5	0,783526166	2.350,58 €	4.701,16 €	4.508,77 €	6.859,35 €

Die optimale Nutzungsdauer beträgt demnach 3 Jahre. Nach dem dritten Jahr sollte die Investition nicht weiter betrieben und stattdessen liquidiert werden.

Berechnung über die ZEZÜ:

ZEZÜ des 3. Jahres:

11.000,00 € + 16.000,00 € - 22.000,00 € x 1,05 = **3.900,00 €**

ZEZÜ des 4. Jahres:

7.000,00 € + 9.000,00 € - 16.000,00 € x 1,05 = - 800,00 €

Weiter gilt:

Barwert des ZEZÜ des 4. Jahres = - 800,00 € x ABF für 4 Jahre und 5% = - 658,16 €

Differenz der Kapitalwerte aus dem 4. und 3. Jahr = - 658,16 €

Lösung zu Aufgabe 7

Zunächst müssen wie in Aufgabe 6 die Barwerte der Einzahlungsüberschüsse und der möglichen Liquidationserlöse berechnet werden. Es ergibt sich folgende Aufstellung für die Kapitalwerte des jeweiligen Jahres:

Laufzeit	Abzinsungsfaktoren für 10%	Möglicher Liquidationserlös (Barwerte)	Einzahlungsüberschüsse (Barwerte)	kumulierte Einzahlungsüberschüsse (Barwerte)	Kapitalwert des jeweiligen Jahres
0	1		-4.000,00 €		
1	0,90909091	2.727,27 €	1.818,18 €	-2.181,82 €	545,45 €
2	0,82644628	1.652,89 €	1.487,60 €	-694,21 €	958,68 €
3	0,7513148	901,58 €	788,88 €	94,67 €	**996,24 €**
4	0,68301346	273,21 €	587,39 €	682,06 €	955,26 €

Die optimale Nutzungsdauer beträgt drei Jahre. Dies lässt sich auch mit der Berechnungsvariante über die zusätzlichen Einzahlungsüberschüsse beweisen:

ZEZÜ des 2. Jahres:

1.800,00 € + 2.000,00 € - 3.000,00 € x 1,1 = 500,00 €

ZEZÜ des 3. Jahres:

1.050,00 € + 1.200,00 € - **2.000,00 €** x 1,1 = 50,00 €

ZEZÜ des 4. Jahres:

860,00 € + 400,00 € - 1.200,00 € x 1,1 = - 60,00 €

Im dritten Jahr ist der ZEZÜ noch positiv, im vierten Jahr hingegen negativ.

Nun folgt die Berechnung der Kapitalwerte der Investitionskette. Ergebnis der vorherigen Untersuchungen ist, dass die Folgeinvestition definitiv eine optimale Nutzungsdauer von drei Jahren hat.

Laufzeit	Kapitalwert der Erstinvestition	Kapitalwert der Folgeinvestition	Abzinsungsfaktoren für 10%	abgezinster Kapitalwert der Folgeinvestition	Kapitalwert der Investitionskette
0			1		
1	545,45 €	996,24 €	0,90909091	905,67 €	1.451,13 €
2	958,68 €	996,24 €	0,82644628	823,34 €	**1.782,02 €**
3	996,24 €	996,24 €	0,7513148	748,49 €	1.744,73 €
4	955,26 €	996,24 €	0,68301346	680,45 €	1.635,71 €

Als Ergebnis bleibt festzuhalten, dass die optimale Nutzungsdauer der Folgeinvestition drei Jahre beträgt, während es bei der Erstinvestition nur zwei Jahre sind.

Plant der Investor keine Folgeinvestition (identische Folgeinvestition), dann liegt die optimale Nutzungsdauer dort, wo ein weiterer Betrieb zusätzliche negative Einzahlungsüberschüsse zur Folge hat.

Weiter oben haben wir festgestellt, dass die ZEZÜ im vierten Jahr negativ (- 60,00 €) werden. Im dritten Jahr sind die ZEZÜ noch positiv (+ 50,00 €).

Plant der Investor nun dagegen eine (identische) Folgeinvestition, so nutzt er die Erstinvestition nur so lange, wie die zusätzlichen Einzahlungsüberschüsse nicht geringer sind als die einperiodige Verzinsung des maximalen Kapitalwertes der Folgeinvestition. Diese beträgt in unserem Beispiel: 996,24 € x 0,1 = 99,62 €

Im dritten Nutzungsjahr liegen die ZEZÜ mit + 50,00 € unter dieser Verzinsung, im zweiten Jahr hingegen mit + 500,00 € darüber. Der optimale Ersatzzeitpunkt der Erstinvestition beträgt 2 Jahre.

Lösung zu Aufgabe 8

Bei Kontenausgleichsverbot:

Jahr	Rest-laufzeit	Einzahlungs-überschüsse (Zeitwerte)	Konto für negative Einzahlungsüberschüsse		Konto für positive Einzahlungsüberschüsse	
			Aufzinsungsfaktor 6%	Endwert	Aufzinsungsfaktor 3%	Endwert
0	5	- 55.555,00 €	1,3382	-74.345,12 €	-	-
1	4	18.000,00 €	-	-	1,12550881	20.259,16 €
2	3	19.000,00 €	-	-	1,092727	20.761,81 €
3	2	13.000,00 €	-	-	1,0609	13.791,70 €
4	1	12.000,00 €	-	-	1,03	12.360,00 €
5	0	9.000,00 €	-	-	1	9.000,00 €
		Vermögensendwerte		**-74.345,12 €**		**76.172,67 €**

Der Vermögensendwert beträgt somit **1.827,55 €**.

Bei Kontenausgleichsgebot:

Jahr	Einzahlungs-überschüsse (Zeitwerte)	Vermögenswert des Vorjahres	Aufzinsungsfaktor (6% bzw. 3%)	Vermögenswert
	I	II	III	I + II x III
0	- 55.555,00 €	-	-	- 55.555,00 €
1	18.000,00 €	- 55.555,00 €	1,06	- 40.888,30 €
2	19.000,00 €	- 40.888,30 €	1,06	- 24.341,60 €
3	13.000,00 €	- 24.341,60 €	1,06	- 12.802,09 €
4	12.000,00 €	- 12.802,09 €	1,06	- 1.570,22 €
5	9.000,00 €	- 1.570,22 €	**1,03**	7.382,67 €
Vermögensendwerte				**7.382,67 €**

6.6 Unterschied statische zu dynamischen Verfahren

Die Unterschiede zwischen den statischen und dynamischen Verfahren sollen konzentriert gegenübergestellt werden.

Bei den statischen Verfahren kommen kalkulatorische Größen, wie Abschreibungen und kalkulatorische Zinsen zur Anwendung. Kennzeichen für diese Werte ist auch, dass es sich um Jahreswerte, also ein-periodische Werte handelt. Sie beruhen auf Durchschnittswerten, von denen ausgegangen wird, dass sie auch in der zu betrachtenden Zeit so anfallen werden. Bis auf die Amortisationsrechnung wird die Zeit nicht in die Überlegung mit einbezogen. Allerdings sind diese Methoden einfach und schnell anzuwenden. Sie werden aufgrund ihrer Einfachheit auch „Hilfsverfahren der Praxis" genannt. Sie sind vor allem für Betrachtungen bis zu einer Lebensdauer von vielleicht 5 Jahren geeignet. Darüber hinaus empfehlen sich die dynamischen Verfahren.

Tabelle 42: Unterschiede zwischen statischen und dynamischen Verfahren

Merkmal statischer Verfahren	Merkmal dynamischer Verfahren
Verwenden kalkulatorische Größen wie kalk. Abschreibung, kalk. Zinsen	Basieren auf Zahlungsströmen, keine kalkulatorischen Größen
Beruhen auf Durchschnittswerten	Verwenden geschätzte Werte, die nach Wert und Zeitpunkt prognostiziert werden müssen
Ein-Perioden-Verfahren mit Ausnahme der kumulativen Amortisationsrechnung	Sind mehrperiodische Lebensdauerbetrachtungen
Berücksichtigen nicht den Zeitfaktor	Berücksichtigen den unterschiedlichen Zeitpunkt des Anfalls von Zahlungen durch Zinseffekte
Sind einfach und schnell	Sind aufwendig

Die dynamischen Verfahren beruhen auf Zahlungsströmen. Höhe und Zeitpunkt der Aus- bzw. Einzahlungen sind exakt zu schätzen. Kalkulatorische Größen spielen keine Rolle. Die Betrachtung erstreckt sich über die gesamte Lebensdauer einer Investition, damit handelt es sich um mehrperiodische Verfahren. Der Zeitfaktor, wann eine Aus- oder Einzahlung anfällt, wird durch Zinseffekte berücksichtigt. Auf der anderen Seite sind die Verfahren aufwendig, sowohl von der Rechenarbeit her als auch bei der Prognose. Sie sind vor allem bei langfristigen Überlegungen anzuwenden.

6.7 Beurteilung einzelner Investitionen bei Unsicherheit

Alle bereits vorgestellten Verfahren der Wirtschaftlichkeitsrechnung basieren auf Beurteilungen von Investitionen bei Sicherheit. Das heißt in der Berechnung geht man davon aus, dass die geplanten bzw. erwarteten Zahlungen tatsächlich genau so eintreffen. Dass dies insbesondere bei Wertgrößen, die weit in der Zukunft liegen, unrealistisch ist, liegt auf der Hand. Ein geschätzter Liquidationserlös zum Ende der Nutzungsdauer kann zum Beispiel durch Veränderung die gesamte Vorteilhaftigkeit einer Investition beeinflussen.

Im Weiteren soll der Unsicherheit von Zahlungen (Anschaffungswert, EZÜ, Liquidationserlös) Rechnung getragen werden. Da die verschiedenen entscheidungsrelevanten Daten nun variieren, kann kein eindeutiger Kapitalwert mehr bestimmt werden. Vielmehr werden für unterschiedliche Szenarien Kapitalwerte berechnet.

6.7.1 Korrekturverfahren

Beim Korrekturverfahren werden einzelne Zahlungsgrößen durch

- Risikoabschläge und
- Risikozuschläge verändert.

Durch Risikoabschläge bzw- zuschläge wird die Vorteilhaftigkeit von Investitionen verändert. Möglich wäre es zum Beispiel den geplanten Liquidationserlös zum Ende der Nutzungsdauer mit einem Risikoabschlag von 50% zu versehen. Inwiefern die Investitionsalternative noch absolut vorteilhaft ist, müsste neu berechnet werden.

Prinzipiell können diese Abschläge und Zuschläge auf alle Wertgrößen der Investition angewendet werden. Weiterhin können einzelne Zahlungen aber auch mehrere Einflussgrößen verändert werden. Im Rahmen der Kapitalwertmethode sind dies vor allem der Kalkulationszins, die Nutzungsdauer, der Liquidationserlös und die Einzahlungsüberschüsse.

Die folgende Übersicht soll die möglichen, unsicheren Einflussgrößen im Rahmen der Kapitalwertmethode aufzeigen und die Auswirkungen verdeutlichen:

Einflussgröße	Veränderung	Auswirkung
Kalkulationszins	Erhöhung des Kalkulationszinses um einen Risikozuschlag von 3% auf 6%	Steigt der Kalkulationszins, sinkt der Kapitalwert der Investition und wird insgesamt unvorteilhafter.
Nutzungsdauer	Verkürzung der geplanten Nutzungsdauer um einen Risikoabschlag von 2 Jahren auf nunmehr nur noch 8 Jahre	Die Einzahlungsüberschüsse der letzten beiden Jahre fallen aus. Dadurch sinkt der Kapitalwert.
Liquidationserlös	Reduzierung des erhofften Liquidationserlöses um einen Risikoabschlag von 50%.	Der Kapitalwert sinkt und die Investition wird insgesamt unvorteilhafter.
Einzahlungsüberschüsse	Alle Einzahlungsüberschüsse werden mit einem prozentualen Risikoabschlag von 30% belegt.	Der Kapitalwert sinkt und die Investition wird insgesamt unvorteilhafter.

Die Auswirkungen von Risikoabschlägen und -zuschlägen soll nun an einem Zahlenbeispiel verdeutlicht werden:

Eine Investition verursacht Anschaffungskosten in Höhe von 200.000 €. Über die Nutzungsdauer von 4 Jahren werden Einzahlungsüberschüsse in Höhe von 53.000 € erwartet und ein Liquidationserlös zum Ende der Nutzungsdauer von 10.000 €. Der Kalkulationszins beträgt 4%.

Ob aber tatsächlich ein Liquidationserlös von 10.000 € generiert werden kann, gilt als unsicher. Deshalb soll die Kapitalwertberechnung zusätzlich mit einem Risikoabschlag von 40% auf den geplanten Liquidationserlös erfolgen.

Jahr	Einzahlungsüberschüsse (Zeitwerte)	Abzinsungsfaktor für 4%	Einzahlungsüberschüsse (Barwerte)
0	-200.000,00 €	1	-200.000,00 €
1	53.000,00 €	0,9615	50.961,54 €
2	53.000,00 €	0,9246	49.001,48 €
3	53.000,00 €	0,8890	47.116,81 €
4	63.000,00 €	0,8548	53.852,66 €
		Kapitalwert	932,49 €

Bei einem Risikoabschlag von 40% auf den geplanten Liquidationserlös ergibt sich folgende Berechnung:

Jahr	Einzahlungsüberschüsse (Zeitwerte)	Abzinsungsfaktor für 4%	Einzahlungsüberschüsse (Barwerte)
0	-200.000,00 €	1	-200.000,00 €
1	53.000,00 €	0,9615	50.961,54 €
2	53.000,00 €	0,9246	49.001,48 €
3	53.000,00 €	0,8890	47.116,81 €
4	59.000,00 €	0,8548	50.433,45 €
		Kapitalwert	-2.486,73 €

Im Ergebnis kann festgehalten werden, dass bereits ein Risikoabschlag von 40% auf den geplanten Liquidationserlös in Höhe von 10.000 € die Investition insgesamt absolut unvorteilhaft werden lässt.

Diese Variation der Einflussgrößen kann für das oben aufgeführte Beispiel natürlich auch erweitert werden auf den Kalkulationszins, die Nutzungsdauer oder auch die jährlichen Einzahlungsüberschüsse.

Das Korrekturverfahren stellt den Einstieg in die Beurteilung von Investitionen unter Unsicherheit dar und trägt insbesondere dem Vorsichtsprinzip Rechnung:

- Die Unsicherheiten werden summarisch bestimmt,
- ggf. werden Einflussgrößen mit Risikoabschlägen behaftet, die gar kein Risiko aufweisen
- es werden lediglich negative Auswirkungen erfasst,
- nehmen mehrere Personen am Prozess teil, kann es zu ungewollten Kumulationseffekten kommen.

6.7.2 Sensitivitätsanalyse

Die vorgestellten Methoden der dynamischen Investitionsrechnung zeichnen sich dadurch aus, dass sie den zeitlichen Aspekt in das Kalkül mit einbeziehen. Sie erfüllen damit hohe theoretische Anforderungen. Die Rechengenauigkeit ist jedoch allein durch die Methode und die Sorgfalt bei der Rechnung bestimmt. Da die Methoden auf unsicheren Annahmen hinsichtlich zukünftiger Zahlungsströme aufbauen, können ihre Ergebnisse nur so zuverlässig sein, wie die Informationen, die ihnen zugrunde liegen. Mittels **Sensitivitätsanalysen** (Sensibilitätsanalysen) wird versucht, Zusammenhänge zwischen den Inputgrößen (z.B. Investitionssumme, Lebensdauer, Absatzmengen und -preisen) und dem Output (Kapitalwert oder internen Zins) aufzuzeigen. Die Fragestellungen könnten lauten:

- Wie reagiert der Output (Kapitalwert) der Investitionsalternativen bei Variation des Zinsfußes, bei Absatzmengenänderungen, Absatzpreisänderungen, Änderung der Lebensdauer, der Rohstoffkosten, der Personalkosten oder des Anschaffungspreises?

- Wie weit darf der Wert einer oder mehrerer Inputgrößen vom ursprünglichen Wertansatz abweichen, ohne dass die Outputgröße einen vorgegebenen Wert über- oder unterschreitet? Ist es wahrscheinlich, dass diese Inputwerte eintreten werden?

- Was sind die schlechtest möglichen Inputwerte (worst-case-Annahme)?

Neben spezifischen kritischen Werten, die errechnet werden können, kann bei den dynamischen Verfahren der Kalkulationszinssatz pauschal erhöht werden. Dadurch gehen Zahlungen desto weniger in die Rechnung ein, je weiter sie in der Zukunft liegen. Es handelt sich jedoch um eine sehr pauschale Vorgehensweise.

Die Sensitivitätsanalyse fördert die Entscheidung nicht, sie zeigt nur auf, auf welche Einflussgrößen die Investitionsrechnung empfindlich reagiert.

Im Gegensatz zum Korrekturverfahren werden bei der Sensitivitätsanalyse

- die Einflussgrößen so verändert, dass nicht nur negative, sondern auch positive Veränderungen berücksichtigt werden und

- es werden keine pauschalen Risikoabschläge oder –zuschläge berücksichtigt, sondern die Ausgangsdaten werden variiert, um mögliche Auswirkungen auf die Vorteilhaftigkeit der Investition zu verdeutlichen.

6.7.3 Entscheidungsbaumverfahren

Das Entscheidungsbaumverfahren nutzt die Ergebnisse der Sensitivitätsanalyse. Im Rahmen der Sensitivitätsanalyse wurden für verschiedene Einflussgrößen alternative Kapitalwerte berechnet. Wie wahrscheinlich der Eintritt dieser Alternative ist, wurde nicht beachtet. Bei dem Entscheidungsbaumverfahren werden den Alternativen zusätzlich Eintrittswahrscheinlichkeiten zugeordnet. Somit können sämtliche denkbaren Alternativen mit in die Rechnung einbezogen werden.

Die Eingangsgrößen werden im Rahmen des Entscheidungsbaumverfahrens als **Ereigniswerte** bezeichnet.

Die Ereigniswerte werden mit den jeweiligen **Eintrittswahrscheinlichkeiten** multipliziert. Das Ergebnis wird als **Erwartungswert** bezeichnet, welcher das entscheidende Kriterium der Beurteilung darstellt.

Die Bezeichnung Entscheidungsbaumverfahren beruht auf der häufig verwandten Darstellungsform.

Verfahrensschritte

Zunächst muss das Entscheidungsproblem näher analysiert werden. Hierzu zählen:

- die Ermittlung aller in Frage kommenden Entscheidungsalternativen
- die Ermittlung aller Ereigniswerte, die sich bei den einzelnen Alternativen ergeben können
- die Ermittlung der Eintrittswahrscheinlichkeiten

Die Darstellung erfolgt in Form eines Baumes. Dabei werden in der Regel folgende Symbole benutzt.

Entscheidungen: ☐

Ereigniswerte: ◯

Verbindungslinie: ───

Nachfolgend ist ein Entscheidungsbaum für eine konkrete Entscheidungssituation wiedergegeben.

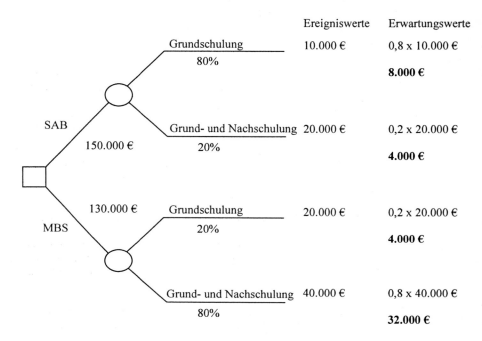

Der oben dargestellte Entscheidungsbaum beschreibt folgende Situation: Eine Kommunalverwaltung steht vor der Entscheidung im Rahmen der Modernisierung des kommunalen Rechnungswesens eine neue Software einzuführen. Zur Auswahl stehen die beiden Anbieter „SAB" und „MBS".

Die Anschaffungskosten von SAB betragen 150.000 €. Nach der Installation müssen allerdings auch die Mitarbeiter in der neuen Software geschult werden. Mit einer Wahrscheinlichkeit von 80% reicht bei der Software SAB eine Grundschulung aus, die die Verwaltung 10.000 € kosten würde.

Mit einer Wahrscheinlichkeit von 20% reicht diese Grundschulung allerdings nicht aus und es muss zudem noch eine Nachschulung durchgeführt werden, was insgesamt 20.000 € Kosten verursachen würde.

Die Anschaffungskosten von MBS belaufen sich auf nur 130.000 €. Auch bei dieser Softwareeinführung müssen die Mitarbeiter geschult werden. Hierbei reicht eine Grundschulung nur mit einer Wahrscheinlichkeit von 20% (Kosten in Höhe von 20.000 €) aus. Mit einer Wahrscheinlichkeit von 80% muss noch eine Nachschulung durchgeführt werden (Kosten in Höhe von 40.000 €).

Die Erwartungswerte ergeben sich indem man die Alternativen mit den jeweiligen Eintrittswahrscheinlichkeiten multipliziert.

Im letzten Schritt müssen die Erwartungswerte der beiden möglichen Entscheidungen insgesamt berechnet und beurteilt werden.

SAB   150.000 € + 8.000 € + 4.000 € = **162.000 €**

MBS   130.000 € + 4.000 € + 32.000 € = **166.000 €**

Grundsätzlich gilt im Rahmen der Entscheidungsbaumtechnik, dass die Entscheidung mit dem geringeren Erwartungswert (sofern man über Ausgaben spricht) die vorteilhaftere ist. Somit ist die Einführung der Software SAB relativ vorteilhaft gegenüber der Software MBS.

Folgende Grundvoraussetzungen gelten für die Anwendung der Entscheidungsbaumtechnik:

- Das Entscheidungsproblem muss so strukturiert sein, dass es in voneinander unabhängige Entscheidungen und entsprechenden Ereigniswerten aufteilbar ist.
- Die Ereigniswerte müssen quantifizierbar sein.
- Den Ereignissen müssen Eintrittswahrscheinlichkeiten zugeordnet werden können.

Die Vorteile des Entscheidungsbaumverfahrens gegenüber den anderen Verfahren zur Entscheidung unter Unsicherheit sind, dass die Struktur des Problems insgesamt aufgezeigt wird und alle möglichen Alternativen mit deren Eintrittswahrscheinlichkeiten in die Rechnung einbezogen werden.

Der Nachteil der Entscheidungsbaumtechnik ist, dass der Darstellungsaufwand bei komplexen Entscheidungssituationen sehr hoch ist. Des Weiteren können die Eintrittswahrscheinlichkeiten nur subjektiv geschätzt werden.

6.7.4   Übungsaufgaben

Aufgabe 1:

Eine Investition verursacht Anschaffungskosten in Höhe von 50.000 €. Über die Nutzungsdauer von 8 Jahren werden Einzahlungsüberschüsse in Höhe von 12.000 € erwartet und ein Liquidationserlös zum Ende der Nutzungsdauer von 4.000 €. Der Kalkulationszins beträgt 7 %.

Folgende Einflussgrößen gelten als unsicher und sollen mit einem Risikoabschlag von 50 % bedacht werden:

- Einzahlungsüberschüsse, Liquidationserlös und Nutzungsdauer

Des Weiteren soll der Kalkulationszins mit einem Riskozuschlag von 3 % versehen werden.

Berechnen Sie zunächst jede Veränderung einzeln und zeigen Sie wie sich der jeweilige Risikoabschlag bzw. -zuschlag auf den Kapitalwert auswirkt.

Danach berechnen Sie den Kapitalwert der Investition wenn alle Risiken einbezogen werden.

Aufgabe 2:

Ermitteln Sie, ausgehend von den Angaben der Aufgabe 3 aus Kapitel 6.4.4.3 „Spaßbad", die unterste Grenze der benötigten Badegäste, bei der für das gesamte Spaßbad gerade Kostendeckung erreicht wird.

Aufgabe 3:

Welches ist der gerade noch kostendeckende Eintrittspreis für das renovierte „Spaßbad", wenn alle anderen Faktoren so anzusetzen sind wie ursprünglich in Aufgabe 21 vorgesehen?

Aufgabe 4:

Wie hoch darf der Kalkulationszins aus der Aufgabe 3 aus Kapitel 6.4.4.3 „Spaßbad" höchstens gewählt werden, dass das Spaßbad gerade noch kostendeckend betrieben werden kann?

Lösung zu Aufgabe 1:

Ohne Risiken:

Jahr	Einzahlungsüberschüsse (Zeitwerte)	Abzinsungsfaktor für 7%	Einzahlungsüberschüsse (Barwerte)
0	- 50.000,00 €	1	- 50.000,00 €
1	9.000,00 €	0,934579439	8.411,21 €
2	9.000,00 €	0,873438728	7.860,95 €
3	9.000,00 €	0,816297877	7.346,68 €
4	9.000,00 €	0,762895212	6.866,06 €
5	9.000,00 €	0,712986179	6.416,88 €
6	9.000,00 €	0,666342224	5.997,08 €
7	9.000,00 €	0,622749742	5.604,75 €
8	13.000,00 €	0,582009105	7.566,12 €
		Kapitalwert	**6.069,72 €**

Risikoabschlag von 50% auf die geplanten Einzahlungsüberschüsse:

Jahr	Einzahlungsüberschüsse (Zeitwerte)	Abzinsungsfaktor für 7%	Einzahlungsüberschüsse (Barwerte)
0	- 50.000,00 €	1	- 50.000,00 €
1	4.500,00 €	0,934579439	4.205,61 €
2	4.500,00 €	0,873438728	3.930,47 €
3	4.500,00 €	0,816297877	3.673,34 €
4	4.500,00 €	0,762895212	3.433,03 €
5	4.500,00 €	0,712986179	3.208,44 €
6	4.500,00 €	0,666342224	2.998,54 €
7	4.500,00 €	0,622749742	2.802,37 €
8	8.500,00 €	0,582009105	4.947,08 €
		Kapitalwert	**- 20.801,12 €**

Risikoabschlag von 50% auf den geplanten Liquidationserlös:

Jahr	Einzahlungsüberschüsse (Zeitwerte)	Abzinsungsfaktor für 7%	Einzahlungsüberschüsse (Barwerte)
0	- 50.000,00 €	1	- 50.000,00 €
1	9.000,00 €	0,934579439	8.411,21 €
2	9.000,00 €	0,873438728	7.860,95 €
3	9.000,00 €	0,816297877	7.346,68 €
4	9.000,00 €	0,762895212	6.866,06 €
5	9.000,00 €	0,712986179	6.416,88 €
6	9.000,00 €	0,666342224	5.997,08 €
7	9.000,00 €	0,622749742	5.604,75 €
8	11.000,00 €	0,582009105	6.402,10 €
		Kapitalwert	**4.905,70 €**

Kapitel 6 - Investition und Investitionsrechnung

Risikoabschlag von 50% auf die Nutzungsdauer:

Jahr	Einzahlungsüberschüsse (Zeitwerte)	Abzinsungsfaktor für 7%	Einzahlungsüberschüsse (Barwerte)
0	- 50.000,00 €	1	- 50.000,00 €
1	9.000,00 €	0,934579439	8.411,21 €
2	9.000,00 €	0,873438728	7.860,95 €
3	9.000,00 €	0,816297877	7.346,68 €
4	13.000,00 €	0,762895212	9.917,64 €
		Kapitalwert	- 16.463,52 €

Risikozuschlag von 3% auf den Kalkulationszins:

Jahr	Einzahlungsüberschüsse (Zeitwerte)	Abzinsungsfaktor für 10%	Einzahlungsüberschüsse (Barwerte)
0	- 50.000,00 €	1	- 50.000,00 €
1	9.000,00 €	0,909090909	8.181,82 €
2	9.000,00 €	0,826446281	7.438,02 €
3	9.000,00 €	0,751314801	6.761,83 €
4	9.000,00 €	0,683013455	6.147,12 €
5	9.000,00 €	0,620921323	5.588,29 €
6	9.000,00 €	0,56447393	5.080,27 €
7	9.000,00 €	0,513158118	4.618,42 €
8	13.000,00 €	0,46650738	6.064,60 €
		Kapitalwert	- 119,63 €

Lösung zu Aufgabe 2:

Die aus Tabelle 14 wichtigen Daten werden hier nochmals zusammengestellt:

Tabelle 43: Wichtige Daten des Spaßbades nach Investition Riesenrutsche

	Mit Riesenrutsche
Erlöse	363.000 €
Kosten des Schwimmbads	265.000 €
Abschreibung RR	72.000 €
Kalk. Zinsen RR	18.000 €
Sonstige Kosten RR	5.000 €
Ergebnis	3.000 €

Hier ist zu erkennen, dass insgesamt ein Ergebnis von 3.000 € zu erwarten ist. Bleiben alle anderen Größen konstant, so dürfen, damit ein Ergebnis von Null entsteht, die Erlöse um 3.000 € fallen, d.h. es sind 360.000 € an Erlösen notwendig. Bei dem bekannten Eintrittspreis von 5,50 € pro Eintritt sind

$$notwendige\ E\operatorname{int}ritte = \frac{360.00\ €}{5,50\ €} = 65.455\ E\operatorname{int}ritte$$

notwendig. Nunmehr kann überlegt werden, ob es wahrscheinlich ist, dass diese Grenze erreicht, unter- oder eher überschritten wird. Bei dieser Betrachtung wird sich von der Annahme, dass exakt 66.000 Eintritte entstehen, gelöst.

Lösung zu Aufgabe 3:

Die Art der Fragestellung ist nur eine Abwandlung der vorigen Fragestellung. Jetzt wird nicht mehr der Eintrittspreis als bekannt angesetzt und nach der geringst notwendigen Zahl der Eintritte gefragt, sondern es wird die Zahl der Eintritte als bekannt angenommen und nach der Untergrenze des Eintrittspreises gefragt.

Wieder ist der Ausgangspunkt, dass Erlöse in Höhe von 360.000 € notwendig sind, um das Spaßbad kostendeckend zu betreiben. Bei der vorliegenden Fragestellung sind die benötigten Erlöse durch die Anzahl der Eintritte zu dividieren, um den untersten Preis je Eintritt zu ermitteln.

$$notwendiges\ E\operatorname{int}rittsentgelt = \frac{360.00\ €}{66.000} = 5,46\ €$$

Es lässt sich ein gerundeter Eintrittspreis von 5,46 € ermitteln.

Die Fragestellung entspricht dem aus der Kostenrechnung bekannten break-even-Point.

Lösung zu Aufgabe 4:

Wiederum wird von den in Aufgabe 1 bereits benutzten Daten ausgegangen. Da das Ergebnis 3.000 € ist, dürfen die Kosten insgesamt bei gegebenen Erlösen höchstens um diese 3.000 € steigen. Bezogen auf die kalkulatorischen Zinsen bedeutet dies, dass sie von 18.000 € auf höchstens 21.000 € steigen dürfen. Es stellt sich also die Frage, bei welchem Zinssatz bei einem durchschnittlichen Kapitaleinsatz von 360.000 € exakt 21.000 € Zinsen anfallen.

Ausgangspunkt ist die Berechnungsweise der kalkulatorischen Zinsen:

$$kalk.Zinsen = \frac{Anschaffungswert}{2} * i$$

In diesen Ansatz werden die bekannten Größen eingesetzt:

$$21.000 € = \frac{720.000 €}{2} * i$$

Dies wird nach i aufgelöst:

$$\frac{2 * 21.000 €}{720.000 €} = i$$

$$i = 5,83 \%$$

Der Zinssatz darf höchstens auf 5,83 % steigen, darüber hinaus würde kein positives Ergebnis mehr entstehen.

6.8 Beurteilung von Investitionsprogrammen

Bei den bisher vorgestellten Verfahren standen immer einzelne Investitionsalternativen im Vordergrund. Häufig steht man aber vor der Entscheidung sich für oder gegen ganze Investitionspakete zu entscheiden. Die Bestandteile dieser Pakete können mehrere isolierte, aber auch sich gegenseitig ergänzende Investitionen sein. Des Weiteren könnte der Beginn aller Investitionen sich über mehrere Jahre erstrecken.

Die Kombination verschiedener Investitionen wird als Investitionsprogramm bezeichnet. Ein optimales Investitionsprogramm legt Art und Umfang der geplanten Investitionen unter Berücksichtigung der Nebenbedingungen und im Hinblick auf die gegebenen Ziele fest.

Im Weiteren sollen nur Investitionsprogramme ermittelt werden, bei denen die Anschaffungskosten nur im gemeinsamen Entscheidungszeitpunkt anfallen.

6.8.1 Programmbestimmung nach der Kapitalwertrate

Bei der Programmbestimmung nach der Kapitalwertrate soll der Kapitalwert maximiert werden. Es wird für jede Investition mit einem positiven Kapitalwert, da nur dann die jeweilige Investition absolut vorteilhaft ist und es sinnvoll ist sie ggf. mit in das Programm aufzunehmen, die Kapitalwertrate ermittelt. Voraussetzungen sind:

- es stehen verschiedene Investitionsalternativen zur Auswahl

- jede Investition kann nur ungeteilt und bis zu einer bestimmen Anzahl durchgeführt werden

- eine festgelegtes Budget darf nicht überschritten werden

Die **Kapitalwertrate** einer Investitionsalternative gibt das Verhältnis zwischen dem Kapitalwert und der beanspruchten Investitionssumme wieder.

Bei einer Investition mit einem Kapitalwert von 300.000 € und einer Investitionssumme von 100.000 € im Entscheidungszeitpunkt ergibt sich somit eine Kapitalwertrate von 3,0.

Hierzu nun ein Beispiel: Es stehen insgesamt vier Investitionsalternativen zur Auswahl. Jede Investition kann nur einmal durchgeführt werden. Das Budget ist mit 50.000 € festgelegt.

Investitionsalternative	Kapitalwert	Investitionssumme	Kapitalwertrate
1	360.000,00 €	120.000,00 €	3,00
2	30.000,00 €	20.000,00 €	1,50
3	40.000,00 €	25.000,00 €	1,60
4	30.000,00 €	15.000,00 €	2,00

Es ergibt sich nach dem Kriterium der Kapitalwertrate folgende Reihenfolge:

- 1 vor 4 vor 3 vor 2

Nachdem die Reihenfolge nach der Kapitalwertrate bestimmt worden ist, muss überprüft werden, ob die finanziellen Restriktionen eingehalten wurden. Hierbei scheidet Investition 1 aus, da die Investitionssumme von 120.000 € das Budget von 50.000 € überschreitet. Die Investition 1 scheidet somit aus.

Nach der Reihenfolge und unter Beachtung der finanziellen Restriktion ergibt sich somit ein Investitionsprogramm von Investition 4 (Investitionssumme 15.000 €) und Investition 3 (Investitionssumme 25.000 €). Somit verbleibt ein Restbudget in Höhe von 10.000 €. Würden weitere Investitionsalternativen bestehen, die zwar eine kleinere Kapitalwertrate aufweisen als Investition 2, aber innerhalb des Restbudgets liegen, wird diese Investition selbstverständlich mit in das Investitionsprogramm einbezogen um den Kapitalwert des Programmes zu erhöhen.

Der Kapitalwert des oben genannten Beispiels beträgt bei einer Investitionssumme von 40.000 € insgesamt 70.000 €.

6.8.2 Programmbestimmung nach der Methode des internen Zinsfußes

Eine weitere Möglichkeit für die Bestimmung des optimalen Investitionsprogramms basiert auf den Grundlagen der internen Zinsfußmethode.

Die einzelnen Investitionsalternativen werden hierbei nach ihrem internen Zins in eine Rangfolge abnehmender Zinssätze gebracht. Das gleiche wird mit den zur Verfügung stehenden Finanzmitteln gemacht. Bei den Finanzmitteln wird typischerweise zwischen Eigenkapital und Fremdkapital unterschieden, wobei die Zinssätze für Fremdkapital naturgemäß höher ausfallen.

Investitionsalternativen			Finanzmittel		
Investitionen	Investitionssumme	Interner Zinsfuß	Finanzierungsart	Finanzierungssumme	Zinssatz
1	150.000,00 €	9%	Eigenkapital	100.000,00 €	6%
2	100.000,00 €	8%	Fremdkapital 1	125.000,00 €	7%
3	50.000,00 €	7%	Fremdkapital 2	125.000,00 €	9%
4	50.000,00 €	6%			

Es liegen somit insgesamt vier Investitionsalternativen mit unterschiedlichen Investitionssummen und unterschiedlichen internen Zinsfüßen vor. Insgesamt beträgt die Kapitalnachfrage 350.000 €. Demgegenüber stehen 350.000 € Kapitalangebot.

Zur Bestimmung des optimalen Investitionsprogramms werden Kapitalnachfrage und Kapitalangebot graphisch gegenübergestellt.

X-Achse = Kapitalangebot bzw. -nachfrage in TEuro

Y-Achse = Interner Zins bzw. Kapitalzins

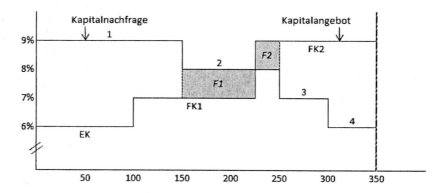

Geht man von einer beliebigen Teilbarkeit der Investition aus, ist das optimale Investitionsprogramm: Investition 1 und ¾ von Investition 2. Ab diesem Schnittpunkt ist der interne Zins niedriger als der Kapitalzins.

Geht man davon aus, dass die Investitionen nicht beliebig teilbar sind, muss abgewogen werden. Im obigen Fall stellt sich die Frage, ob es sinnvoller ist nur Investition 1 durchzuführen oder Investition 1 und 2.

In der Darstellung stellen die zusätzlichen Erträge durch Investition 2 die Flächen F1 und F2 dar.

Die Fläche F1 stellt den positiven Zuwachs an Zinsen durch Investition 2 dar. Der interne Zins ist um 1 % höher als der Kapitalzins und bezieht sich auf einen Betrag von 75.000 €.

Die Fläche F2 stellt die negative Größe dar. Hier ist der interne Zins kleiner als der Kapitalmarktzins. Die Differenz beträgt ebenfalls 1 %. Sie bezieht sich allerdings nur auf eine Summe von 25.000 €. Damit ist die Fläche F2 kleiner als die Fläche F1.

Das optimale Investitionsprogramm ohne beliebige Teilbarkeit umfasst sowohl Investition 1 als auch Investition 2.

6.8.3 Übungsaufgaben

Aufgabe 1:

Es stehen folgende Investitionen zur Verfügung:

Investitionsalternative	Kapitalwert	Investitionssumme
1	35.000,00 €	55.000,00 €
2	15.000,00 €	45.000,00 €
3	25.000,00 €	25.000,00 €
4	22.500,00 €	18.000,00 €
5	1.000,00 €	5.000,00 €
6	50.000,00 €	32.000,00 €

1. Ermitteln Sie die Rangfolge der Investitionen nach der Kapitalwertrate.
2. Ermitteln Sie das optimale Investitionsprogramm bei einem Budget von 125.000 €, wenn jede Investition nur einmal durchgeführt werden kann.
3. Ermitteln Sie das optimale Investitionsprogramm, wenn die Investitionen auch unterschiedlich oft durchgeführt werden können. Hierbei können die Investitionen 1, 3 und 6 je einmal und die Investitionen 2, 4 und 5 je zweimal durchgeführt werden.

Aufgabe 2:

Ermitteln Sie das optimale Investitionsprogramm nach der Methode des internen Zinsfußes unter der Bedingung, dass jede Investition nur einmal und im vollen Umfang durchgeführt werden kann.

Investitionsalternativen			Finanzmittel		
Investitionen	Investitions-summe	Interner Zinsfuß	Finanzierungs-art	Finanzierungs-summe	Zinssatz
1	200.000,00 €	10%	Eigenkapital	200.000,00 €	5%
2	150.000,00 €	9%	Fremdkapital 1	500.000,00 €	6%
3	300.000,00 €	8%	Fremdkapital 2	300.000,00 €	8%
4	150.000,00 €	7%			
5	100.000,00 €	6%			
6	100.000,00 €	5%			

Lösung zu Aufgabe 1:

Investitionsalternative	Kapitalwert	Investitionssumme	Kapitalwertrate
1	35.000,00 €	55.000,00 €	0,64
2	15.000,00 €	45.000,00 €	0,33
3	25.000,00 €	25.000,00 €	1,00
4	22.500,00 €	18.000,00 €	1,25
5	1.000,00 €	5.000,00 €	0,20
6	50.000,00 €	32.000,00 €	1,56

1. 6 vor 4 vor 3 vor 1 vor 2 vor 5

2. Das optimale Investitionsprogramm besteht aus den Investitionen 6, 4, 3, 2 und 5. Der Kapitalwert beträgt insgesamt 113.500 € bei einer Investitionssumme von genau 125.000 €.

3. Das optimale Investitionsprogramm besteht aus den Investitionen 6 (1x), 4 (2x), 3 (1x) und 5 (2x). Der Kapitalwert beträgt insgesamt 122.000 € bei einer Investitionssumme von 103.000 €.

Lösung zu Aufgabe 2:

X-Achse = Kapitalangebot bzw. -nachfrage in TEuro

Y-Achse = Interner Zins bzw. Kapitalzins

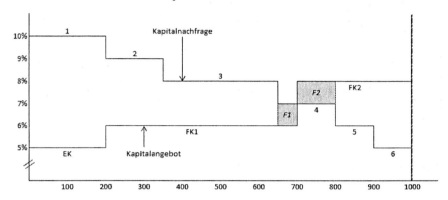

Da die Fläche F2 größer ist als die Fläche F1, besteht das optimale Investitionsprogramm aus den Investitionen 1,2 und 3. Die Investitionssumme beträgt insgesamt 650.000 €.

6.9 Unternehmensbewertung

6.9.1 Überblick über die Verfahren

Die Unternehmensbewertung ist von den bisher behandelten Verfahren der Wirtschaftlichkeitsrechnung abzugrenzen. Während zuvor einzelne Investitionen oder zuletzt Investitionsprogramme im Rahmen von Vorteilhaftigkeitsüberlegungen beurteilt wurden, werden nun gesamte Unternehmen monetär bewertet. Unter bestimmten Voraussetzungen können auch Teilbereiche eines Unternehmens untersucht werden.

Die Intention der Unternehmensbewertung ist es insbesondere einen nachvollziehbaren Preis für das Unternehmen festzusetzen. Absolute und relative Vorteilhaftigkeit sind von untergeordneter Bedeutung und stellen nicht das Hauptziel bzw. das Hauptergebnis der Unternehmensbewertung dar.

Folgende **Bewertungszwecke** eines Unternehmens kommen in Frage:

- Kauf oder Verkauf von Unternehmen oder Unternehmensteilen
- Fusion von Unternehmen
- Aufnahme oder Ausscheiden eines Gesellschafters
- Erfüllung steuerlicher Vorschriften
- Bewertung in wirtschaftlichen Notlagen (Sanierung, Liquidation, Konkurs, etc.)

Aus diesen Bewertungszwecken lassen sich Funktionen der Unternehmensbewertung ableiten:

- **Beratungsfunktion**
  Entscheidungshilfe zur Bestimmung der Preisuntergrenze (aus Sicht des Käufers) und der Preisobergrenze (aus Sicht des Verkäufers)

- **Vermittlungsfunktion**
  Interessenausgleich zwischen den beiden Parteien; z.B.: der von einem unabhängigen Wirtschaftsprüfer festgestellte Unternehmenswert wird beidseitig akzeptiert

- **Argumentationsfunktion**
  Unterstützung bei Verhandlungen; Kauf oder Verkauf werden gegenüber Entscheidungsträgern im Unternehmen gerechtfertigt

- **Steuerbemessungsfunktion**
  Unternehmenswert als Grundlage der Besteuerung; insbesondere Erbschaftssteuer und Vermögenssteuer

Grundsätzlich lässt sich die Unternehmensbewertung in **objektive und subjektive Verfahren** einteilen.

Objektive Wertansätze der Unternehmensbewertung gehen davon aus, dass sich der Wert eines Unternehmens nach objektiven Kriterien unabhängig von der Interessenlage der Beteiligten bestimmen lässt.

Individuelle bzw. subjektive Wertvorstellungen von Käufern oder Verkäufern sollen bei objektiven Wertansätzen unberücksichtigt bleiben. Der Wert des Unternehmens ergibt sich aus der feststellbaren Vermögenssubstanz oder der nachweisbaren Ertragskraft eines Unternehmens. Ob tatsächlich objektive Wertansätze ermittelbar sind, bleibt dahingestellt. Wie bereits ausgeführt, spielt der Bewertungszweck bei der Unternehmensbewertung eine wichtige Rolle.

Subjektive Wertansätze der Unternehmensbewertung gehen davon aus, dass sich der Wert eines Unternehmens nur nach subjektiven Kriterien, insbesondere den erwarteten Erträgen für die Anteilseigner, bestimmen lässt.

Individuelle bzw. subjektive Wertvorstellungen der Käufer oder Verkäufer werden bewusst berücksichtigt. Der Wert des Unternehmens ergibt sich aus den erwarteten Erträgen des zu bewertenden Unternehmens.

Die Beratungsfunktion ist dem subjektiven Wertansatz zuzuordnen, die Steuerbemessungsfunktion muss aus Steuergerechtigkeitsgründen von objektiven Wertansätzen ausgehen. Bei der Vermittlungs- und Argumentationsfunktion werden sowohl subjektive als auch objektive Wertansätze eine Rolle spielen.

Zu den traditionellen Unternehmensbewertungen nach objektiven Wertansätzen zählen:

- Substanzwertmethode
- Ertragswertmethode
- Mittelwertmethode

Zu den subjektiven Verfahren der Unternehmensbewertung wird das Zukunftserfolgswertverfahren gezählt.

6.9.2 Objektive Verfahren der Unternehmensbewertung

Mit dem **Substanzwertverfahren** werden die Kosten ermittelt, die entstehen, um ein Unternehmen mit gleicher Leistungsfähigkeit wie das bewertete Unternehmen zu reproduzieren.

Substanzwertverfahren ermitteln den Unternehmenswert an Hand des Reproduktionswertes des vorhandenen Unternehmens.

Die Bewertung kann dabei nach dem

- Teilreproduktionswert oder nach dem
- Vollreproduktionswert erfolgen.

Beim **Teilreproduktionswert** ergibt sich der Substanzwert aus der Summe der selbständig bewertbaren Vermögensgegenstände im Sinne des bilanzfähigen Anlage- und Umlaufvermögens. Der Geschäftswert des Unternehmens, der sich nicht einzelnen Vermögensgegenständen zuordnen lässt, wird nicht berücksichtigt.

Beim **Vollreproduktionswert (Gesamtreproduktionswert)** umfasst der Wert eines Unternehmens neben den selbständig bewertbaren Vermögensgegenständen auch den Geschäftswert des Unternehmens. Der Geschäftswert ergibt sich aus der Summe der nicht bilanzfähigen Wirtschaftsgüter wie Organisation, Kundenstamm, Know-How etc. Der Gesamtreproduktionswert ist somit höher als der Wert der in der Bilanz ausgewiesenen Vermögenswerte.

Als Wertgrößen zur Bestimmung des Substanzwertes sind vier Alternativen möglich:

- Anschaffungswerte oder Herstellungswerte (nominaler Teilreproduktionswert)
- Wiederbeschaffungswerte (realer Teilreproduktionswert)
- Liquidationswert (Teilreproduktionswert)
- Börsenkurswert (Gesamtreproduktionswert)

Ausgangspunkt für die Ermittlung des Unternehmenswertes sind bei den Substanzwertverfahren vergangenheits- oder gegenwartsbezogene Wertansätze. Das **Ertragswertverfahren** legt demgegenüber zukunftsbezogen Größen der Bewertung zugrunde.

Der Ertragswert ergibt sich dabei aus den in der Zukunft erwarteten Periodengewinnen und dem am Ende der Lebensdauer erwarteten Liquidationserlösen. Im Sinne einer dynamischen Rechnung werden die Beträge abgezinst, im Sinne eines objektiven Verfahrens der Unternehmensbewertung wird von nachweisbaren Wertgrößen, insbesondere für die Periodengewinne, den Liquidationserlös und den Kalkulationszinsfuß ausgegangen.

Bei der Errechnung des Ertragswertes sind vier verschiedene Fälle zu unterscheiden, die die Methoden der Investitionsrechnung als Grundlage haben:

1. Die Gewinne des Betriebs sind zeitlich begrenzt. Ein Liquidationserlös fällt nicht an. Die Gewinne der einzelnen Jahre werden zunächst ermittelt, abgezinst und dann addiert.

2. Unterstellt man einen gleichbleibenden Gewinn pro Jahr, dann vereinfacht sich die Rechnung durch die Anwendung des Rentenbarwertfaktors:

   Ertragswert = gleichbleibender Gewinn x Rentenbarwertfaktor

3. Geht man von einem am Ende der Lebensdauer des Unternehmens erzielbaren Liquidationserlös mit gleichbleibenden Gewinnen pro Jahr aus, ergibt sich der Ertragswert wie unter 2. Zusätzlich muss der geplante Liquidationserlös separat abgezinst werden.

4. Es wird eine unbegrenzte Lebensdauer des Unternehmens unterstellt. Hierbei gilt folgende Berechnungsformel für den Ertragswert:

   Ertragswert = gleichbleibender Gewinn / Zinssatz

Die Objektivität des diskutierten Ertragswertes ist in Hinblick auf folgende Punkte kritisch zu sehen:

- Mit zunehmender Lebensdauer des Unternehmens wird es immer schwieriger, wenn nicht sogar unmöglich, die zukünftigen Gewinne zu prognostizieren.

- Der Unternehmenswert hängt von der Höhe des unterstellten Kalkulationszinsfußes ab. Dieser kann allerdings auf verschiedene Weise bestimmt werden. Der Ertragswert ist dann nicht mehr eindeutig zu bestimmen. Generell kann sich der Kalkulationszinsfuß orientieren an einer:

    1. Rendite einer anderweitigen Anlage (Opportunitätsprinzip)
    2. angestrebten Rendite (Zielkriterium)
    3. branchenüblichen Rendite (Vergleichsprinzip)

- Es werden ausschließlich monetäre Aspekte berücksichtigt. Es wird damit unterstellt, dass z.B. ein Investor keine nichtmonetären Ziele anstrebt.

Insgesamt bleibt festzuhalten, dass das Ertragswertverfahren nicht zweifelsfrei zu einem objektiven Unternehmenswert führen muss. Subjektive Elemente sind nicht völlig auszuschalten.

Das **Mittelwertverfahren** stellt eine Kombination von Substanzwert- und Ertragswertverfahren dar. Danach berechnet sich der Wert eines Unternehmens als arithmetischer Mittelwert aus dem Ertragswert und dem Substanzwert wie folgt:

Mittelwert = (Ertragswert + Substanzwert) / 2

Die durchgeführte Ermittlung des Mittelwertes ist nur sinnvoll, wenn der Ertragswert höher als der Substanzwert ist. Bei ertragsschwachen Unternehmen, bei denen der Ertragswert unterhalb des Substanzwertes liegt, wird in der Regel auch bei der Mittelwertmethode der Ertragswert als maßgeblicher Unternehmenswert angesehen.

Der Kombination der beiden Werte liegt folgende Überlegung zugrunde: **Als maßgeblicher Unternehmenswert ist der Vollreproduktionswert anzusehen.** Der Ertragswert eines Unternehmens liegt in der Regel über dem Vollreproduktionswert, andererseits liegt der Substanzwert unterhalb des Vollreproduktionswertes. Da der Vollreproduktionswert für den Wert eines Unternehmens zwar entscheidend ist, aber nur sehr schwer zu ermitteln ist, wird hilfsweise das arithmetische Mittel aus Substanzwert und Ertragswert zur Bewertung herangezogen.

Das Mittelwertverfahren stellt somit eine praktikable und daher in der Praxis häufig angewandte Methode zur Ermittlung des angemessenen Unternehmenswertes dar (so genanntes Praktikerverfahren der Unternehmensbewertung).

Die eben beschriebenen Verfahren sind auch zur Wertermittlung bei Immobilien gebräuchlich. Bei einem reinen Substanzwertverfahren, was u.a. zur Wertermittlung von Einfamilienhäusern eingesetzt wird, wird unter Zuhilfenahme der Normalherstellungskosten (NHK), einer Tabelle der historischen normalisierten Herstellungskosten für verschiedene Gebäudetypen und Baujahre, ein Gebäudereproduktionswert ermittelt.

Das Ertragswertverfahren wird für vermietete oder vermietbare Gebäude angewendet und bezieht in die Ermittlung die Restlebensdauer und einen Zinssatz von 5 % ein.

6.9.3 Subjektive Verfahren der Unternehmensbewertung

Nach der Methode des **Zukunftserfolgswertes** leitet sich der Unternehmenswert aus den zukünftigen finanziellen Erträgen (Entnahmeerwartungen) ab, die den Gesellschaftern aus dem Unternehmensbesitz entstehen. Der Unternehmenswert ergibt sich **nicht aus dem Unternehmensgewinn**.

Die Bewertung der zu unterschiedlichen Zeitpunkten anfallenden Entnahmen erfolgt durch Abzinsung. Insofern entspricht das Verfahren methodisch der Kapitalwertmethode und unterscheidet sich nicht von der Vorgehensweise bei der Ertragswertmethode.

Der Zukunftserfolgswert stellt den kapitalisierten Wert aller Erträge dar, die in der Zukunft dem Investor aus dem Kapitalbesitz zufließen.

Um den Zukunftserfolgswert zu bestimmen, müssen die aus dem Unternehmen an die Unternehmenseigner fließenden Zahlungen erfasst werden. Sofern Zahlungen von den Unternehmenseignern an das Unternehmen geleistet werden, z. B. in Form von Kapitalaufstockungen, sind diese Beträge von den Zahlungen abzuziehen. Bei der Ermittlung des Zukunftserfolgswertes sind nur die Nettozahlungen an die Kapitaleigner zu berücksichtigen.

Die Zukunftserfolgswertmethode orientiert sich nicht an den Gewinnen der Unternehmung, sondern an den Entnahme- bzw. Ausschüttungserwartungen der Unternehmenseigner, wobei allerdings zwischen den Größen Interdependenzen bestehen. Gewinne, die nicht ausgeschüttet werden, verbessern die Ertragskraft des Unternehmens und zukünftige Ausschüttungsmöglichkeiten. Außerdem verbessern sie bei einem etwaigen Verkauf des Unternehmens den Veräußerungserlös.

Bei der Frage, wie ein möglicher Verkaufserlös berücksichtigt werden soll, wird wie folgt argumentiert:

- Bei spekulativen Unternehmenskäufen ist der Wiederverkaufspreis und -termin stets zu berücksichtigen, da hiervon maßgeblich der Spekulationszinsfuß abhängt.

- Wird hingegen ein Wiederverkauf zumindest gegenwärtig nichtgeplant oder wird davon ausgegangen, dass die Entnahmeerwartungen sich im Zeitablauf nicht ändern, soll der Verkaufserlösbei der Ermittlung des Zukunftserfolgswertes nicht berücksichtigt werden.

Die konkreten Entnahmeerwartungen sind abhängig von einer Vielzahl von Einflussgrößen:

- Zukünftige Ertragskraft des Unternehmens

- Gewinnausschüttungspolitik der Unternehmung

- Wachstumspotential der Gewinne und Dividenden

- Realisierbare Synergieeffekte bei Integration vom zu bewertenden Unternehmen in das Käuferunternehmen

- Sicherheit der Entnahmeerwartungen

Bestimmung des Kalkulationszinsfußes:

Der Kalkulationszinsfuß zur Bewertung der Entnahmen muss sich an folgenden Merkmalen orientieren:

- Wird das zu bewertende Unternehmen gekauft, so können alternative Investitionen nicht verwirklicht werden. Der interne Zinsfuß für die beste Alternativanlage muss daher Grundlage für die Unternehmensbewertung sein.

Kapitel 6 - Investition und Investitionsrechnung

- Der Preis der zu erwartenden Unternehmung muss sich am Preis von anderen Investitionsobjekten mit gleichen Entnahmeerwartungen orientieren.

Der Unternehmenswert nach dem Konzept des Zukunftserfolgswertes ist ebenso wie die geschilderten Verfahren der „objektiven" Unternehmensbewertung von den subjektiv bestimmten Eingangsgrößen abhängig. Das Konzept des Zukunftserfolgswertes erhebt allerdings nicht den Anspruch, einen objektiven Wert zu ermitteln. Es versucht den Unternehmenswert aus der individuellen Sicht eines Investors zu bestimmen.

6.9.4 Übungsaufgaben

Aufgabe 1:

Folgende Daten eines Elektronikkonzerns („Strawberry") stehen Ihnen zur Verfügung:

Wert aller bilanzierungsfähigen Vermögensgegenstände (AHK)	256.800.000,00 €
Aktueller Börsenkurs	524,00 €
Werteverfall aufgrund von elektronischem Fortschritt	3 % p.a.
Anzahl ausgegebener Aktien	850.000
Voraussichtlicher Jahresüberschuss in den nächsten Jahren	66.000.000,00 €
Ausschüttungsquote an Investoren	11 % des Jahresüberschusses
Liquidationserlös in 10 Jahren	80.000.000,00 €
Kalkulationszins	3 %
Planungshorizont	10 Jahre

Berechnen Sie aus den dargestellten Daten alle denkbaren Werte des Unternehmens.

Lösung zu Aufgabe 1:

Der **Substanzwert nach Anschaffungs- und Herstellungskosten** stellt alle bilanzierungsfähigen Vermögensgegenstände dar und ist aus der Tabelle ablesbar: 256.800.000 €.

Um den **Substanzwert nach Wiederbeschaffungszeitwerten** auszurechnen benötigt man zwingend Angaben über Teuerungsraten bzw. Inflationsraten.

Beim **Substanzwert nach Liquidationserlösen** müssen konkrete Angebote für alle Vermögensgegenstände des Unternehmens vorliegen.

Der **Substanzwert nach Börsenwerten** ergibt sich aus der Multiplikation von Aktienkurs und Aktienanzahl: 524,00 € x 850.000 = 445.400.000 €.

Der **Ertragswert** stellt die abgezinsten erwarteten Periodengewinne und den abgezinsten geplanten Liquidationserlös dar.

> Erwartete Periodengewinne
>
> 66.000.000 € x 10 Jahre = 660.000.000 €
>
> abgezinst mit 3 % über 10 Jahre = 562.993.200 €

> Geplanter Liquidationserlös
>
> abgezinst mit 3 % und 10 Jahren = 59.520.000 €

Ertragswert = 622.513.200 €

Der **Mittelwert** ist das arithmetische Mittel zwischen Substanzwert und Ertragswert.

> (Substanzwert nach AHK + Ertragswert) / 2
>
> (256.800.000 € + 622.513.200 €) / 2 = 439.656.600 €

Der **Zukunftserfolgswert** stellt den kapitalisierten Wert aller Erträge dar, die in der Zukunft dem Investor aus dem Kapitalbesitz zufließen. Dies sind jährlich 11 % des Jahresüberschusses und der geplante Liquidationserlös in 10 Jahren. Die Notwendigkeit, dass der Investor Zahlungen an das Unternehmen leisten muss, ist nicht angegeben. Insofern ergeben sich folgende Nettozahlungen an den Investor.

> jährlich 11 % des Jahresüberschusses = 7.260.000 €
>
> geplanter Liquidationserlös in 10 Jahren = 80.000.000 €

Zukunftserfolgswert (Beträge abgezinst) =

61.929.252 € + 59.520.000 = 121.449.252 €

6.10 Die Nutzen-Kosten-Methoden[1]

6.10.1 Grundlagen

Die bisher vorgestellten Verfahren der Wirtschaftlichkeitsrechnung berücksichtigen nur Kosten und Leistungen. Nutzen-Kosten-Methoden beziehen zu den betrieblichen auch die Kosten und Nutzen der Allgemeinheit ein. Sie sind prädestiniert für Anwendungen im öffentlichen Bereich, da dort oftmals Investitionsmaßnahmen weiter wirken, als in den betriebswirtschaftlich orientierten Investitionsrechnungen berücksichtigt wird. Man denke nur an den Bau von Stauseen, die neben der Sicherstellung der Wasserversorgung auch als Naherholungsziele dienen. Oder aber an die Effekte einer Umgehungsstraße. Dass es sinnvoll ist, mehr als nur Herstellungsausgaben und Unterhaltungsausgaben der Straße bei den Planungen zu berücksichtigen, zeigen die an manchen Orten erbittert geführten Diskussionen zwischen Befürwortern solcher Straßen und ihren Gegnern.

Jede größere Investitionsmaßnahme der öffentlichen Verwaltung verursacht Effekte, die in **interne/direkte** und **externe/indirekte Effekte** eingeteilt werden können. Bei den internen Effekten handelt es sich um solche, die bei dem Investor selbst auftreten. Dies sind beispielsweise die Anschaffungsausgaben, die laufenden Betriebsausgaben oder die Verkaufserlöse. Sie liegen meistens in Form von Schätzungen vor und sind in Geldeinheiten ausgedrückt. Die externen Effekte werden auch **volks-** oder **gesamtwirtschaftliche** bzw. **soziale** Effekte genannt. Sie können sowohl positiver (begünstigender) als auch negativer (belastender) Art sein, sie werden dann als externe Kosten oder externe Nutzen bezeichnet. Beispiele für positive Effekte sind z.B. Zeitersparnis bei Umgehungsstraßen, weniger Fußgängerunfälle. Vorstellbare negative Effekte sind z.B. Lärmbelästigung, Umsatzeinbuße bei der örtlichen Gastronomie.

Abbildung 45: Externe und interne Effekte

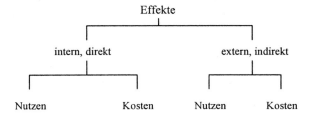

Ein Kennzeichen der externen/indirekten Effekte ist, dass sie nicht in Geldeinheiten bewertet sind. Es ist jedoch möglich, sie über Hilfsgrößen in Geldeinheiten zu bewerten. Darüber hinaus verbleiben dann noch die **intangiblen Effekte**, das sind solche, die nicht mehr in Geld bewertet werden können. Beispiele dafür sind Umweltverbesserung, Veränderungen des Stadtbildes.

---

[1] Zu diesem Kapitel vergleiche bspw. Klümper, Bernd, Möllers, Heribert und Zimmermann, Ewald, Kommunale Kosten- und Wirtschaftlichkeitsrechnung, 17. Auflage, Witten 2010, S. 461 ff.

Es sollen im Folgenden drei Verfahren besprochen werden:

1. Die Kosten-Nutzen-Analyse,
2. die Nutzwertanalyse,
3. die Kostenwirksamkeitsanalyse.

6.10.2 Kosten-Nutzen-Analyse

Der Begriff **Kosten-Nutzen-Analyse** ist insofern irreführend, als nicht mit betriebswirtschaftlichen Kosten gearbeitet wird. Im Prinzip handelt es sich bei der Kosten-Nutzen-Analyse um eine dynamische Investitionsrechnung (Kapitalwertmethode), die aber um die externen Effekte, also den gesamtwirtschaftlichen Effekten, einer Investition erweitert wurde.

Die Vorgehensweise bei der Kosten-Nutzen-Analyse lässt sich kurz wie folgt beschreiben:

- **Erfassung der Maßnahmewirkung:** Alle Effekte einer Investition sind zu erfassen, dies bedeutet, dass neben den internen Effekten (trägerbezogene Effekte) auch die externen Effekte einzuschließen sind.

- **Monetäre Bewertung der Wirkungen:** Alle Wirkungen werden soweit möglich in Geldeinheiten bewertet. Dies ist das Herzstück der Kosten-Nutzen-Analyse. An der Bewertung einzelner Wirkungen entzünden sich auch die Diskussionen. Alle nicht in Geld zu bewertenden Wirkungen werden als intangible Effekte aufgelistet.

- **Durchführung der Rechnung:** Alle Kosten und Nutzen werden diskontiert und für die Investition wird ein Gesamtwert (Kapitalwert) ermittelt. Überwiegen die diskontierten positiven Wirkungen (Nutzen) gegenüber den diskontierten negativen Wirkungen (gesamtwirtschaftliche Kosten) wird ein positiver Beitrag der Investition zur gesellschaftlichen Wohlfahrt angenommen.

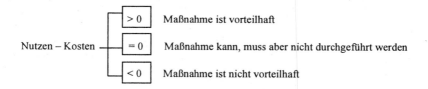

Empfindlichkeitsprüfung: Die der Kosten-Nutzen-Analyse zugrundeliegenden Informationen sind höchst unvollkommen. Wenn die Kapitalwerte einzelner Investitionsalternativen eng beieinander liegen oder nahe Null sind, ist eine Empfindlichkeitsprüfung (Sensitivitätsanalyse) angezeigt. Dazu werden die Informationen einzeln auf ihre Eintrittswahrscheinlichkeit untersucht. Es können dann Alternativrechnungen z.B. mit den schlechtest möglichen Werten (worst-case) durchgeführt werden, die Auskunft geben über die Reaktion des Gesamtwertes auf die Variation einzelner Werte.

Beurteilung

Hervorzuheben ist bei der Kosten-Nutzen-Analyse, dass sie geeignet ist, eine einzelne Maßnahme zu beurteilen. Sie ist nicht darauf angewiesen, unter mehreren Investitionsalternativen die bessere auszuwählen.

Ihr Hauptproblem ist die monetäre Bewertung der externen/indirekten Effekte. Für viele Effekte liegt kein Marktpreis vor, der zur Bewertung herangezogen werden kann. Es müssen Hilfskonstruktionen herangezogen werden z.b.:

- Kompensationskosten (Schallschutzmaßnahmen bei erhöhter Lärmbelastung),
- Alternativkosten (wie viel ist ein Nutzer bereit für eine ähnliche Maßnahme zu zahlen),
- Vermeidungskosten (wie hoch sind die Kosten, die für Reparaturen notwendig sind, wenn die Maßnahme nicht durchgeführt wird),
- Wert- und Preisveränderungen infolge der Maßnahme (z.B. Wohnwertänderungen),
- Einkommensänderungen bei den Betroffenen/Begünstigten.

Da die Nutzenbewertung bei den einzelnen Menschen sehr unterschiedlich ist, stellt gerade der Bewertungsvorgang den Hauptangriffspunkt der Kosten-Nutzen-Analyse dar, denn es ist deutlich, dass, wenn diese Inputgrößen variiert werden, das Endergebnis sehr schnell von positiv zu negativ umkippen kann. Man vergegenwärtige sich nur die Diskussion um neu einzurichtende Braunkohleabbaugebiete vor. Die Menschen, die deswegen umziehen müssen, bewerten den Verlust ihrer Heimat sehr hoch, für sie ist aber der Erhalt von Arbeitsplätzen von geringerem Wert. Diejenigen, die im Braunkohlebergbau arbeiten und nicht umziehen müssen, bewerten die Dinge genau umgekehrt.

Oder aus der aktuellen Diskussion über die Energiewende: Für die Netzbetreiber ist es eminent wichtig, Leitungen für den Stromtransport von Nord nach Süd zu haben, die elektromagnetische Wirkung der Trassenführung auf dort lebende Menschen erscheint den Energieunternehmen aufgrund wissenschaftlicher Studien als vernachlässigbar gering. Für die betroffenen Anwohner ist eine Hochspannungsleitung über dem Grundstück oder über dem Kinderspielplatz zu haben eine Bedrohung. Sie hören manchmal das Summen der Leitungen und fühlen sich unwohl. Magnetische Felder kann man nicht sehen, schmecken oder riechen. Sie haben etwas Bedrohliches. Zumal ihre Wirkungen auf den Menschen nicht abschließend untersucht sind.

Als Hauptzweck ist sicherlich unumstritten, dass die Kosten-Nutzen-Analyse dazu dient, alle Effekte zu erfassen und zu dokumentieren, sie löst Diskussionen aus und bietet Möglichkeit der nachträglichen Kontrolle, wie es zu einer Entscheidung für oder gegen eine Investitionsmaßnahme gekommen ist.

6.10.3 Die Nutzwertanalyse

Die **Nutzwertanalyse** vermeidet die Diskussion um die monetäre Bewertung von Effekten, indem sie einen dimensionslosen Nutzwert errechnet. Dieser Nutzwert wird vielfach in Form von Punkten ausgedrückt.

Dabei wird folgendermaßen vorgegangen:

1. **Aufstellung eines Zielsystems:** Investitionsalternativen müssen oftmals eine Reihe von Anforderungen (Teilziele) erfüllen, diese sind zunächst festzustellen und aufzulisten. Überschneidungen und gegenseitige Abhängigkeiten sind zu vermeiden.

2. **Zielkriteriengewichtung:** Es ist eine Gewichtung der einzelnen Teilziele hinsichtlich ihrer relativen Bedeutung vorzunehmen. Nicht alle Teilziele sind gleichgewichtig.

3. **Ermittlung der Teilnutzwerte:** Die Teilzielerreichung jeder einzelnen Investitionsalternative wird subjektiv bewertet.

4. **Ermittlung des Gesamtnutzwertes:** Die Teilnutzen jeder Alternative werden unter Berücksichtigung ihrer Gewichtung zum Gesamtnutzen zusammengefasst.

Die Vorgehensweise soll an einem kleinen Beispiel demonstriert werden.

Zur Entscheidung stehen zwei Alternativen. Als Kriterien sind Wirtschaftlichkeit, ökologische Verträglichkeit und Planungsdauer gewählt worden. Das Kriterium Wirtschaftlichkeit soll im Vordergrund stehen, knapp gefolgt von ökologischer Verträglichkeit. Die Planungsdauer soll berücksichtigt werden, spielt aber keine große Rolle.

Alternative A erhält beim Kriterium Wirtschaftlichkeit aus einer Skala von 0 bis 10 Punkten 8 Punkte, Alternative B nur 7 Punkte. Hinsichtlich der ökologischen Verträglichkeit ist Alternative B im Vorteil, für sie wurden 8 Punkte ausgeworfen, Alternative A wurde nur mit 6 Punkten bewertet. Die Planung für B dauert allerdings doppelt so lange wie für A, deshalb wird A mit 10 Punkten, B nur mit 5 Punkten bewertet.

In der Nutzwertanalyse wird die Wirtschaftlichkeit mit 50 %, die Ökologie mit 40 % und die Planungsdauer mit 10 % gewichtet.

Es ergibt sich folgende Zusammenstellung:

Tabelle 44: Beispiel einer Nutzwertanalyse

Kriterium	Gewicht	Teilnutzwert Alternative A	Nutzwert	Teilnutzwert Alternative B	Nutzwert
Wirtschaftlichkeit	50 %	8	40,0	7	35,0
Ökologie	40 %	6	24,0	8	32,0
Planungsdauer	10 %	10	1,0	5	0,5
Summe	100 %		65,0		67,5

Alternative A erzielt einen Gesamtnutzwert von 65 Punkten, Alternative B von 67,5 Punkten. Alternative B ist bei der vorgenommenen Bewertung und Gewichtung die sinnvollere Variante.

6.10.4 Die Kosten-Wirksamkeits-Analyse

Die **Kosten-Wirksamkeits-Analyse** stellt Kosten und Nutzen (Wirksamkeit) gegenüber, es wird also keine Saldierung betrieben. Für die einzelnen Investitionsalternativen werden Kosten-Nutzen Kombinationen errechnet.

Kosten <?> Nutzen   jeder Alternative

Man könnte diese Kosten-Nutzen Kombinationen in ein Diagramm eintragen, um das Verhältnis der verschiedenen Investitionsalternativen zueinander besser zu verdeutlichen.

Abbildung 46: Kosten-Wirksamkeits-Analyse

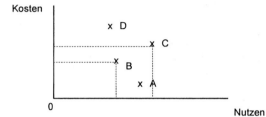

A, B, C und D sind die Alternativen. Die Interpretation wäre nunmehr die, dass der Nutzen von D < B < A < C ist. Hinsichtlich der Kosten weisen die Alternativen folgende Reihenfolge auf: A < B < C < D. Es kann nun diskutiert werden, ob es sinnvoll ist, für den höheren Nutzen von C gegenüber B auch die höheren Kosten aufzuwenden.

6.10.5 Übungsaufgaben

Aufgabe 1:

Warum genügen die klassischen betriebswirtschaftlichen Investitionsrechnungen nicht bei einigen öffentlichen Investitionsvorhaben?

Aufgabe 2:

Definieren Sie die Begriffe interne Effekte, externe Effekte und intangible Effekte und nennen Sie Beispiele.

Lösung zu Aufgabe 1:

Besonders bei öffentlichen Investitionsvorhaben wie Straßenbau, Wanderwege, Schwimmbäder o.ä. treten neben den direkten Effekten, die in die klassischen Investitionsrechnungsverfahren eingehen, weitere Effekte auf. Es handelt sich dabei um positive oder negative Wirkungen auf die Bevölkerung, die Umwelt usw. Diese gehen in die klassischen betriebswirtschaftlichen Verfahren nicht ein, deshalb genügen die klassischen Verfahren nicht.

Lösung zu Aufgabe 2:

Interne Effekte treffen den Investor direkt, er bezieht sie in sein Kalkül ein. Externe Effekte treffen den Investor nicht, bspw. Luftverschmutzung durch seine Investition. Er muss nicht für die verursachte Luftverschmutzung bezahlen, bspw. bei einem Kraftfahrzeug. Diese externen Effekte werden zu Zwecken der Rechnung versucht in Geldeinheiten auszudrücken, bspw. kann bei einem Fahrzeug versucht werden zu beziffern, welche technischen Möglichkeiten mit welchen Kosten verbunden sind, die Luftverschmutzung gänzlich zu vermeiden, bspw. Einbau eines Filters, Ersatz des Verbrennungsmotors durch eine Brennstoffzelle o.ä.

Sofern für den externen Effekt keine Kosten beziffert werden können, handelt es sich um einen intangiblen Effekt.

7. Formelsammlung

Kostenartenrechnung

Abschreibungsbetrag (linear)	$$a = \frac{A_0}{n}$$ mit a = Jahresabschreibung A_0 = Anschaffungswert n = Nutzungsdauer LE = Liquidationserlös
Abschreibungsbetrag (linear) mit Liquidationserlös	$$a = \frac{A_0 - LE}{n}$$ mit a = Jahresabschreibung A_0 = Anschaffungswert n = Nutzungsdauer LE = Liquidationserlös
Abschreibungssatz (linear)	$$p = \frac{100\%}{n}$$ mit p = Abschreibungsprozentsatz n = Nutzungsdauer
Abschreibungsbetrag (degressiv)	Laut Steuerrecht maximal das Doppelte des linearen Satzes, höchstens aber 20 %.
Abschreibungssatz (degressiv) mit Liquidationserlös	$$p = 100 \times \left(\sqrt[n]{\frac{LE}{A_0}} \right)$$ mit p = Abschreibungsprozentsatz A_0 = Anschaffungswert ND = Nutzungsdauer LE = Liquidationserlös
Abschreibungsbetrag (nach der Leistung)	$$a = \frac{A_0 - LE}{LG} \times Lp$$ mit a = Jahresabschreibung A_0 = Anschaffungswert LE = Liquidationserlös LG = Gesamtleistung Lp = Leistung der Periode

Berechnung des WZW	$WZW_i = \dfrac{A_0 \times Index_i}{Index_{0-1}}$ mit WZW_i = Wiederbeschaffungszeitwert des Jahres i A_0 = Anschaffungswert $Index_i$ = Index des (gewünschten) Jahres i $Index_{0-1}$ = Index des Jahres vor dem Anschaffungsjahr
Kalkulatorische Zinsen – Durchschnittsmethode (für Gebühren in NRW nicht zulässig!)	$\dfrac{A_0}{2} \times i$ mit A_0 = Anschaffungswert i = Zinssatz
Kalkulatorische Zinsen – Rest(buch)wertmethode	$\left(\dfrac{A_0 \times RND}{GND}\right) \times i$ mit A_0 = Anschaffungswert i = Zinssatz RND = Restnutzungsdauer GND = Gesamtnutzungsdauer
Kalkulatorische Zinsen mit Abzugskapital - Durchschnittsmethode	$\dfrac{A_0 - Abzugskapital}{2} \times i$ mit A_0 = Anschaffungswert i = Zinssatz
Kalkulatorische Zinsen mit Abzugs- kapital - Durchschnittsmethode Variante I (bürgerfreundlich)	$\left(\dfrac{A_0 \times RND}{GND} - Abzugskapital\right) \times i$ mit A_0 = Anschaffungswert i = Zinssatz RND = Restnutzungsdauer GND = Gesamtnutzungsdauer
Variante II (kommunenfreundlich)	$\dfrac{(A_0 - Abzugskapital) \times RND}{GND} \times i$ mit A_0 = Anschaffungswert i = Zinssatz RND = Restnutzungsdauer GND = Gesamtnutzungsdauer

Kostenstellenrechnung

Gleichungsverfahren	$m_1k_1 = K_1 + m_{11}k_1 + \ldots\ldots + m_{n1}k_n$ $m_2k_2 = K_2 + m_{12}k_1 + \ldots\ldots + m_{n2}k_n$ . . . $m_nk_n = K_n + m_{1n}k_1 + \ldots\ldots + m_{nn}k_n$ mit $K_1, K_2 \ldots K_n$ = primäre Kosten der Stelle 1 bis n m = abgegebene Mengen, der erste Buchstabe bezeichnet die leistende, der zweite Index die empfangende Stelle $k_1, k_2 \ldots k_n$ = Kosten pro Leistungseinheit der Stellen 1 bis n.

Kostenträgerrechnung

Divisionskalkulation	$k = \dfrac{K}{m}$ mit k = Kosten pro Stück K = Gesamtkosten m = Leistungsmenge
Äquivalenzziffernkalkulation	Fünf Stufen: 1. Festlegen der Äquivalenzziffern. 2. Stückzahlen der einzelnen Arten werden mit Ä-Ziffern gewichtet. Ergebnis sind Recheneinheiten, die gleichnamig sind (= gleichgewichtig). 3. Addition der Recheneinheiten. 4. Gesamtkosten geteilt durch Recheneinheiten = €/Recheneinheit. $k = \dfrac{K_{ges}}{\sum RE}$ mit k = Kosten pro Stück K_{ges} = Gesamtkosten RE = Recheneinheiten 5. Kosten pro Recheneinheit werden mit Ä-Ziffer der einzelnen Art multipliziert. Das Ergebnis sind Kosten pro Stück der Art

Schema (summarische) Zuschlagskalkulation	$z = \dfrac{\sum GK}{\sum EK}$ mit z = Zuschlagssatz GK = Gemeinkosten EK = Einzelkosten
Schema der differenzierenden Zuschlagskalkulation	(1) MEK (2) + MGK (3) = Materialkosten (4) FEK (5) + FGK (6) = Fertigungskosten (7) = (3) + (6) Herstellkosten (8) + Verw.GK (9) + Vertr. GK (10) = (7) + (8) + (9) Selbstkosten mit MEK = Materialeinzelkosten MGK = Materialgemeinkosten FEK = Fertigungseinzelkosten FGK = Fertigungsgemeinkosten Verw.GK = Verwaltungsgemeinkosten Vertr.GK = Vertriebsgemeinkosten Notwendige Zuschlagssätze: $\dfrac{MGK}{MEK} ; \dfrac{FGK}{FEK} ; \dfrac{VerwGK}{Herstellkosten} ; \dfrac{VertrGK}{Herstellkosten}$

Teilkostenrechnung

Deckungsbeitrag	$DB\ I = U - K_v$ mit DB I = Deckungsbeitrag I U = Umsatz K_v = variable Kosten
Stückdeckungsbeitrag	$db = p - k_v$ mit db = Deckungsbeitrag je Stück p = Absatzpreis k_v = variable Kosten pro Stück
Stufenweise Fixkostendeckungsrechnung	$DB\ II = U - K_v$ mit DB II = Deckungsbeitrag II U = Umsatz K_v = variable Kosten $K_{f\ produktfix}$ = produktfixe Kosten

Statische Verfahren der Investitionsrechnung

Kostenvergleichsrechnung	$A_1 <?> A_2 ... <?> A_n$
	Abschreibung + kalk. Zinsen + sonstige K_f + $k_v * x$ ――――――――― jährliche K_{ges} mit K_f = jährliche Fixkosten k_v = variable Stückkosten x = jährliche Leistungsmenge
Abschreibungsbetrag (linear) mit Liquidationserlös	$$a = \frac{A_0 - LE}{n}$$ mit a = Jahresabschreibung A_0 = Anschaffungswert n = Nutzungsdauer LE = Liquidationserlös
Kalkulatorische Zinsen mit Liquidationserlös – Durchschnittsmethode	$$jährliche\ Zinsen = \frac{A_0 + LE}{2} \times i$$ mit A_0 = Anschaffungswert LE = Liquidationserlös i = Zinssatz oder $$jährliche\ Zinsen = \left(LE + \frac{A_0 - LE}{2}\right) \times i$$
Kritische Menge	$K_1 = K_2$ $K_{f1} + k_{v1}x = K_{f2} + k_{v2}x$ Diese Gleichung wird nach x aufgelöst. mit K_{f1} = jährliche Fixkosten der Alternative 1 k_{v1} = variable Stückkosten der Alternative 1 K_{f2} = jährliche Fixkosten der Alternative 2 k_{v2} = variable Stückkosten der Alternative 2 x = kritische Leistungsmenge

Rentabilitätsrechnung	$\text{Rentabilität in \%} = \dfrac{ebi}{\text{durchschnittl.geb.Kapital}} * 100$
	ebi = durchschnittlicher Jahresgewinn vor Zinsen (earnings before interest) Durchschn. Geb. Kapital = (AW-LE)/2 LE = Liquidationserlös
Amortisationsrechnung (Durchschnittsverfahren)	$Pop = \dfrac{A_0 - LE}{E\ddot{U}}$
	mit A_0 = Anschaffungswert $E\ddot{U}$ = durchschnittl. Einnahmeüberschüsse ohne Abschreibung Pop = Amortisationszeit (Pay-off-periode) LE = Liquidationserlös

Dynamische Verfahren

Aufzinsungsfaktor	$\text{Aufzinsungsfaktor} = (1+i)^t$
	mit i = Kalkulationszinsfuß t = betrachtete Periode
Abzinsungsfaktor	$\text{Abzinsungsfaktor} = (1+i)^{-t}$
	mit i = Kalkulationszinsfuß t = betrachtete Periode
Rentenbarwertfaktor	$\text{Rentenbarwertfaktor} = \sum_{t=0}^{n}(1+i)^{-t}$
	mit i = Kalkulationszinsfuß t = betrachtete Periode n = Periodenanzahl mit konstanten Zahlungen

Kapitalwertmethode	$$K = \sum_{t=0}^{n} (E_t - A_t)(1+i)^{-t}$$ mit K = Kapitalwert E_t = Einzahlungen am Ende Periode t A_t = Auszahlungen am Ende Periode t I = Kalkulationszinsfuß t = Periode n = Nutzungsdauer der Investition
Methode des internen Zinsfußes	$$0 = \sum_{t=0}^{n} (E_t - A_t)(1+i)^{-t}$$ wobei nach i aufgelöst wird.
1. Sonderfall Einmalige Auszahlung Einmalige Einzahlung	$$Abzf = \frac{A_0}{E_t}$$
2. Sonderfall Einmalige Auszahlung Konstante Rückflüsse	$$RBF = \frac{A_0}{konstanter\ Rückfluss}$$
3. allgemeiner Fall Einmalige Auszahlung Wechselnde Rückflüsse	grafische Lösung vorbereitet mit 2 unterschiedlichen Kapitalwerten oder Interpolation bei 2 unterschiedlichen Kapitalwerten $$i_{intern} = i_1 + C_1 * \frac{i_1 - i_2}{C_2 - C_1}$$ mit i_{intern} interner Zins i_1 Zinssatz mit positivem Kapitalwert i_2 Zinssatz mit negativem Kapitalwert C_1 **positiver Kapitalwert** C_2 negativer Kapitalwert

Annuitätenmethode	$$Annuität = \frac{K}{RBF_{(i,n)}}$$
	mit K = Kapitalwert RBF = Rentenbarwertfaktor i = Kalkulationszins n = Laufzeit oder zur Berechnung des Annuitätenfaktors: $$ANF_{i,n} = \frac{(1+i)^n * i}{(1+i)^n - 1}$$

Tabelle einiger Aufzinsungsfaktoren für eine Laufzeit bis zu 50 Jahren

Laufzeit	3 %	3 1/2 %	4 %	4 1/2 %	5 %	5 1/2 %	6 %	6 1/2 %	7 %	7 1/2 %	8 %	8 1/2 %	9 %	9 1/2 %	10 %
1	1,03	1,035	1,04	1,045	1,05	1,055	1,06	1,065	1,07	1,075	1,08	1,085	1,09	1,095	1,1
2	1,0609	1,0712	1,0816	1,0920	1,1025	1,1130	1,1236	1,1342	1,1449	1,1556	1,1664	1,1772	1,1881	1,1990	1,21
3	1,0927	1,1087	1,1249	1,1412	1,1576	1,1742	1,1910	1,2079	1,2250	1,2423	1,2597	1,2773	1,2950	1,3129	1,331
4	1,1255	1,1475	1,1699	1,1925	1,2155	1,2388	1,2625	1,2865	1,3108	1,3355	1,3605	1,3859	1,4116	1,4377	1,4641
5	1,1593	1,1877	1,2167	1,2462	1,2763	1,3070	1,3382	1,3701	1,4026	1,4356	1,4693	1,5037	1,5386	1,5742	1,6105
6	1,1941	1,2293	1,2653	1,3023	1,3401	1,3788	1,4185	1,4591	1,5007	1,5433	1,5869	1,6315	1,6771	1,7238	1,7716
7	1,2299	1,2723	1,3159	1,3609	1,4071	1,4547	1,5036	1,5540	1,6058	1,6590	1,7138	1,7701	1,8280	1,8876	1,9487
8	1,2668	1,3168	1,3686	1,4221	1,4775	1,5347	1,5938	1,6550	1,7182	1,7835	1,8509	1,9206	1,9926	2,0669	2,1436
9	1,3048	1,3629	1,4233	1,4861	1,5513	1,6191	1,6895	1,7626	1,8385	1,9172	1,9990	2,0839	2,1719	2,2632	2,3579
10	1,3439	1,4106	1,4802	1,5530	1,6289	1,7081	1,7908	1,8771	1,9672	2,0610	2,1589	2,2610	2,3674	2,4782	2,5937
11	1,3842	1,4600	1,5395	1,6229	1,7103	1,8021	1,8983	1,9992	2,1049	2,2156	2,3316	2,4532	2,5804	2,7137	2,8531
12	1,4256	1,5111	1,6010	1,6959	1,7959	1,9012	2,0122	2,1291	2,2522	2,3818	2,5182	2,6617	2,8127	2,9714	3,1384
13	1,4683	1,5640	1,6651	1,7722	1,8856	2,0058	2,1329	2,2675	2,4098	2,5604	2,7196	2,8879	3,0658	3,2537	3,4523
14	1,5126	1,6187	1,7317	1,8519	1,9799	2,1161	2,2609	2,4149	2,5785	2,7524	2,9372	3,1334	3,3417	3,5629	3,7975
15	1,5580	1,6753	1,8009	1,9353	2,0789	2,2325	2,3966	2,5718	2,7590	2,9589	3,1722	3,3997	3,6425	3,9013	4,1772
16	1,6047	1,7340	1,8730	2,0224	2,1829	2,3553	2,5404	2,7390	2,9522	3,1808	3,4259	3,6887	3,9703	4,2719	4,5950
17	1,6528	1,7947	1,9479	2,1134	2,2920	2,4848	2,6928	2,9170	3,1588	3,4194	3,7000	4,0023	4,3276	4,6778	5,0545
18	1,7024	1,8575	2,0258	2,2085	2,4068	2,6215	2,8543	3,1067	3,3799	3,6758	3,9960	4,3425	4,7171	5,1222	5,5599
19	1,7535	1,9225	2,1068	2,3079	2,5270	2,7656	3,0256	3,3086	3,6165	3,9515	4,3157	4,7116	5,1417	5,6088	6,1159
20	1,8061	1,9898	2,1911	2,4117	2,6533	2,9178	3,2071	3,5236	3,8697	4,2479	4,6610	5,1120	5,6044	6,1416	6,7275
21	1,8603	2,0594	2,2788	2,5202	2,7860	3,0782	3,3996	3,7527	4,1406	4,5664	5,0338	5,5466	6,1088	6,7551	7,4002
22	1,9161	2,1315	2,3699	2,6337	2,9253	3,2475	3,6035	3,9966	4,4304	4,9089	5,4365	6,0180	6,6586	7,3639	8,1403
23	1,9736	2,2061	2,4647	2,7522	3,0715	3,4262	3,8197	4,2564	4,7405	5,2771	5,8715	6,5296	7,2579	8,0635	8,9543
24	2,0328	2,2833	2,5633	2,8760	3,2251	3,6146	4,0489	4,5331	5,0724	5,6729	6,3412	7,0846	7,9111	8,8296	9,8497
25	2,0938	2,3632	2,6658	3,0054	3,3864	3,8134	4,2919	4,8277	5,4274	6,0983	6,8485	7,6868	8,6231	9,6684	10,8347
30	2,4273	2,8068	3,2434	3,7453	4,3219	4,9840	5,7435	6,6144	7,6123	8,7550	10,0627	11,5583	13,2677	15,2203	17,4494
35	2,8139	3,3336	3,9461	4,6673	5,5180	6,5138	7,6861	9,0623	10,6766	12,5689	14,7853	17,3796	20,4140	23,9604	28,1024
40	3,2620	3,9593	4,8010	5,8164	7,0400	8,5133	10,2857	12,4161	14,9745	18,0442	21,7245	26,1330	31,4094	37,7194	45,2593
45	3,7816	4,7024	5,8412	7,2482	8,9850	11,1266	13,7646	17,0111	21,0025	25,9048	31,9204	39,2951	48,3273	59,3793	72,8905
50	4,3839	5,5849	7,1067	9,0326	11,4674	14,5420	18,4202	23,3067	29,4570	37,1897	46,9016	59,0863	74,3575	93,4773	117,390

Tabelle einiger Abzinsungsfaktoren für eine Laufzeit bis zu 50 Jahren

Laufzeit	3 %	3 1/2 %	4 %	4 1/2 %	5 %	5 1/2 %	6 %	6 1/2 %	7 %	7 1/2 %	8 %	8 1/2 %	9 %	9 1/2 %	10 %
1	0,9709	0,9662	0,9615	0,9569	0,9524	0,9479	0,9434	0,9390	0,9346	0,9302	0,9259	0,9217	0,9174	0,9132	0,9091
2	0,9426	0,9335	0,9246	0,9157	0,9070	0,8985	0,8900	0,8817	0,8734	0,8653	0,8573	0,8495	0,8417	0,8340	0,8264
3	0,9151	0,9019	0,8890	0,8763	0,8638	0,8516	0,8396	0,8278	0,8163	0,8050	0,7938	0,7829	0,7722	0,7617	0,7513
4	0,8885	0,8714	0,8548	0,8386	0,8227	0,8072	0,7921	0,7773	0,7629	0,7488	0,7350	0,7216	0,7084	0,6956	0,6830
5	0,8626	0,8420	0,8219	0,8025	0,7835	0,7651	0,7473	0,7299	0,7130	0,6966	0,6806	0,6650	0,6499	0,6352	0,6209
6	0,8375	0,8135	0,7903	0,7679	0,7462	0,7252	0,7050	0,6853	0,6663	0,6480	0,6302	0,6129	0,5963	0,5801	0,5645
7	0,8131	0,7860	0,7599	0,7348	0,7107	0,6874	0,6651	0,6435	0,6227	0,6028	0,5835	0,5649	0,5470	0,5298	0,5132
8	0,7894	0,7594	0,7307	0,7032	0,6768	0,6516	0,6274	0,6042	0,5820	0,5607	0,5403	0,5207	0,5019	0,4838	0,4665
9	0,7664	0,7337	0,7026	0,6729	0,6446	0,6176	0,5919	0,5674	0,5439	0,5216	0,5002	0,4799	0,4604	0,4418	0,4241
10	0,7441	0,7089	0,6756	0,6439	0,6139	0,5854	0,5584	0,5327	0,5083	0,4852	0,4632	0,4423	0,4224	0,4035	0,3855
11	0,7224	0,6849	0,6496	0,6162	0,5847	0,5549	0,5268	0,5002	0,4751	0,4513	0,4289	0,4076	0,3875	0,3685	0,3505
12	0,7014	0,6618	0,6246	0,5897	0,5568	0,5260	0,4970	0,4697	0,4440	0,4199	0,3971	0,3757	0,3555	0,3365	0,3186
13	0,6810	0,6394	0,6006	0,5643	0,5303	0,4986	0,4688	0,4410	0,4150	0,3906	0,3677	0,3463	0,3262	0,3073	0,2897
14	0,6611	0,6178	0,5775	0,5400	0,5051	0,4726	0,4423	0,4141	0,3878	0,3633	0,3405	0,3191	0,2992	0,2807	0,2633
15	0,6419	0,5969	0,5553	0,5167	0,4810	0,4479	0,4173	0,3888	0,3624	0,3380	0,3152	0,2941	0,2745	0,2563	0,2394
16	0,6232	0,5767	0,5339	0,4945	0,4581	0,4246	0,3936	0,3651	0,3387	0,3144	0,2919	0,2711	0,2519	0,2341	0,2176
17	0,6050	0,5572	0,5134	0,4732	0,4363	0,4024	0,3714	0,3428	0,3166	0,2925	0,2703	0,2499	0,2311	0,2138	0,1978
18	0,5874	0,5384	0,4936	0,4528	0,4155	0,3815	0,3503	0,3219	0,2959	0,2720	0,2502	0,2303	0,2120	0,1952	0,1799
19	0,5703	0,5202	0,4746	0,4333	0,3957	0,3616	0,3305	0,3022	0,2765	0,2531	0,2317	0,2122	0,1945	0,1783	0,1635
20	0,5537	0,5026	0,4564	0,4146	0,3769	0,3427	0,3118	0,2838	0,2584	0,2354	0,2145	0,1956	0,1784	0,1628	0,1486
21	0,5375	0,4856	0,4388	0,3968	0,3589	0,3249	0,2942	0,2665	0,2415	0,2190	0,1987	0,1803	0,1637	0,1487	0,1351
22	0,5219	0,4692	0,4220	0,3797	0,3418	0,3079	0,2775	0,2502	0,2257	0,2037	0,1839	0,1662	0,1502	0,1358	0,1228
23	0,5067	0,4533	0,4057	0,3634	0,3256	0,2919	0,2618	0,2349	0,2109	0,1895	0,1703	0,1531	0,1378	0,1240	0,1117
24	0,4919	0,4380	0,3901	0,3477	0,3101	0,2767	0,2470	0,2206	0,1971	0,1763	0,1577	0,1412	0,1264	0,1133	0,1015
25	0,4776	0,4231	0,3751	0,3327	0,2953	0,2622	0,2330	0,2071	0,1842	0,1640	0,1460	0,1301	0,1160	0,1034	0,0923
30	0,4120	0,3563	0,3083	0,2670	0,2314	0,2006	0,1741	0,1512	0,1314	0,1142	0,0994	0,0865	0,0754	0,0657	0,0573
35	0,3554	0,3000	0,2534	0,2143	0,1813	0,1535	0,1301	0,1103	0,0937	0,0796	0,0676	0,0575	0,0490	0,0417	0,0356
40	0,3066	0,2526	0,2083	0,1719	0,1420	0,1175	0,0972	0,0805	0,0668	0,0554	0,0460	0,0383	0,0318	0,0265	0,0221
45	0,2644	0,2127	0,1712	0,1380	0,1113	0,0899	0,0727	0,0588	0,0476	0,0386	0,0313	0,0254	0,0207	0,0168	0,0137
50	0,2281	0,1791	0,1407	0,1107	0,0872	0,0688	0,0543	0,0429	0,0339	0,0269	0,0213	0,0169	0,0134	0,0107	0,0085

Tabelle einiger Rentenbarwertfaktoren für eine Laufzeit bis zu 50 Jahren

Lauf zeit	3 %	3 1/2 %	4 %	4 1/2 %	5 %	5 1/2 %	6 %	6 1/2 %	7 %	7 1/2 %	8 %	8 1/2 %	9 %	9 1/2 %	10 %
1	0,9709	0,9662	0,9615	0,9569	0,9524	0,9479	0,9434	0,9390	0,9346	0,9302	0,9259	0,9217	0,9174	0,9132	0,9091
2	1,9135	1,8997	1,8861	1,8727	1,8594	1,8463	1,8334	1,8206	1,8080	1,7956	1,7833	1,7711	1,7591	1,7473	1,7355
3	2,8286	2,8016	2,7751	2,7490	2,7232	2,6979	2,6730	2,6485	2,6243	2,6005	2,5771	2,5540	2,5313	2,5089	2,4869
4	3,7171	3,6731	3,6299	3,5875	3,5460	3,5052	3,4651	3,4258	3,3872	3,3493	3,3121	3,2756	3,2397	3,2045	3,1699
5	4,5797	4,5151	4,4518	4,3900	4,3295	4,2703	4,2124	4,1557	4,1002	4,0459	3,9927	3,9406	3,8897	3,8397	3,7908
6	5,4172	5,3286	5,2421	5,1579	5,0757	4,9955	4,9173	4,8410	4,7665	4,6938	4,6229	4,5536	4,4859	4,4198	4,3553
7	6,2303	6,1145	6,0021	5,8927	5,7864	5,6830	5,5824	5,4845	5,3893	5,2966	5,2064	5,1185	5,0330	4,9496	4,8684
8	7,0197	6,8740	6,7327	6,5959	6,4632	6,3346	6,2098	6,0888	5,9713	5,8573	5,7466	5,6392	5,5348	5,4334	5,3349
9	7,7861	7,6077	7,4353	7,2688	7,1078	6,9522	6,8017	6,6561	6,5152	6,3789	6,2469	6,1191	5,9952	5,8753	5,7590
10	8,5302	8,3166	8,1109	7,9127	7,7217	7,5376	7,3601	7,1888	7,0236	6,8641	6,7101	6,5613	6,4177	6,2788	6,1446
11	9,2526	9,0016	8,7605	8,5289	8,3064	8,0925	7,8869	7,6890	7,4987	7,3154	7,1390	6,9690	6,8052	6,6473	6,4951
12	9,9540	9,6633	9,3851	9,1186	8,8633	8,6185	8,3838	8,1587	7,9427	7,7353	7,5361	7,3447	7,1607	6,9838	6,8137
13	10,6350	10,3027	9,9856	9,6829	9,3936	9,1171	8,8527	8,5997	8,3577	8,1258	7,9038	7,6910	7,4869	7,2912	7,1034
14	11,2961	10,9205	10,5631	10,2228	9,8986	9,5896	9,2950	9,0138	8,7455	8,4892	8,2442	8,0101	7,7862	7,5710	7,3667
15	11,9379	11,5174	11,1184	10,7395	10,3797	10,0376	9,7122	9,4027	9,1079	8,8271	8,5595	8,3042	8,0607	7,8282	7,6061
16	12,5611	12,0941	11,6523	11,2340	10,8378	10,4622	10,1059	9,7678	9,4466	9,1415	8,85,14	8,5753	8,3126	8,0623	7,8237
17	13,1661	12,6513	12,1657	11,7072	11,2741	10,8646	10,4773	10,1106	9,7632	9,4340	9,1216	8,8252	8,5436	8,2760	7,7794
18	13,7535	13,1897	12,6593	12,1600	11,6896	11,2461	10,8276	10,4325	10,0591	9,7060	9,3719	9,0555	8,7556	8,4713	8,2014
19	14,3238	13,7098	13,1339	12,5933	12,0853	11,6077	11,1581	10,7347	10,3356	9,9591	9,6036	9,2677	8,9501	8,6496	8,3649
20	14,8775	14,2124	13,5903	13,0079	12,4622	11,9504	11,4699	11,0185	10,5940	10,1945	9,8181	9,4633	9,1285	8,8124	8,5136
21	15,4150	14,6980	14,0292	13,4047	12,8212	12,2752	11,7641	11,2850	10,8355	10,4135	10,0168	9,6436	9,2922	8,9611	8,6487
22	15,9369	15,1671	14,4511	13,7844	13,1630	12,5832	12,0416	11,5352	11,0612	106172	10,2007	9,8098	9,4424	9,0969	8,7715
23	16,4436	15,6204	14,8568	14,1478	13,4886	12,8750	12,3034	11,7701	11,2722	10,8067	10,3711	9,9629	9,5802	9,2209	8,8832
24	16,9355	16,0584	15,2470	14,4955	13,7986	13,1517	12,5504	11,9907	11,4693	10,9830	10,5288	10,1041	9,7066	9,3341	8,9847
25	17,4131	16,4815	15,6221	14,8282	14,0939	13,4139	12,7834	12,1979	11,6536	11,1469	10,6748	10,2242	9,8226	9,4376	9,0770
30	19,6004	18,3926	17,2920	16,2889	15,3725	14,5337	13,7648	13,0587	12,4090	11,8104	11,2578	10,7468	10,2737	9,8347	9,4269
35	21,4872	20,0007	18,6646	17,4610	16,3742	15,3906	14,4982	13,6870	12,9477	12,2725	11,6546	11,0878	10,5668	10,0870	9,6442
40	23,1148	21,3551	19,7928	18,4016	17,1591	16,0461	15,0463	14,1455	13,3317	12,5944	11,9246	11,3145	10,7574	10,2472	9,7791
45	24,5187	22,4955	20,7200	19,1563	17,7741	16,5477	15,4558	14,4802	13,6055	12,8186	12,1084	11,4653	10,8812	10,3490	9,8628
50	25,7298	23,4556	21,4822	19,7620	18,2559	16,9315	15,7619	14,7245	13,8007	12,9748	12,2335	11,5656	10,9617	10,4137	9,9148

Stichwortverzeichnis

Die Zahlen verweisen auf die Seiten.

Abschreibung 22, 123
Abschreibungsmethode 23
Abschreibungssumme 22
Abschreibungszeitraum 23
Abzinsen 164
Abzinsungsfaktor 164, 166, 168
Abzinsungstabelle 246
Abzugskapital 32
Amortisationsrechnung 152
Amortisationsverfahren mit Durchschnittswerten 158
Amortisationszeit 152
Anbauverfahren 51
Anderskosten 6
Annuitätenmethode 180
Äquivalenzziffernkalkulation 67
Argumentationsfunktion 224
Aufbau der Kostenrechnung 14
Aufgaben der Kosten- und Leistungsrechnung 1
Aufwand 7
Aufzinsungsfaktor 163
Aufzinsungstabelle 245
Außenfinanzierung 112
außerordentlicher Aufwand 7

BAB 46
Barwert 167
Benutzungsgebühr 30
Beratungsfunktion 224
Bereichsfixkosten 95
Betriebsabrechnungsbogen 46
Betriebsergebnis 95
Betriebsfixkosten 96
betriebsfremder Aufwand 7
Beurteilung von Investitionsprogrammen 218
Bilanz 112
Break-Even-Analyse 89
Buchführung 11

Deckungsbeitrag 87
Deckungsbeitragsrechnung 82
Deckungsbeitragsrechnung auf Basis relativer Einzelkosten 98
degressive Abschreibungsmethode 24
Dienstleistungen 7
differenzierende Zuschlagskalkulation 72
Differenzinvestition 171, 173
Direct Costing 86
Divisionskalkulation 65
doppelte Buchführung 8, 11
durchschnittliche Kapitalbindung 145
durchschnittlichen Kosten 125
Durchschnittswert 30
dynamische Amortisationsrechnung 182

dynamische Endwertverfahren 190
dynamische Verfahren 120, 162, 242

Effekt 231
Eigenfinanzierung 112
Eigenkapital 112
Eigenkapitalanteil 32
Eigenkapitalzinssatz 29
EigVO 1
Einnahmeüberschuss 167
Einnahmeüberschüsse ohne Abschreibung 153
einstufige Deckungsbeitragsrechnung 86
Einzelkosten 6, 70, 98
einzelwirtschaftliche Verfahren 120
Empfindlichkeitsprüfung 232
Endkostenstelle 43
Endwertverfahren 190
Entnahmeschein 17
Entscheidungsbaumverfahren 211
Erlös 95
Ersatzinvestition 116
Ersatzproblem 132
Erweiterungsinvestition 116
Erzeugnisartenfixkosten 95
erzeugnisgruppenfixe Kosten 95
Erzeugnisgruppenfixkosten 95
externe Effekte 231
externes Rechnungswesen 11

Fertigung 42
Fertigungsgemeinkosten 72
FiFo-Methode 18
Finanzbuchhaltung 12
Finanzierung 109, 110
Finanzierungsarten 112
Finanzplan 111
Finanzrechnung 111
First-In-First-Out-Methode 18
Fixkosten 2, 83, 95
Formelsammlung 237
freie Kapazität 93
Fremdfinanzierung 112
Fremdkapitalzinssatz 29
Funktionsbereich 41

Gebühren 1, 63
Gebührenkalkulation 26
Gemeindehaushaltsverordnung 11
Gemeindeordnung 11
Gemeinkosten 6, 70
Gesamtabweichung 102
Gesamtkosten 4
Gestaltungsformen der Kosten- und Leistungsrechnung 13

Stichwortverzeichnis

Gewinn vor Zinsen 144
Gewinnvergleichsrechnung 136
Gleichungsverfahren 55
GmbH 11
Grundbegriffe der Kosten- und Leistungsrechnung 1
Grundkosten 6
Günstigkeitsvergleich 115

Hauptkostenstelle 43
Herstellkosten 63
Hilfskostenstelle 43

indirekte Effekte 231
Innenfinanzierung 112
interner Verrechnungspreis 64
interner Zinsfuß 174
Inventurmethode 17
Investition 109, 110, 116
Investitionsart 116
Investitionsprogramme 218
Investitionsrechnung 116, 241
Investitionsrechnungsmethoden 120
Istkosten 8
Istkostenrechnung 13

KAG 1, 25
Kalkulation 39, 62
kalkulatorische Abschreibung 22
kalkulatorische Zinsen 28
kalkulatorisches Wagnis 33
Kapazität 93
Kapital 111
Kapitalbindung 124, 145
Kapitalrückgewinnungszeit 152
Kapitalwert 167
Kapitalwertmethode 165
Kapitalwertrate 218
Kauf 115
Korrekturverfahren 208
Kosten 2
Kostenartenrechnung 14, 15, 40, 237
Kostenersparnisrentabilität 145
Kostenkontrolle 1, 63
Kosten-Nutzen-Analyse 232
Kostenstellen 41
Kostenstellenplan 44
Kostenstellenrechnung 14, 39, 239
Kostenträgereinzelkosten 46
Kostenträgergemeinkosten 46
Kostenträgerrechnung 14, 62, 239
Kostenträgerstückrechnung 64, 65
Kostenvergleichsrechnung 121
Kostenverteilungsschlüssel 48
Kosten-Wirksamkeits-Analyse 235
kritische Menge 129
kumulatives Verfahren 155
kurzfristige Preisuntergrenzen 91

Lager 17
Last-In-First-Out-Methode 18
Leasing 115
Leistungen 2
Leistungsfähigkeit 1
Lieferantenkredit 113
LiFo-Methode 18
lineare Abschreibungsmethode 23
Liquidationserlös 126, 133
Liquidität 109

Make-or-buy-Entscheidung 93
Material 42
Materialgemeinkostenzuschlag 72
Materialkosten 16
Materialschein 17
Materialverbrauch 16
mathematisches Verfahren 55
mehrstufige Deckungsbeitragsrechnung 94
Mengenabweichung 102
Methode des internen Zinsfußes 174
Mischzinssatz 29
Modernisierungsinvestition 117

Normalkosten 8
Normalkostenrechnung 13
Nutzen-Kosten-Methoden 121, 231
Nutzungsdauer 134
Nutzwertanalyse 234

Optimale Nutzungsdauer 184
Organisationsbereich 46

Pay-back-Periode 152
Pay-off-Periode 152
periodenfremder Aufwand 7
Personalkosten 16
Plankosten 8
Plankostenrechnung 13
Preis 26
Preisabweichung 102
Preise 63
Preisindiz 27
Preiskakulation 26
Preissteigerung 26
Preisuntergrenze 91
primäre Kostenstelle 42
Primärkostenverrechnung 48
Prinzipien der Kosten- und Leistungsrechnung 13
produktfixe Kosten 95
produktgruppenfixe Kosten 95

Rationalisierungsinvestition 117
Rechnungswesen 11
Rechnungswesenarten 1, 12
relative Einzelkosten 98
Rentabilitätsverfahren 144

Rentenbarwertfaktor 168
Rentenbarwertfaktorentabelle 247
Restbuchwert 30
Restverkaufswert 126
Return on investment 144

sekundäre Kostenstelle 43
Sekundärkostenverrechnung 50
Selbstkosten 63
Sensitivitätsanalyse 210
Simultan Modelle 121
Simultanverfahren 55
Sondereinzelkosten der Fertigung 73
statische Verfahren 120, 121, 241
Steuerbemessungsfunktion 224
Steuerungsunterstützung 2
Stückdeckungsbeitragsrechnung 87
Stückkosten 4
Stufenleiterverfahren 52
summarische Zuschlagskalkulation 69

Teilkostenrechnung 14, 82, 240

Umstellungsinvestition 117
Unternehmensbewertung 223, 225, 227
Unternehmensfixkosten 95, 96

variable Kosten 2, 84, 95
Verbrauch von Gütern 7
Verbrauchsmenge 102
Verbrauchspreis 102
Verbrauch von Dienstleistungen 7
Vermittlungsfunktion 224
Vermögensumschichtung 109

Verrechnungspreis 64
Vertrieb 42
Vertriebsgemeinkosten 73
Verwaltung 42
Verwaltungsgemeinkosten: 72
Verwaltungssteuerung 1
Verzinsung von Durchschnittswerten 30
Verzinsung von Restbuchwerten 30
Vollkostenrechnung 14, 15
Vorkostenstelle 43

Wagnis 33
Westfalenhallen Dortmund 45
Wiederbeschaffungswert 26
Wiederbeschaffungszeitwert 26, 31
Wiedergewinnungszeit 152
Wirtschaftlichkeit 1
Wirtschaftlichkeitsbeurteilung 2
Wirtschaftsgut 22
worst-case-Annahme 210

Zentralbereich 46
Ziele der Kosten- und Leistungsrechnung 1
Zinsen 28
Zusatzkosten 6, 8
Zuschlagskalkulation 68
Zuschuss 32